Eurodélices
Vis en zeevruchten

Eurodélices

Vis en zeevruchten

EUROPA'S CHEF-KOKS PRESENTEREN

KÖNEMANN

Dankbetuiging

De uitgever dankt de volgende personen, restaurants en bedrijven voor hun waardevolle bijdragen aan dit boek:

Ancienne Manufacture Royale, Aixe-sur-Vienne; Baccarat, Parijs; Chomette Favor, Grigny; Christofle, Paris; Cristalleries de Saint-Louis, Parijs; Grand Marnier, Paris; Groupe Cidelcem, Marne-la-Vallée; Haviland, Limoges; Jean-Louis Coquet, Parijs; José Houel, Parijs; Lalique, Paris; Les maisons de Cartier, Parijs; Maîtres cuisiniers de France, Parijs; Philippe Deshoulières, Parijs; Porcelaines Bernardaud, Paris; Porcelaine Lafarge, Parijs; Puiforcat Orfèvre, Paris; Robert Haviland et C. Parlon, Limoges; Société Caviar Petrossian, Paris; Villeroy & Boch, Garges-les-Gonesse; Wedgwood Dexam-International, Coye-la-Forêt.

In het bijzonder bedanken we ook: Lucien Barcon, Georges Laffon, Clément Lausecker, Michel Pasquet, Jean Pibourdin, Pierre Roche, Jacques Sylvestre en Pierre Fonteyne.

Moeilijkheidsgraad van de recepten:

*   gemakkelijk
**   middelmatig
***   moeilijk

Fotografie: Studio lucien Loeb, Maren Detering

© 1997 Fabien Bellahsen en Daniel Rouche

Oorspronkelijke titel: Eurodélices Poissons, Crustacés et Coquillages

© 1999 Nederlandstalige editie:
Könemann Verlagsgesellschaft mbH
Bonner Straße 126, D-50968 Keulen

Productie Nederlandstalige editie: Bookman International B.V./Laren
Vertaling en redactie: TDS/Utrecht, Réchel Buitenrust Hettema-van Coevorden (voor Bookman)
Vakredactie: R.M. van Hattum
Zetwerk: TenSet B.V./Bussum

Productieleiding: Detlev Schaper

Druk en Bindwerk: Leefung Asco Printers Ltd.
Printed in China

ISBN: 3-8290-0948-8

10 9 8 7 6 5 4 3 2

Inhoud

Dankbetuiging
4

Woord vooraf
7

Recepten
8

Basisrecepten
318

De meewerkende koks
319

Begrippenlijst
332

Receptenregister
334

Voorwoord

De serie kookboeken Eurodélices brengt de voortreffelijke tafelgeneugten van uitgelezen topgastronomie bij u thuis. Meer dan 100 chef-koks van gerenommeerde restaurants uit 17 landen, waarvan velen bekroond werden met meerdere prijzen, hebben hun medewerking verleend aan deze bijzondere serie kookboeken. Ze geven hier hun beste recepten prijs voor onovertroffen warme en koude voorgerechten, vis- en vleesgerechten, desserts en gebak.

Zo ontstond in zes delen met meer dan 1900 pagina's niet alleen een voor iedere fijnproever onmisbare verzameling recepten, maar tevens een uniek culinair document van Europese cultuur tegenover kortstondige keukentrends. Het geheel is een fascinerende weergave van de gemeenschappelijke oorsprongen van de Europese kookkunst en haar fantastische veelzijdigheid.

Eten is ten slotte veel meer dan het bevredigen van een natuurlijke behoefte. Herhaaldelijk wordt koken tot een ware kunst verheven, met name bij feestelijke gelegenheden en bijzondere gebeurtenissen, niet alleen in het privé leven maar ook in het openbare leven. Onder de opmerkzame blikken van chef-koks zetten geliefden zich aan tafel om toekomstplannen te smeden of men schaart zich om de dis ten einde succesvolle zaken te beklinken, verdragen te ondertekenen of een strijdbijl te begraven.

Vaak leren we de cultuur van onze buren allereerst via hun keuken kennen. Zo kunnen culinaire geneugten verdraagzaamheid bevorderen en wie kunnen daartoe meer bijdragen dan de meesterkoks uit de verschillende Europese landen?

Voor de eerste keer hebben zich voor deze serie de kenners verenigd om in het fascinerende panorama van de Europese keuken hun recepten bijeen te brengen. Wie reeds van hun gastvrijheid heeft genoten, kan zich verheugen op een herhaling van verfijnde belevingen, anderen kunnen een nieuwe passie tegemoet zien. Heerlijkheden uit alle werelddelen bewijzen dat de behoefte aan exquise tafelgeneugten in de oude wereld, de wieg van de gastronomie, nog steeds bestaat.

Deze unieke verzameling van ca. 750 zorgvuldig gekozen recepten doet verlangen naar steeds nieuwe culinaire ontdekkingen. Ze ontsluit klassieke geneugten, de gastronomische erfenis van onze voorouders die gedurende eeuwen van culinaire traditie de moderne keuken van nu gevormd hebben. Maar er ontstaan ook nieuwe creaties: op verrassende wijze worden vertrouwde ingrediënten op een nieuwe manier gebruikt en er ontstaan heerlijkheden uit ingrediënten uit verre streken, die we soms voor de eerste maal leren kennen.

In principe kent de gastronomie geen grenzen en is ze niet aan landen gebonden. Ze spreekt een universele taal die liefhebbers van de eerlijke keuken even goed waarderen als degenen die iets bijzonders op prijs stellen. Deze taal gaat via de zintuigen, ze laat de kwaliteit van de gerechten en het raffinement van de bereidingen uit de meest uiteenlopende breedtegraden proeven en keuren - en ze voert ons naar het eindeloze rijk van smaak en overvloedige kleuren.

Alles is in deze serie te vinden - van exquise kleinnoden tot overvloedige feestmaaltijden. De recepten noden niet alleen tot koken, maar bevorderen ook de creativiteit. Want op het hele continent houden zich de fijnproevers even intensief bezig met de Europese eet- en kookcultuur als de schrijvers van deze serie. Ze vinden hier betrouwbare richtlijnen voor iedere gelegenheid, van weinig gecompliceerde, maar heerlijke hapjes tot exquise meergangen diners. Ongeveer 5000 kleurenfoto's met nauwkeurige stap-voor-stap instructies staan garant voor het welslagen.

Zo komen zeden en gebruiken, geneugten en geheimen van een heel continent bij elkaar in nieuwe creaties ter bevordering van onze levensvreugde bij het genieten van verfijnde specialiteiten.

Tjap tjoy met

Voorbereidingstijd: 2 uur
Kooktijd: 5 minuten
Moeilijkheidsgraad: ★

Voor 4 personen

28	grote venusschelpen
50 g	shii-take paddestoelen
3	kleine courgettes
2	lychees
50 g	maïskorrels (uit blik), uitgelekt
2	blaadjes gelatine
100 ml	gevogeltefond
1 el	olie

Voor de citroentijmboter

50 g	boter
1 takje	citroentijm

Ofschoon Catalonië duizenden kilometers van de dichtstbijzijnde Chinese provincie verwijderd ligt, heeft onze keukenchef zich toch met de bereiding van verse venusschelpen door de oriëntaalse keuken laten inspireren. Ook gebruikt hij handig de producten van zijn vaderland, dat bekend is om zijn pluimveehouderij en combineert schelpdieren en gevogeltefond. Op deze manier past hij welbekende ingrediënten op geheel nieuwe wijze toe.

Zoals bekend, hoort de venusschelp in de Middellandse Zee thuis. Volgens Fernando Adría komen de beste venusschelpen uit Galicië en hij gebruikt bij voorkeur niet de grootste, van 30-50 gram per stuk, maar de witte soort die hij, in tegenstelling tot de traditionele kookmethoden, snel op hoog vuur bereidt.

Zo gauw ze opengaan, worden ze uit de schelp genomen en in eigen kookvocht, met gelatine vermengd, geglaceerd. Het succes van dit in gelei ingemaakte gerecht is in grote mate afhankelijk van de gelatine.

De invloed van de Chinese keuken doet zich vooral gelden door de kleingesneden groenten. Hier domineert de sterke tegenstelling tussen zachte mini-courgettes en knapperige maïs. Gebruik zo mogelijk shii-take paddestoelen, maar u kunt ook andere wilde paddestoelen zoals buiszwammen, trompettes de la mort of cantharellen nemen.

Voor dit recept kan men ook andere schelpdieren gebruiken. Onze keukenchef noemt als voorbeeld de aan de Costa Brava veel voorkomende wilde mosselen, die hij met succes toepast.

1. De venusschelpen op hoog vuur in een pan stomen tot ze opengaan. Vervolgens direct met een mes uit de schelp nemen zonder ze daarbij te beschadigen. Het kookvocht bewaren.

2. De venusschelpen op een rooster leggen en glaceren met een mengsel van het kookvocht en in koud water geweekte gelatine. Dan de citroentijmboter maken: laat 100 ml water met de tijm aan de kook komen. Dit mengsel tot twee eetlepels laten inkoken en door een puntzeef gieten. Op zacht vuur de boter beetje bij beetje erdoor roeren.

venusschelpen

3. De courgettes in dunne plakken snijden. De lychees pellen en de shii-take klein snijden. Op laag vuur in de olie bakken. Daarna de lychees en de maïs aan de gevogeltefond toevoegen en 1 minuut laten koken.

4. Het gerecht in het midden van de borden leggen en de citroentijm-boter er omheen gieten. Ten slotte de venusschelpen erover verdelen.

Zeekomkommers met

Voorbereidingstijd 1 uur
Kooktijd 5 minuten
Moeilijkheidsgraad ★★★

Voor 4 personen

600 g	zeekomkommer (espardenyes)
1	lamshersenen, gekookt
20	dun gesneden plakjes ontbijtspek
100 g	cantharellen
1	struikje witlof
1 el	tomaatblokjes
20 g	boter
100 ml	braadvocht
scheutje	olijfolie
	zout, peper

Voor de garnering:
takjes kervel

Zeekomkommer is een soort inktvis die veel fijner van smaak is dan de bekende pijlinktvis of calamares en lang niet zo vet als sepia, maar daar lijkt ze wel op. De zeekomkommer is geen groente en ook geen weekdier maar een stekelhuidige zoals de zee-egel en de zeester. Dit zeldzame dier komt in bijna alle zeeën voor, maar wordt alleen in Spanje en wel in Catalonië, onder de naam *espardenyes* als hoofdgerecht opgediend.

Om leken een beeld te schetsen van de zeekomkommer, moet gezegd worden dat het vlees aan dat van een inktvis doet denken en de jodiumsmaak onmiskenbaar aan hun natuurlijke omgeving. In de pan gebakken of gefrituurd smaakt de zeekomkommer het best, voor pocheren leent ze zich minder goed. Ook kan men haar niet met alles combineren. Alleen cantharellen en eekhoorntjesbrood kunnen zich met haar meten in de pan. Voor de kok die geen ervaring met stekelhuidigen heeft, raden we aan zich zeer precies aan de door Fernando Adría aangegeven kooktijden en ingrediënten te houden.

Over het algemeen is de zeekomkommer aan het einde van de kooktijd nog licht knapperig. Voor het contrast neemt men dan een ingrediënt, bijvoorbeeld lamshersenen die vanwege de consistentie zeer gewaardeerd is, maar die wel, zoals alle orgaanvlees, heel erg vers moeten zijn. Het samenspel van zacht en knapperig, zoet en hartig, met de bacon en het witlof, zal de liefhebbers van sterke smaaksensaties goed bevallen. De originaliteit van het recept zorgt dan voor de rest. Omdat zeekomkommer niet overal vers verkrijgbaar zal zijn, kan men ze eventueel door schoongemaakte en in ringen gesneden pijlinktvis vervangen.

1. Maak eerst de zeekomkommers als volgt schoon: Met een puntig mes de bloedvaten uit de rubberachtige delen verwijderen, zo mogelijk zonder ze te beschadigen.

2. Vervolgens de zeekomkommers tot kleine pakketjes vouwen en met een plakje ontbijtspek omwikkelen. De witlofblaadjes van de stronk loshalen. De lamshersenen in schijven snijden en de cantharellen wassen.

Fernando Adría

lamshersenen en cantharellen

3. Giet wat olijfolie in een anti-aanbakpan en fruit hierin de witlofblaadjes, de lamshersenen en vervolgens ook de zeekomkommers goudgeel.

4. De cantharellen in olijfolie goudgeel bakken. De boter toevoegen om een mooie kleur te krijgen. Aansluitend het braadvocht erin doen en inkoken. De witlofblaadjes op het midden van het bord leggen, de pakketjes zeekomkommer eromheen schikken en de paddestoelen en tomaatblokjes erbij leggen. Garneren met takjes kervel.

Tonijnbiefstuk met

Voorbereidingstijd	*10 minuten*
Kooktijd	*10 minuten*
Moeilijkheidsgraad	✶

Voor 4 personen

- 8 dunne schijven tonijn
- 2 uien
- 2 tomaten
- 1 groene paprika
- 1 rode paprika
- scheutje olie
- een paar druppels sherryazijn
- zout en peper

Voor de garnering:
- basilicum of bieslook

Tonijn werd al in de Oudheid gevangen. Deze grote makreelachtige vis met effen zilverachtige huid heeft heel wat te bieden: stevig, vast, en zeer smakelijk vlees zonder veel hinderlijke graten. De vis wordt dan ook in veel landen graag gegeten en daaraan hebben we allerlei traditionele bereidingswijzen te danken.

De rode tonijn (*Thunnus thunnus*) is de favoriete vis van de Baskische vissers in Frankrijk en Spanje en wordt in ieder geval geprefereerd boven de minder smakelijke witte tonijn (*Germo alalunge*).

Dit recept vergt wat handigheid, omdat voor de kleine met uien en basilicum belegde sandwiches alleen flinterdunne tonijnbiefstukjes kunnen worden gebruikt, die dan ook zodanig dun gesneden moeten worden. De vis wordt in een zeer hete pan maar een paar seconden aan beide kanten gebakken. Bij langer bakken zou het resultaat oneetbaar zijn. Door deze behandeling houdt het visvlees zijn oorspronkelijke structuur, de voedingswaarde blijft hoog en het aantal calorieën laag.

Ideaal is een garnering van Spaanse uien, omdat hun licht zoete smaak goed past bij tomaten en basilicum. Het 'koningskruid', zoals het basilicum ook wel wordt genoemd, zal voor de liefhebber van de mediterrane keuken geen onbekende zijn als onontbeerlijk hoofdbestanddeel van de Italiaanse *pesto,* dan wel Provençaalse *pistou.* Men gebruikt het vers, liefst met hele blaadjes en ook de bovenste bloemetjes zijn te gebruiken voor dit gerecht omdat ze wat zoetig zijn, smaken ze goed bij de uien.

1. De uien in wat olie licht fruiten. Een kleingesneden tomaat en basilicum toevoegen.

2. In een klein kommetje van azijn, olie en zout een vinaigrette maken. Een tomaat wassen, ontpitten en in blokjes snijden en met de geblancheerde, kleingesneden groene en rode paprika toevoegen.

Hilario Arbelaitz

vinaigrette

3. In de laatste minuut de tonijnbiefstuk in een hete pan zeer snel aan beide zijden bakken.

4. Op elk bord een tonijnbiefstukje in het midden leggen, het mengsel van uien, tomaten en basilicum erop leggen en dit met de tweede tonijnbiefstuk bedekken. De vinaigrette er rondom verdelen en het geheel met een gefrituurd basilicum- of bieslookblaadje garneren.

Inktvis

Voorbereidingstijd	30 minuten
Kooktijd	15 minuten
Moeilijkheidsgraad	★★★

Voor 4 personen

1½ kg	pijlinktvisjes (calamares) met inkt
1	ui
1	groene paprika
300 g	tomaten, kleingesneden

scheutje olie
gladde peterselie
zout en peper

Voor de saus:

	inktvisinkt
200 ml	visbouillon
100 ml	witte wijn
2	uien
	zout en peper
	scheutje olie

De Basken hebben al eeuwenlang een innige betrekking tot de sepia. Er is geen bar waar bij de ruime keuze aan *pinxos* (de Baskische naam voor *tapas*) de kleine inktvisjes in eigen inkt ('en su tinta') ontbreken. Vanaf tien uur 's ochtends kunnen de klanten in San Sebastian al de eerste versgevangen calamares als borrelhapje genieten, waarvan de traditionele bereiding zich in enkele woorden laat samenvatten: eenvoud, kookvaardigheid en kostelijk.

Als kind ging onze keukenchef altijd met zijn vader mee uit vissen. Als aandenken aan die avonturen beveelt hij deze kleine inktvis aan, die hij prefereert boven de grotere Noord-Amerikaanse variant. De soorten die aan de kust leven zijn zachter en daarom voortreffelijk geschikt voor ons doel.

We gebruiken voor dit recept de mantel van de inktvis. De inktzak bewaren we om de saus te kleuren; eventueel kan men de inkt ook in glas bij de visspeciaalzaak halen, zonder dat dat aan de kwaliteit van het gerecht afbreuk doet.

Het duurt meestal niet lang om liefhebber van de Baskische keuken, waartoe natuurlijk ook de tapas behoren, te worden. Er zijn in elk jaargetijde allerlei gerechtjes van sardines, mosselen en verschillende inktvissoorten te vinden. Als dit inktvistaartje u goed bevalt, zult u veel meer willen weten over de geheimen van de Baskische keuken. Wat wilt u eigenlijk nog meer?

1. De inktvis schoonmaken en de inkt voor de zwarte saus bewaren. Uit een paar inktvismantels rondjes ter grootte van een rijksdaalder uitsteken en koel bewaren.

2. De rest van de inktvis klein snijden. Een gesneden ui en de groene paprika zachtjes fruiten in olie en dan de inktvis erbij doen. Opzij zetten en de kleingesneden tomaten gaar stoven.

taartjes

3. Twee in dunne ringen gesneden uien licht fruiten in olie. De inkt, de witte wijn en de visbouillon toevoegen en even inkoken, het geheel pureren, door een zeef halen en verder op smaak brengen.

4. De saus op het bord gieten, de ronde taartvormpjes erop zetten en het inktvismengsel erin doen. Vervolgens afdekken met de tevoren in wat olie gesauteerde inktvisrondjes. De tomaten in het midden op het taartje leggen en het geheel met peterselie versieren.

Spanje

Heek met venusschelpen

Voorbereidingstijd 45 minuten
Kooktijd 10 minuten
Moeilijkheidsgraad ★★

Voor 4 personen

1 kg	heek
600 g	venusschelpen
4 tenen	knoflook
1 bosje	peterselie
100 ml	olijfolie (extra vierge)
	bloem
2 el	water

Heek, ook wel zeesnoek genoemd, moet als het even kan aan de lijn gevangen worden. De bereiding van deze vis vergt enige nauwkeurigheid, want het vlees valt snel uit elkaar. De smaak is echter zeer fijn en zeker met die van zeewolf of tarbot te vergelijken.

Kies een heek van gemiddelde grootte, ongeveer 1 kilo zwaar, die mooie blanke filets oplevert. Deze in Frankrijk zeer geliefde vis uit de Atlantische oceaan leent zich tot vele regionale bereidingsvormen. Men kan hem het beste in de zomer eten, want dan heeft het visvlees de beste smaak. Om de beste consistentie te krijgen moet men hem twee dagen koud bewaren.

Men moet de heek zorgvuldig bereiden, omdat hij maar zeer kort mag garen. Behalve de filets kan men ook het vlees van de staart gebruiken als men even de moeite doet om dat kleine stukje te fileren. Voor veel mensen is ook de kop een lekkernij: gehalveerd, van kieuwen ontdaan en even gebraden met veel knoflook. Zoals u ziet heeft heek ook het een en ander te bieden!

Een elegante begeleiding van heek vormen de wilde venusschelpen uit de diepzee of andere middelgrote niet te zware noch te lichte mosselen. Als deze zeevruchten met een deksel op de pan in olijfolie gaar gestoofd worden, blijven ze lekker zacht en gaan ze makkelijker open.

In plaats van heek beveelt Firmin Arrambide kabeljauw of koolvis aan en voor de venusschelpen kan men gewone mosselen of boormosselen nemen.

1. De 4 knoflooktenen pellen en in dunne schijfjes snijden. Dan in een grote, liefst aardewerken schaal de gesneden knoflook in 100 ml olijfolie goudbruin fruiten. Verdeel de heek in vier stukken van ca. 250 g.

2. Leg de stukken vis in de schaal en bestrooi beide kanten met zout en peper. Afbakken in de oven: 4 minuten bij 180 °C. Was de mosselen driemaal zorgvuldig en laat ze op hoog vuur en met de deksel op de pan open gaan. De mosselen uit de pan scheppen, het kookvocht klaren en zeven.

en peterseliesaus

3. Haal de visfilets uit de oven. De gehakte peterselie, de mosselen en het kookvocht bij de vis in de schaal doen.

4. Voor de peterseliesaus de mosselen, vis en knoflook uit de schaal scheppen. De olie en het kookvocht van de mosselen in een pan even aanbakken. Wat meel erbij doen en doorroeren met een garde. Dan 2 eetlepels water en nog wat gehakte peterselie toevoegen. Leg op elk bord een stuk heek met de mosselen eromheen en giet wat peterseliesaus erover.

Frankrijk

Roodbaars en inktvis

Voorbereidingstijd	1 uur
Kooktijd	1 uur
Moeilijkheidsgraad	★★

Voor 4 personen

6	roodbaarzen van 100 g
12	pijlinktvissen (calamares)
2	uien
1	tomaat
2 tenen	knoflook
1	groene paprika
100 ml	olijfolie
	zout en peper

De kleine inktvisjes die in het Baskenland en Zuidwest-Frankrijk *chipiron*, *casseron*, *sépiole* of ook *supion* worden genoemd, heten bij ons pijlinktvis, (dwerg)sepia of calamares. De bereidingswijze van dit weekdier in zijn eigen inkt behoort tot de traditionele keuken van het Baskenland.

Onze chef beveelt aan de beide hoofdingrediënten voor dit recept apart te verwerken, zodat de eigen smaak van de inktvis niet verloren gaat. Deze laatste bakt men zeer snel - 2 minuten aan iedere kant - zodat ze niet taai wordt en zo weinig mogelijk smaak verliest.

Daarbij kiest u kleine roodbaarzen, die vooral door de kottervissers in Saint-Jean de Luz en Hendaye aan de Golf van Biskaje aan land worden gebracht. De in rotsspleten opgedreven vissen wegen 100 tot 200 gram en onderscheiden zich door hun fijne vlees. Omdat ze geen gal hebben, kunnen ze met lever en al in hun geheel gegeten worden. Vanwege hun kleine formaat passen ze goed bij de pijlinktvis, zodat de verhouding goed blijft. De roodbaars wordt al snel te lang gegrild: even in de Salamanderoven is genoeg.

De inktsaus wordt als een uiencoulis met paprika en tomaat bereid. De inkt zorgt daarbij voor de kleur en het aroma, maar mag niet domineren. Ze komt trouwens uit de inktzak, een glimmend orgaan. Voordat men de inkt aan de saus toevoegt, moet ze door een puntzeef gehaald worden.

Als er geen roodbaars te krijgen is, kan men filets van een andere grote vissoort (zoals zeewolf of tong) gebruiken. Het is aan te bevelen de filets in twee of nog kleinere stukken te delen, zodat ze zich bij het bakken niet oprollen.

1. De roodbaars (laten) schoonmaken en fileren. Van de graten (of een visbouillontablet) 100 ml visbouillon maken. De inktvis schoonmaken, de inktzakjes bewaren en alles koel wegzetten.

2. Pel de uien en snijdt ze in dunne ringen. De tomaten ontvellen en ontpitten. De paprika in tweeën snijden, van steelaanzet en zaadlijsten ontdoen en in dunne repen snijden. Schil de knoflooktenen en hak ze fijn. Fruit de uien, de knoflook en de paprika zacht op laag vuur. Doe de tomaten en de visbouillon erbij en laat alles zacht koken tot het mengsel gaar is.

Firmin Arrambide

op zwarte saus

3. Bind de saus door hem te pureren en doe de inkt erbij. Daarna het geheel door een zeef met een zeefdoek halen.

4. Laat de pan zeer heet worden en bak de gezouten en gepeperde roodbaarsfilets en de inktvisjes snel in de hete olijfolie. Doe wat zwarte saus op elk bord. Leg daarop de filets en de inktvis.

Frankrijk

Snoek met

Voorbereidingstijd 10 minuten
Kooktijd 15 minuten
Moeilijkheidsgraad ★★

Voor 4 personen

2	kg	snoek
32		rivierkreeftjes
50	ml	olijfolie

Voor de saus

2		sjalotjes
20	ml	cognac
50	ml	droge witte wijn
250	ml	slagroom
		zout en grofgemalen peper

Voor de garnering:

2		verse takjes dragon

De snoek, een handige roofvis, leeft in langzaam stromende rivieren, grote vijvers en dode rivierarmen, maar komt vaak ook tot in de forellenzone voor. Hij wordt ook in kweekvijvers gehouden. In de tijd van het absolutisme in Frankrijk werden snoeken uit de kweekvijvers van het Louvre zelfs aan de tafel van Koning Lodewijk XIV opgediend.

Het stevige, maar zachte vlees van de snoek is zeer fijn van smaak, maar heeft veel graten, die veelal erg scherp, hinderlijk, en vaak alleen met een pincet te verwijderen zijn. Onze kok beveelt exemplaren van 2 tot 3 kilo aan, die, zo leert de ervaring, minder graten hebben.
Na even in het water gelegen te hebben - ongeveer 1 minuut - laat de vis zich redelijk makkelijk fileren. Om te zorgen dat de filets mooi zacht blijven en ook goed gaar worden, stoomt men ze in een gestage, maar niet te hete stoom. Daarbij serveert men een echte kruidige saus, omdat het vlees in het algemeen als aangenaam, maar flauw smakend wordt ervaren.

De rivierkreeft met zijn rode pootjes is de meest populaire van de zoetwaterkreeftachtigen, die steeds minder vaak voorkomen. Voor het koken moet men de naar gal smakende darm verwijderen.

Als basis voor de saus nemen we dun vloeibare, zeer verse room. U kunt het best de saus aan het einde door een zeefdoek halen en als hij ingedikt is door een puntzeef wrijven. Klop de saus vlak voor het opdienen even kort op, zodat hij nog lichter en smakelijker wordt.

Dit recept kunt u ook met snoekbaars of helemaal zonder vis en met naar verhouding meer kreeftjes maken.

1. De snoek in 4 filets van 450 g verdelen. De filets halveren en zouten en vervolgens de stukken filet in huishoudfolie wikkelen en bij 70 °C stomen.

2. Verwijder de darmen uit de rivierkreeftjes en laat ze in 'dampende' olijfolie rood worden.

Jean Bardet

rivierkreeftjes

3. Flambeer de kreeftjes met cognac en zet ze dan 3 minuten in de oven. Verwijder van 16 kreeftjes de kopdelen en staartschillen en houd de staartjes en 4 hele kreeftjes apart voor de garnering. De rest van de kreeftjes klein maken en met de kopdelen en staartschillen weer in de smoorpan doen.

4. Vervolgens de gefruite sjalotten en grof gemalen peper toevoegen en alles 2 minuten smoren. Dan de wijn erbij doen en alles tot de helft laten inkoken. Voeg de room toe. Laten inkoken tot het een romige consistentie heeft, op smaak brengen, door een zeefdoek halen en de saus over de snoekfilets gieten. Garneren met een kreeftje, de staartjes en geblancheerde blaadjes dragon.

Frankrijk

Paling met verse

Voorbereidingstijd 20 minuten
kooktijd 10 minuten
Moeilijkheidsgraad ★★

Voor 4 personen

1 kg	kleine palingen
400 g	paddestoelen
1	verse knoflookstengel
1 bol	knoflook
500 ml	bourgueilwijn
250 ml	melk
100 ml	bourgueilazijn
50 g	boter
2 el	eendenvet
1 takje	lavas
4 takjes	peterselie
2 blaadjes	salie
1 snufje	suiker
	zout en peper

Ondanks zijn weinig aansprekende uiterlijk is de paling met zijn glibberige vel heel fijn van smaak. Deze zoetwatervissen worden in de Noord-Atlantische Sargassozee geboren en zwemmen in een paar jaar met de Golfstroom mee naar Europa. De vrouwtjes trekken stroomopwaarts en de mannetjes blijven in de nabijheid van de monding; ofwel ze worden daarvoor al gevangen en eindigen gegrild, gerookt of als soep op ons bord. Als ze dat lot niet zijn ontlopen, betekent dat nog niet, dat ze zich daar niet tegen verzet hebben. Ook zullen ze hun bewegelijkheid bewijzen, als u ze levend bij de vishandel heeft gekocht: steeds weer ontglippen ze ons en zelfs onthoofd bewegen ze nog. Uiteindelijk zijn ze alleen klein te krijgen door ze met een stuk hout bewusteloos te slaan.

Paling is zeer rijk aan vitamine A, maar zijn vlees is heel vet. Als bijlage zijn paddestoelen zoals champignons en oesterzwammen geschikt, omdat ze wel een eigen smaak maar een eenvoudige consistentie hebben. Eekhoorntjesbrood of shiitake zijn te rijk en cantharellen weer te zacht van smaak.

Bourgueilwijn is een 'grand cru' uit het Loiredal, een omgeving derhalve, die sinds de schrijver Rabelais aan allerlei lekkernijen doet denken. Deze wijn versterkt het krachtige aroma van de saus en geeft hem een lichte frambozensmaak. Ingekookt is de sterke rode wijn rijk aan tannine en de zuurheid laat zich door de toevoeging van een lepel suiker compenseren. Het is in ieder geval belangrijk om de saus niet op te kloppen, omdat de kleur niet tegen al te sterk emulgeren kan.

Dit gerecht is een typisch Maart-recept, de maand van de paling en de champignons. Maar men kan het ook in alle andere maanden bereiden.

1. De nog levende paling schoonmaken en fileren. Snijd de filets in 7 cm lange stukken.

2. Blancheer de ongeschilde knoflooktenen in melk. Herhaal dat twee keer. Spoel de knoflooktenen daarna af en braad ze in een pan met een snufje suiker en gebruinde boter in de oven. Snijd de verse knoflookstengel in dunne ringetjes. Maak de paddestoelen schoon en snijd ze in plakjes.

knoflook en azijn

3. Bak de stukken paling in het eendenvet en vervolgens op smaak brengen met zout en peper. Sauteer de paddestoelen in boter en voeg peterselie, fijngesneden lavas en ringetjes knoflookstengel toe. Meng de paddestoelen met de schijfjes gare knoflook. Houd het mengsel warm.

4. Los de inhoud van de pan op in azijn en laat het vocht helemaal inkoken. Doe de rode wijn en de salie erbij en laat het vocht weer inkoken. Op smaak brengen met boter en het geheel opdienen op een plat bord. Giet een beetje saus over het mengsel van paddestoelen en knoflook. Garneren met salie, lavas, peterselie en gebruinde knoflooktenen.

Zwaardvisragout op

Voorbereidingstijd 15 minuten
Kooktijd 15 minuten
Moeilijkheidsgraad *

Voor 4 personen

400 g		zwaardvis
2		aubergines
2		rijpe tomaten
2	tenen	knoflook

1	glas	olijfolie (extra vierge)
1	takje	rozemarijn
2	takjes	peterselie
		zout, grof zeezout, peper
	scheutje	witte wijn

Zwaardvis of *Xiphias gladius* is genoemd naar zijn karakteristieke, lange speervormige bovenkaak, die te vergelijken is met het indrukwekkende wapen dat de Zwitsers en landsknechten in de late Middeleeuwen met beide handen voerden. De machtige, vier tot vijf meter lange vis wordt in de Atlantische Oceaan en met name ook in de Middellandse Zee gevangen. Op de markt wordt hij in schijven en moten en, gelukkig zeer zelden, levend aangeboden.

De zeer fijne smaak van het visvlees doet erg aan kalfsvlees denken en het moet beslist glanzend en rozerood zijn. Het aroma van de zwaardvis komt door de toevoeging van 'Fleur de sel' beter tot uiting, want het zout verbetert de structuur van het vlees, zodat het niet zo makkelijk uit elkaar valt. Het is belangrijk de zwaardvis slechts heel even te garen, omdat de fijne smaak bij ingrijpender behandeling snel verloren kan gaan.

Aubergines als bijgerecht zijn zeker in de zomer zeer aan te bevelen. Kies verse, glanzende vruchten, met stevig vlees en weinig pitten. Te grote aubergines kunnen melig zijn en bij de bereiding hun smaak verliezen. Ze moeten kort aangebakken worden, zodat ze zich niet volzuigen met olie en moeilijk verteerbaar worden. De in dit recept voorgestelde ragout laat zich makkelijk en snel bereiden en kan ook met andere vissoorten zoals zeeduivel, tarbot of zonnevis gemaakt worden. In ieder geval moet het gerecht goed heet geserveerd worden.

1. De aubergines in schijven van een halve centimeter dik snijden, op een zeef leggen, met zout bestrooien en 2 uur laten uitlekken. Daarna zorgvuldig droog deppen en onder een grill 5 minuten aan elke kant bakken. Warm houden.

2. Laat in een pan de olijfolie met 1 knoflookteen en de rozemarijn heet worden. Doe de in dobbelsteentjes gesneden vis erbij en breng op smaak met zeezout en grof gemalen peper. Laat alles 5 minuten fruiten.

Giuseppina Beglia

gegrilde aubergines

3. Daarna de ontvelde, ontpitte en kleingesneden tomaten erbij doen en in 5 minuten gaar laten worden.

4. Afblussen met witte wijn en de rest van de knoflook en kleingesneden peterselie erbij doen. Even door elkaar mengen. Leg op elk bord 3 schijven aubergine, leg de gekruide zwaardvisblokjes erop en bedruip met wat olijfolie.

Italië

Zeebaars-couscous

Voorbereidingstijd 1 uur
Kooktijd 15 minuten
Moeilijkheidsgraad ★★

Voor 4 personen

1½ kilo	zeebaars
120 g	couscous
1	groene paprika
1	rode paprika
1	wortel
1	ui
2	sjalotjes
10	zwarte olijven zonder pit
750 ml	visbouillon
250 ml	olijfolie extra vierge
250 ml	room
1½ l	witte wijn
	zout en peper

Couscous is in Frankrijk bekend sinds de verovering van Algerije door Karel X. Oorspronkelijk stond dit begrip voor het kookgerei met gaatjes waarin de tarwegries in stoom gegaard werd. Het woord zou uit de Berbertaal komen en de kleine hoeveelheid voedsel aanduiden die een vogel met zijn snavel tot bolletjes vormt om aan zijn jongen te voeren. Couscous is een typisch gerecht van de Noord-Afrikaanse landen Marokko, Algerijë en Tunesië. Gries van hard graan en bouillon zijn de onmisbare bestanddelen, waarmee eindeloos gecombineerd kan worden onder andere met vis.

In Tunesië word de couscous met goudbrasem of zaagbaars geserveerd. Onze chef beveelt u een aan de lijn gevangen zeebaars aan, waarvan het zachte en fijne vlees voortreffelijk harmonieert met de tarwegries, die natuurlijk ook van de beste kwaliteit moet zijn. De balletjes tarwegries moeten vakkundig gerold worden en bij het garen een zekere stevigheid behouden.

Men moet de beslissende rol van de groente en kruiden beslist niet over het hoofd zien. In Noord-Afrika heeft men bijzondere, sterk geparfumeerde kruiden zoals gedroogde rozenknoppen of het mengsel rãs-al-hãnout, hetgeen letterlijk 'dak van de winkel' betekent en uit gemalen zwarte peper met kruidnagel en kaneel bestaat. De toepassing ervan in de couscous zal de kenner zeer op prijs stellen. De met olijfolie (koudgeperst, eerste persing) gemaakte saus heeft zijn reputatie van zwaar en onverteerbaar al lang verloren. De consistentie blijft mooi romig als hij pas op het laatste moment wordt bereid.

1. Stoom de couscous. Maak er met een speciale lepel kleine balletjes van. Snijd driekwart van de olijven in kleine ringetjes.

2. De vis schoonmaken, fileren en de filets in vier porties verdelen. Bewaar de graten. Bak de vis in olijfolie en zet hem opzij.

Michel Blanchet

met olijfolie

3. De paprika's en de ui in zeer kleine blokjes snijden. Maak er een compote van zoals bij ratatouille. Leg op de borden een cirkel van couscous, druk die licht samen en leg er een portie vis op. Garneren met de groentecompote.

4. Maak met bouillon van de visgraten een witte wijnsaus. Klop de saus met de pureerstaaf op met een paar ontpitte olijven, de olijfolie en de room. Doe wat saus op ieder bord en versier met olijfringen en wortelschijfjes.

Kulibijaka

Voorbereidingstijd   1 uur 30 minuten
Kooktijd   1 uur 30 minuten
Moeilijkheidsgraad   ✻✻✻

Voor 12 personen

4 kg	zalmfilets
200 g	zalmvlees
200 g	sjalotten
500 g	uien
600 g	champignons
100 g	bospaddestoelen
300 ml	witte wijn
400 ml	visfond
150 g	kreeftsalpicon
150 g	Jacobsmosselsalpicon (alleen in het seizoen)
150 g	wilde rijst, gekookt
150 g	basmatirijst, gekookt
30 g	kruiden, peterselie
8	hardgekookte eieren
1½ l	crème fraîche

Voor de saus:

200 ml	Noilly-Prat (Franse vermout)
200 ml	witte wijn
2 l	fond van zalmkookvocht
100 ml	glace de viande, ingedikt
200 g	sjalotten
1 kg	boter
10 g	peper

Crêpedeeg
Zie Basisrecepten

Briochedeeg
Zie Basisrecepten

Marie Antoine Carême werd als eerste hofkok van de 18de eeuw beroemd. Overtuigend bewijs van zijn kosmopolitische keuken is deze door hem gecreëerde kulibijaka, die voor het eerst werd opgediend aan het hof van de Russische tsaar. Oorspronkelijk werd het gerecht met steurmousse (van de kostbare Vesiga) of met gevogelte bereid. Het belangrijkste bij de bereiding van deze zonder bakvorm gegaarde kulibijaka is om de smaaknuances van de afzonderlijke ingrediënten te behouden. Er zijn ook wat bescheidener varianten bekend met kool, groenten e.d..

De bereiding moet volgens plan aangepakt worden. De dag ervoor maakt men een licht briochedeeg dat de voorgeschreven baktijden beter verdraagt dan bladerdeeg. Men bakt het gerecht in een voorverwarmde oven op 200 °C en ten slotte op 180°C.

Men kan de garnering het best de dag tevoren bereiden en pas de dag erna met het opstapelen beginnen. Dan gaat men zich pas bezighouden met de gerenommeerde Schotse zalm, de heerser over talloze kristalheldere meren, die volgens de legendes door allerlei monsters bewoond worden. Aan deze 'lochs' met deels beroemde namen liggen talrijke kwekerijen van zee- en zoetwatervissen, die zeer goede kwaliteit leveren: zacht vlees, dat het gaarproces veel beter doorstaat dan iedere andere wilde zalmsoort.

De kulibijaka wordt direct uit de oven, dus zeer heet, op tafel gebracht. U kunt hem echter ook nog een nacht bewaren en de volgende dag koud serveren. Dan smaakt een beetje kreeftgelei en komkommersalade met bieslook er zeer goed bij.

1. De ovenschaal beleggen met gesneden sjalotten, champignons en peterselietakjes. De visfond en de witte wijn erbij gieten. Leg de zalmfilets zonder graten en zonder vel erin en maak op smaak met zout en peper. Laat alles in de oven zacht stoven. Maak een crêpedeeg en doe de kruiden erbij. Bak 6 flensjes van 18 cm doorsnee.

2. Blancheer de gesneden champignons en de gehakte uien. Laten afkoelen en uitlekken. Maak een stevige farce van de bestanddelen voor de vulling (peterselie, uien, paddestoelen, crème fraîche en rijst) als bindmiddel te gebruiken. Breng het geheel op smaak. Snijd de hardgekookte eieren in plakjes en maak het briochedeeg.

Michel Bourdin

van zalm

3. Leg het briochedeeg op een bakblik en bedek het met de flensjes. Leg in het midden een laag vulling ter grootte van een zalmfilet. Leg de filets erop, bedek ze met een laag vulling en leg de plakjes ei erop. Leg er een tweede filet overheen en bedek met de rest van de vulling. Vouw het brioche deeg eromheen en bak het gerecht 30 minuten op 200 °C in de oven.

4. Kook de Noilly-Prat, de visfond, de glace de viande, de kleingesneden sjalotten samen tot een stroopachtige consistentie ontstaat. Neem de pan van het vuur en roer de in kleine stukken gesneden boter erdoor. Op smaak brengen, door een zeef halen en de kreeft- en Jacobsmosselsalpicon toevoegen.

Zeetong 'Jubileum van de

Voorbereidingstijd 1 uur 30 minuten
Kooktijd 25 minuten
Moeilijkheidsgraad ★★★

Voor 4 personen

4	zeetongen van 300 g
300 g	champignons
50 g	eekhoorntjesbrood, morilles, cantharellen
2	sjalotten
500 g	bladerdeeg
200 ml	witte wijn
500 ml	visfond
500 ml	volle room (48%)
	peterselie
	zout en peper

De uitvaardiging van het Edict van Nantes in 1685 leidde eind 17de eeuw ertoe dat zich in het gevolg van machtige protestante families Franse koks in Engeland vestigden. Sindsdien hebben onder de beslissende invloed van de hofkok Marie Antoine Carême, die onder andere voor Koning George IV en de Rothschilds kookte, meer dan honderd koks de moeite genomen om de Engelsen de Franse gastronomie bij te brengen. Het hier beschreven recept werd in 1977 in verband met het 25-jarige jubileum van de troonsbestijging van hare majesteit de koningin van Engeland in het etablissement *Connaught* gecreëerd. Het hoort tot de meest gerenommeerde gerechten en vertoont een symbolische afbeelding van de St.Pauls kathedraal in bladerdeeg.

Het gerecht is een combinatie van grote Franse klassiekers als 'sauce bonne femme' en 'Duxelles de champignons' (saus met fijngehakte champignons), een uitstekende manier om klassiek en origineel te verbinden. Maar men moet wel de nodige voorzorgen treffen. Onze kok raadt ons aan om al de dag tevoren met de voorbereidingen te beginnen, bijvoorbeeld met het maken van het bladerdeeg en de vulling. Verder moet u er voor zorgen dat de zeetongen van 300 g zeer zacht en smakelijk vlees hebben.

De farce (*duxelles*) kan naar smaak bestaan uit een combinatie van morilles, eekhoorntjesbrood en cantharellen, liefst zo plukvers mogelijk. Gedroogde paddestoelen moeten voor de verwerking enige uren weken.

Bij het opstapelen moeten de afzonderlijke ingrediënten koud zijn. Daarna worden ze met bladerdeeg bedekt en ze moeten voor de laatste gaarfase even rusten. Vergeet niet, een klein gaatje in het bladerdeeg te maken, waardoor aan het eind een beetje saus gegoten kan worden.

1. De zeetongen schoonmaken en de koppen verwijderen. De vissen met witte wijn, sjalotten, visfond, peterselietakjes en paddestoelen even zacht stoven. Uit het kookvocht halen en vel en graten verwijderen. De filets apart zetten en warm houden. De graten en vellen weer bij het kookvocht doen.

2. Alles laten inkoken tot een stroopachtige consistentie, dan de room toevoegen en door een zeef halen. Gehakte peterselie en kervel toevoegen. Hak champignons en de bospaddestoelen fijn en laat de gehakte sjalotten in boter bruin worden. Doe de paddestoelen erbij en laat alles garen tot het water volledig verdampt is.

Michel Bourdin

koningin van Engeland'

3. Klap de ontgrate zeetong open. Leg een beetje paddestoelenfarce op de onderste filets en leg de bovenste filets er weer op.

4. Vouw de vis in bladerdeeg en maak een figuurtje in het bladerdeeg. Laat het geheel even rusten en bak het 15 tot 20 minuten bij 250 °C in de oven. Giet door het kleine gaatje in het bladerdeeg wat saus op de vis en dien de rest op in een sauskom.

Luchtige

Voorbereidingstijd 1 uur
Kooktijd 30 minuten
Moeilijkheidsgraad ✯✯

Voor 4 personen

16	rivierkreeftjes
200 g	champignons
50 ml	sauce américaine (zie blz. 57)
1 bosje	bieslook

Voor de vulling:

125 g	snoekvlees
125 g	snoekbaarsvlees
2	eiwitten
1	ei
25 g	zachte boter
200 ml	volle room (48%)
	zout en peper

Quenelles of 'balletjes' van allerlei soorten waren vroeger de specialiteit van de volkse eetlokalen van Lyon, waar de Franse families op hun zondagse uitstapjes graag neerstreken. Christian Bouvarel denkt met vreugde terug aan deze feesten uit zijn jeugd en aan de ijskoude limonade die bij de lekkernijen werd gedronken. Dat was ook de tijd waarin hij met zijn vrienden rivierkreeftjes ging vangen in de nabijgelegen rivier, die zijn moeder dan met de heerlijke balletjes van snoek of snoekbaars serveerde.

Hoewel deze 'quenelles' een typisch Lyonese specialiteit zijn, verwijzen ze op zijn minst wat klank betreft naar het Duitse woord 'Knödel', waarvan volgens de vaklieden de term afgeleid is. Meestal worden ze van vis, zoals karper of snoek gemaakt, die beslist heel vers verwerkt moet worden. Volgens Christian Bouvarel moet snoekvlees wat verzacht worden en hij voegt snoekbaars of Jacobsmosselen toe.

De snoek, het legendarische geluk van de zondagsvisser, is vanwege zijn structuur het best geschikt voor deze bereiding. De in heel Noord-Europa en in het Donaubekken inheemse snoekbaars wordt zeer gewaardeerd vanwege zijn smakelijke witte vlees.

Tot slot wijzen we er op dat de traditionele quenelles ook paneermeel bevatten. Christian Bouvarel laat dat liever weg, om de luchtigheid van het gerecht te behouden. Het zal enige moeite kosten om het deeg met een lepel tot quenelles te vormen, maar na een paar mislukte pogingen, gaat het meestal wel. Geef de moed niet te snel op: Lyon werd tenslotte ook niet op één dag gebouwd!

1. Fileer de snoek en de snoekbaars. Verwijder de graten. Voor vier personen hebt u 125 g vlees van beide soorten nodig.

2. Maak eerst de farce: het visvlees met zout en peper in de keukenmachine fijnmalen. Dan het gehele ei, twee eiwitten en de goed gekoelde room toevoegen en even de keukenmachine laten draaien. Ten slotte de zachte boter erbij doen en alles door een zeef halen. Vervolgens de schaal een uur lang op ijs zetten.

Christian Bouvarel

snoekquenelles

3. Voor de quenelles: breng zout water aan de kook. Maak met een lepel drie balletjes per persoon en pocheer ze 10 minuten in water dat net niet kookt, waarbij u ze eenmaal keert. Laat ze op een doek uitlekken.

4. Maak de champignons schoon, snijd ze in schijfjes en sauteer ze in boter. Haal de darm uit de kreeftjes, dompel ze in kokend water en haal de schaal eraf. Leg op elk bord 3 quenelles en 4 kreeftjes. Giet er sauce américaine (zie blz.57) over. Heet serveren.

Frankrijk

Gemarineerde rolletjes

Voorbereidingstijd 1 uur
Kooktijd 10 minuten
Moeilijkheidsgraad ★

Voor 4 personen
- 4 meerforellen
- 4 witte uien
- 1 rode paprika
- 2 winterwortels
- 1 stengel bleekselderij
- 150 g courgette
- 2 el suiker
- ½ glas witte azijn
- 20 ml extra vierge olijfolie
- 1 laurierblad
- dragonbladen
- zout en peper

In tegenstelling tot de recepten waarin gemarineerde vis als voorgerecht vaak gebakken wordt, treffen we hier een andere bereidingswijze aan. De visfilets worden gestoomd en behouden zo hun zachte smaak en hun geurige consistentie. Deze verwerking is zeer geschikt voor bergforel, een zeldzame vis, die in bergmeren zoals het meer van Genève en het Lago Maggiore inheems is. De vis is echter zo kwetsbaar dat hij langere transporten en onvoorzichtige behandeling niet zou doorstaan. In de marinade, die Carlo Brovelli hier aanbeveelt, kan men het visvlees zelfs meerdere dagen bewaren.

Het rolletje zelf schept geen moeilijkheden. Wel is het beter een vis van middelbare omvang te (laten) fileren, omdat het visvlees zachter is en ook wat meer aroma heeft. Als de smaak van de bergforel te flauw lijkt, kan men het aroma versterken met een scheut witte natuurazijn (balsamico is te zacht van smaak) of wat verse kruiden, die kort voor het opdienen over het gerecht gestrooid worden.

De kwetsbare filets moeten zeer voorzichtig worden behandeld: til met de ene hand de filets op en rol ze op en houd met de andere - tevoren natgemaakte hand - voorzichtig het vlees en het vel bij elkaar.

Deze vis kunt u met knapperige (al dente gegaarde) groente als warm tussengerecht serveren of op een mooie zomeravond koud opdienen.

Als u geen bergforel kunt krijgen, wat inderdaad steeds moeilijker wordt, moet u vis nemen, waarvan de filets groot genoeg zijn om de rolletjes te maken, zoals zeetong, regenboog- of meerforel die gemakkelijker verkrijgbaar zijn.

1. De forelfilets afspoelen, fileren, oprollen en met een houten prikkertje vastzetten.

2. De groente wassen en klein snijden, in kokend water met suiker en azijn beetgaar maken.

van meerforel

3. De olijfolie 10 minuten verhitten. De lauwe groente, de laurier en de tevoren gestoomde of in de oven gegaarde forelrolletjes toevoegen en het geheel 12 uur marineren.

4. De visrolletjes op het midden van het bord leggen en de groente er als een ring omheen schikken. Met olijfolie bedruipen.

Italië

Zeetongfilet met

Voorbereidingstijd   45 minuten
Kooktijd   15 minuten
Moeilijkheidsgraad   ★★★

Voor 4 personen

12	zeetongfilets
1	kreeft van 600 g
25 g	truffelpasta
360 ml	gebonden kreeftbouillon (25 g maïzena per liter)
80 ml	slagroom
20 ml	madeira
	zout en peper

Voor de garnering:
bladselderij

Onder de als grote eiwitleveranciers gewaardeerde vissen kan zeetong zich verheugen in een bijzondere populariteit bij de gourmets, die met grote vindingrijkheid heerlijke recepten ervoor verzinnen. De filets van deze ovale platvis zijn makkelijk te verwerken, en hun vaste witte vlees heeft een uitzonderlijke zachtheid. Omdat de vanggebieden zeer ver uit elkaar liggen, is zeetong het hele jaar op de markt.

Kies voor dit recept zeetongen van 500 g elk. Het vel van de vis moet glanzend en drukvast zijn en het zal zich dan alleen met een stevige ruk laten verwijderen. De filets moeten geklopt worden om de zenuwvezels te scheiden en te voorkomen dat ze zich bij het garen samentrekken. Voor het oprollen van de filets kan men het best kunststof of aluminiumcilinders gebruiken, die ook voor andere bereidingswijzen handig zijn. Het mooie woord 'salpicon' komt van het Spaanse woord *picar* voor snijden, maar de oorsprong van het toegevoegde prefix is onbekend. De term wordt gebruikt voor een als ragout gegaarde verzameling ingrediënten die in kleine blokjes zijn gesneden, waarmee men bladerdeegpastijtjes e.d. vult.

Voor de salpicon kiest u een blauwe kreeft, liefst uit Bretagne, met een sterk jodiumachtige smaak. De bereiding van de bouillon heeft tijd (3 tot 4 uur) nodig, duidelijk meer dus dan de paar minuten, die nodig zijn om het schaaldier gaar te krijgen. Het best kan men daags tevoren genoeg bouillon maken, zodat er ook voor andere doeleinden in voorraad is.

1. Druk de zeetongfilets even plat en rol ze met de velkant buiten om een met boter bestreken cilinder van 3 cm doorsnee. Zet de rolletjes in een stoompan en stoom ze drie minuten boven het kokende water.

2. De kreeftbouillon opkoken, de met koud water aangemaakte maïzena erdoor roeren en alles even laten koken. Onderwijl de olie tot 150 °C verhitten. Kies een paar mooie blaadjes selderij en frituur ze. Laten uitlekken op keukenpapier.

Jean-Pierre Bruneau

kreeftsalpicon

3. De kreeft in 7 tot 8 minuten gaarkoken. De truffelpasta samen met de madeira en de room inkoken tot een gebonden massa. Het in kleine blokjes gesneden kreeftenvlees erdoor roeren, op smaak brengen en warm houden.

4. Zet de filets op een voorverwarmde schaal en vul ze met de farce. Haal de gebonden bouillon door een zeef en giet wat op ieder bord. Zet de zeetongfilets in een driehoek neer en versier ze met een kreeftenschaar.

België

Gepaneerde

Voorbereidingstijd   1 uur
Kooktijd   20 minuten
Moeilijkheidsgraad   ★★

Voor 4 personen

2 kg	tarbot
16	rivierkreeftjes
200 g	broccoliroosjes
50 g	tomaten, fijngesneden
½	knolselderij
80 g	broodkruim
3	eidooiers
120 g	geklaarde boter
20 ml	witte wijn
30 g	Dijon mosterd
	zout en peper

Bij het stomen van voedingsmiddelen blijven de vitamines behouden en overtollig vet wordt verwijderd. Deze van oorsprong Chinese bereidingsmethode is tegenwoordig ook gebruikelijk in het westen en vooral voor vis zeer populair.

Er zijn vele redenen om ook tarbot te stomen. Deze in de Atlantische Oceaan en in het Kanaal levende platvis, die door de Romeinen 'koning van de zee' genoemd werd, heeft zeer zacht en smakelijk vlees, dat goed gaar moet zijn. In de Noordzee vindt men deze vis vooral in Zeeland.

Verse tarbot heeft een ruwe, glanzende huid die met modder overdekt is - een bewijs dat hij nog niet gewassen is. De buikkant moet mooi wit zijn. Zijn ongewone, relatief brede trapeziumvorm, waarvoor zelfs speciale tarbotpannen te koop zijn, onderscheidt hem van de bot en de zonnevis die als vervanging kunnen dienen in dit recept. Behandel de gekookte tarbot zeer voorzichtig, want het zachte, schilferige vlees valt makkelijk uit elkaar en dat zou het opdienen moeilijk maken. Voor het paneermeel kan men het best oud, ontkorst witbrood gebruiken, dat kruimelig en homogeen is. De filets moeten na hun verblijf in de oven echt kort rusten, voor ze in de salamander (elektrisch apparaat om te bakken of te bruinen) gaan.

Voor het maken van de schuimsaus is enige oefening nodig, wat gedeeltelijk door de bereiding au bain-marie vergemakkelijkt wordt: de eidooiers moeten indikken, zonder te stollen. De selderi-julienne mag maar kort in de hete olie worden gefrituurd, want anders wordt ze zwart.

1. Fileer de tarbot, ontvel de vis en verwijder de grijze plekken en snijdt de filets in porties van 150 g. Met olie bestrijken, kruiden en in een stoompan 3 tot 4 minuten boven kokend water stomen. Neem de pan van het vuur en dep de vis droog. Leg de filets op een beboterde schaal en bedek de bovenkant met een gelijkmatige laag broodkruim.

2. Bedruip het broodkruim met hete geklaarde boter. Zet het geheel 3 tot 4 minuten in de oven. Laat 2 minuten rusten en zet de schaal vervolgens in de salamander om een gelijkmatige bruining te bereiken.

tarbotfilet

3. Snijd de selderij in fijne staafjes en frituur ze op 150 °C in olie. Laat ze op een heet, met keukenpapier bekleed bakblik drogen. Pocheer de broccoliroosjes 3 tot 4 minuten. Laat de kreeftjes in 5 tot 6 minuten in courtbouillon garen. Pel de kreeftenstaarten en houd 4 kreeftjes opzij voor de garnering. Houd ze warm.

4. De wijn en de eidooiers in een smoorpan doen en stevig kloppen. Aan de rand van de kookplaats als een sabayon (wijnschuim) opkloppen. De rest van de hete geklaarde boter, de fijngesneden tomaten en de mosterd erdoor scheppen. Op smaak brengen en opdienen met de vis en het garnituur.

Zeebaars van

Voorbereidingstijd	45 minuten
Kooktijd	25 minuten
Moeilijkheidsgraad	✶

Voor 4 personen

1½ kg	zeebaars
400 g	knolselderij
300 g	boter
150 ml	Amerikaanse saus (zie blz. 57)
70 ml	kalfsjus
1 tl	maanzaad
1 tl	mosterdzaad
10 g	Meauxmosterd
1 el	olijfolie extra vierge
	zout en peper
	grof zout

Voor de garnering:
gefrituurde peterselie

Het hoeft niet altijd zeer gecompliceerd te zijn om een eerste klas gerecht te bereiden. De hier voorgestelde bereiding van zeebaars is eenvoudig en lekker, en strekt deze vis, die al in de Griekse mythologie als 'Kind van de Goden' voorkomt, voldoende tot eer. Aan de goede naam van deze vis heeft zich tot nu toe niets veranderd.

Zeebaars heeft fijn, zacht vlees, een zilverachtig vel en ruikt naar jodium. Kies een mooie, absoluut verse vis met heldere ogen van ongeveer 1½ kg, die goed te fileren is.

In het streven, de zeebaars in zijn natuurlijke omgeving te laten, beveelt Michel Bruneau een geheel nieuwe variant van bereiden aan: het garen op een grote, dikke steen, die men 's winters bij de open haard legt of bij de bakker stalt. Door bereiding met dit ongewone gereedschap blijft de oorspronkelijke smaak van de vis behouden, geeft hem een mooi uiterlijk en is optimale garing gegarandeerd. De filet wordt aan de kant van het vel rijkelijk met olie bestreken en alleen met die kant op de steen gelegd.

Veel gastronomen vinden het vlees van de zeebaars flauw smaken en geven de voorkeur aan ondersteuning door sterkere smaken. Meestal kan men volstaan met een pikante saus die onderstreept maar niet domineert. Men dient zich dan ook strikt aan de voorgeschreven hoeveelheden te houden, zodat een romige saus ontstaat, die met knapperige mosterdkorrels en maanzaad versierd wordt. Voor dit gerecht kunt u het best de selderijpuree met boter verrijken.

1. Snijd de zeebaars in 8 gelijke filets en leg ze terzijde. Schil de selderij, snijd de groente in niet te kleine blokjes, gaar ze in kokend, zout water. Laat ze uitlekken en maak er een puree van met 200 g boter. Op smaak maken en au bain marie wegzetten.

2. Bestrijk het vel van de zeebaars met olijfolie en wrijf de stukken vis in met grof zout.

de steengrill

3. Leg de steen 10 minuten in een oven van 200 °C en draai de temperatuur geleidelijk aan op 250 °C. Leg de stukken vis met de velkant op de steen.

4. In een pan de sauce americaine met kalfsjus, mosterdkorrels en maanzaad tot eenderde laten inkoken. De saus opkloppen met boter en kruiden. Leg op elk bord wat selderijpuree en daarop de visfilets met de velkant naar boven. Wat saus eromheen gieten en met peterselie garneren.

Frankrijk

Bourride van

Voorbereidingstijd   45 minuten
Kooktijd   25 minuten
Moeilijkheidsgraad   ★★★

Voor 4 personen

1 kg		kleine tarbot
1 kg		zonnevis
350 g		zeetong
600 g		zeeduivelfilet
600 g		goudbrasem
1		stokbrood (voor de croutons)
		zout en peper

Voor de groente:

4	worteltjes
4	jonge witte raapjes
4	witten van jonge prei
8	zilveruitjes
2	tomaten
1	rode paprika
1	groene paprika

1		bosje bieslook
4		blaadjes basilicum
1	stengel	bleekselderij
0,5 g		saffraan
1	el	olijfolie extra vierge
100 ml		witte wijn
250 ml		groentebouillon

Voor de saus:

1		nieuwe aardappel
3	el	olijfolie
		sap van ½ citroen
4	tenen	knoflook
1	el	tomatenketchup
1		eidooier
		zout, cayennepeper
		en vers gemalen peper

De bourride of vissoep is een soepspecialiteit uit de Zuid-Franse havenstad Sète, die Michel Bruneau tijdens een verblijf daar ontdekte. Het gerecht heeft zo'n indruk op hem gemaakt, dat hij zijn restaurant, dat tot dan toe bekend stond als 'Au bon accueil', ernaar vernoemde.

De basis van dit recept, dat hier à la Bruneau bereid wordt, is de combinatie van noord en zuid: het in stand houden van de Zuid-Franse traditites, met gebruikmaking van grondstoffen uit Normandië, zoals prei en worteltjes, vis uit de streek en aardappelen voor de knoflooksaus. Het zeebanket dat de basis van de bourride vormt bestaat uit verschillende soorten, zoals tarbot, bot of zonnevis, goudbrasem, tonijn of makreel en soms ook zeeduivel of knorhaan. Omdat geen van de vissen in smaak mag domineren, kan het nodig zijn de hoeveelheid ervan aan te passen op grond van de sterkere smaak.

Terwijl de saffraan nauwkeurig gedoseerd moet worden, mag men met de kervel en de dragon wat scheutiger zijn. Het moeilijkst zijn de gaartijden voor de groente en de vis die op het laatst in de genoemde volgorde verwerkt moeten worden.

De croûtons van vers stokbrood worden ingewreven met knoflook, waarvan de kiem voor de betere verteerbaarheid tevoren verwijderd wordt. In hete olie gebakken croûtons zuigen zich niet zo vol. Zet later een pepermolen met zwarte, witte en roze peperkorrels op tafel, zodat de gasten ze naar believen kunnen kruiden.

1. Fruit in een grote smoorpan alle in stukken van een 1/2 cm gesneden groenten zacht in de olie en giet er witte wijn en groentebouillon bij. Afgedekt 10 minuten laten garen. Voeg saffraan, basilicumblaadjes en bieslook toe. Op smaak brengen met zout en peper en 5 minuten laten stoven.

2. Voor de saus: eidooier, zout en peper in de vijzel doen met fijngestampte knoflook en aardappel. Langzaam roerend de olijfolie erbij doen. Tot slot de tomatenketchup en het sap van een halve citroen erin gieten. De saus in een koperen pan overdoen.

Michel Bruneau

3. Snijd alle vissen in 4 stukken van gelijke grootte, en bestrooi ze aan beide zijden met peper en zout. Gaar de vis in de volgende volgorde op de kokende groente: zeeduivel 5 minuten, zeetong, tarbot en zonnevis 4 minuten en goudbrasem 3 minuten. Gaar de vis met de deksel op de pan zonder de vis te keren.

4. Op laag vuur 3 eetlepels kookvocht aan de sausbasis toevoegen, die in geen geval mag koken. Serveer het gerecht op zeer hete borden. Geef met knoflook ingewreven en aansluitend in olijfolie gebakken croûtons erbij en serveer de saus apart.

Zeetong op

Voorbereidingstijd: 1 uur
Kooktijd 20 minuten
Moeilijkheidsgraad ★★

Voor 4 personen

4	zeetongen van maximaal 300 g
4	worteltjes
20	jonge preien
4 takjes	tijm
1 tl	geraspte verse gemberwortel
1 el	arachide-olie

100 ml	cider
100 g	boter
100 ml	crème fraîche
	zout en peper

Voor de garnering:
takjes kervel

'Solea Iovis' (Sandaal van Jupiter) noemden de fijnproevers in het antieke Rome hun lievelingsvis, de zeetong. Aan het hof van Lodewijk XIV in Versailles beleefde deze vis het hoogtepunt van zijn carrière. En nog steeds is het vaste, zachte vlees zeer geliefd. De vanggebieden van de zeetong liggen in de Noordzee, in Senegal en Marokko, zodat hij het hele jaar te krijgen is.

De vis wordt op zijn formaat uitgezocht: een te groot of te plat exemplaar zou namelijk voor een grote teleurstelling kunnen zorgen. Daarom zijn slibtongetjes beter, omdat ze dikke, smakelijke filets leveren. Van de verschillende soorten geldt de Franse als de smakelijkste. U kunt voor dit recept ook kleine tongschar gebruiken. Onze kok beveelt bospeen met een zacht, zoetige smaak aan, die goed harmonieert met gember. De uit China of Thailand stammende gemberwortel, die in elke toko te koop is, moet glad en stevig zijn en liefst gewassen. Omdat hij erg sterk van smaak is, moet men niet teveel ervan gebruiken, maar de gember zal de goede smaak van een goed product nog benadrukken.

Om te zorgen dat de prei er als bijgerecht goed uitziet, moet hij beetgaar bereid worden. Te lang gekookte prei wordt kleurloos en slijmerig.

1. Fileer de verse zeetong. Kook de prei en de wortelen met de geraspte gember. Pureer drie wortels en snijd de vierde in schijfjes.

2. Vul de tong met prei en wortelschijfjes en versier hem met prei, wortel, en tijm.

Michel Bruneau

z'n Frans

3. Bak de tongen in een pan met boter en olie 2 minuten aan elke kant. Laat ze uitlekken en houd ze warm.

4. De wortelpuree met crème fraîche en boter opkloppen en op smaak brengen. Leg de tong op een voorverwarmd bord en giet er wat saus omheen. Garneren met kervelblad.

Kroon van Jacobsmosselen

Voorbereidingstijd	30 minuten
Kooktijd	15 minuten
Moeilijkheidsgraad	✳✳

Voor 4 personen

12	grote Jacobsschelpen
2	zwarte truffels
1 kg	venkel
2	sjalotjes
1	prei
	enkele worteltjes
	enkele uien
2	tomaten
1	citroen
2 tl	garnalensausextract
100 ml	olijfolie
100 g	boter
	zout en peper

Voor de garnering:

sprietjes	bieslook
takjes	kervel

Hier gaan land en water met hun respectievelijke grondstoffen een eenvoudige, maar fantastische verbinding aan, waarbij de Jacobsmosselen dankzij de truffels zeer goed tot uiting komen. Kies middelgrote schelpen met weinig corail (het rode kuit). Niet helemaal onberispelijke schelpen kunt u zeer goed herkennen doordat de spier bij het insteken van het mes niet reageert. Het geheim van deze schelpdieren ligt van nature in het feit dat ze alleen heel vers verwerkt moeten worden, anders gaat de smaak volkomen verloren.

De begeleiders, de truffels, zijn in het zwart gekleed en over hun versheid en geur mag geen twijfel rijzen. Onze kok vermoedt dat ze uit Valréas komen, de eeuwenoude pauselijke enclave, waar men deze waardevolle paddestoelen nog tegen een redelijke prijs kan vinden. Ze worden net als de schaaldierlichamen in dunne schijfjes gesneden.

Het zwart-wit alternatief met zonnevis in plaats van Jacobsmosselen heeft zich minder goed bewezen, want de vis slaat hier een aanzienlijk slechter figuur. Het is in ieder geval belangrijk, weinig opdringerige soorten te combineren. Hiervoor is de garnalensaus prima, omdat deze namelijk de smaak van het hoofdbestanddeel moet verhogen.

De venkel, die ook door minivenkel vervangen kan worden, verleent het gerecht een verfrissende en onnavolgbare smaak. Ze is beter te verteren als ze in vers citroenwater gesneden wordt.

1. Prei, sjalotten, kervel, wortelen en uien fijnsnijden en een kleine bouillon ervan maken door te pocheren; vervolgens de gesneden tomaten toevoegen.

2. De venkelbladen lostrekken, in schuine stukken snijden en in 8 minuten gaarkoken in de bouillon. Laten uitlekken en koud wegzetten. Bewaar het kookvocht.

en verse truffels

3. De Jacobsschelpen bereiden en de gare mosselen in dunne schijfjes snijden evenals de truffels. Kruiden met olijfolie, zout, peper en citroensap.

4. Sauteer de venkel met sjalotten en bieslook in boter. Leg de groenten in het midden van het bord en schik daaromheen afwisselend schijfjes mosselen en truffels. Roer het venkelsap en de garnalensaus door elkaar en klop alles met olie tot een saus. Garneren met een blaadje kervel.

Bouillabaisse uit

Voorbereidingstijd 2 uur
Kooktijd 50 minuten.
Moeilijkheidsgraad ★★★

Voor 4 personen

1½ kg	diverse vissoorten: pieterman, knorhaan, zonnevis, roodbaars, poon zeepaling, lipvis e.d.	
1 kg	rotsvissen	
2	tomaten	
1	venkelknol	

3		kleine aardappelen
2		uien
6	tenen	knoflook
1		prei
1		stokbrood
		saffraandraadjes
2		eidooiers
100 ml		olijfolie
		geraspte parmezaan
	takjes	peterselie
		cayennepeper
		zout en peper

Het geruststellende van bouillabaisse is, dat niemand precies weet, waar de naam vandaan komt. We hoeven dus geen punt van de herkomst te maken maar moeten ervoor zorgen dat onze gasten iets te eten krijgen. Elke familie in Zuid-Frankrijk heeft haar eigen recept, maar de basisingrediënten zijn voor ieder recept: pieterman, poon, knorhaan, zeepaling en roodbaars. Verder doet iedereen erbij wat hij wil.

Onze kok beveelt ook als basis een handvol kleine rotsvissen aan, die de soep consistentie en smaak geven. Het probleem is het transport van deze vissen, maar men kan de soep ook ter plekke maken. De bouillon moet al ingekookt zijn voordat men de grote vissen er in gaart. Het beste is om de basissoep al daags tevoren te bereiden en de vis tot slot in alle rust te verwerken; natuurlijk eerst de dikste vissen zoals zeepaling en pieterman en de delicatere zoals roodbaars op het laatst.

Om ervoor te zorgen dat de bouillabaisse ook werkelijk zijn benaming 'gouden soep' verdient, moet ze nog verrijkt worden met saffraan, waarvan de rode blaadjes en gele meeldraden niet alleen een streling voor de tong maar ook een lust voor het oog zijn. Saffraan is van Arabische oorsprong en kwam door de kruistochten naar Europa. De oogstomstandigheden zijn niet veranderd; voor een kilo heeft men 150.000 krokusbloemen nodig, hetgeen de extreem hoge prijs van deze specerij verklaart. En als hij goedkoper wordt verkocht, kan men er van uitgaan dat hij vermengd is met saffloer (verfdistel), dat vaak als kleurstof voor voedingsmiddelen wordt gebruikt.

1. Alle vissen ontschubben, schoonmaken en wassen. De grote exemplaren in stukken snijden en de kleine heel laten. Snijd het stokbrood in schuine plakken. Wrijf de croûtons in met knoflook, bak ze in hete olijfolie en zet ze apart.

*2. Maak van de kleine vissen een soep met hete olie en een kruidenmengsel, de uien, kleingesneden preiwit, de ontvelde en kleingesneden tomaten, knoflook, saffraan en venkel.
Laat alles 30 minuten garen en wrijf het door een groentepers.*

Alain Burnel

Baux-de-Provence

3. Laat in deze soep 3 aardappelen gaar worden en stamp ze met olijfolie, eidooiers en een teen knoflook uit de knijper in een vijzel. Zet deze 'rouille' apart.

4. Laat de vissen in volgorde van grootte 10 minuten in de soep gaar worden en begin met de grootste, de zeepaling. Op smaak brengen met zout en cayennepeper. Serveer het geheel in een gesloten soepterrine bestrooid met gehakte peterselie. De geraspte parmezaan, de rouille en de croûtons apart erbij geven.

Frankrijk 49

Kabeljauwrug in donker

Voorbereidingstijd   45 minuten
Kooktijd   15 minuten
Moeilijkheidsgraad   ✶

Voor 4 personen

600 g	kabeljauw
500 g	hopscheuten
1	citroen
2	eidooiers
75 g	broodkruimels
250 g	boter
120 ml	De Koninck (donker bier)
250 ml	visfond
1 tl	vers biergist
	zout en peper

De vissen uit de kabeljauwfamilie zijn weliswaar wat bescheidener dan edele vissen als griet, tarbot of zeetong, maar ze maken wat hoeveelheid betreft dagelijks de helft van de hele vangst uit. De tot deze familie behorende kabeljauw, zoals de volwassen Noordzeesoort bij ons heet, is bij iedere viswinkel te koop. Hij leent zich voor alle soorten toebereiding.

Jan Buytaert bereidt hem op z'n Vlaams met zijn geliefde De Koninck-bier, waarmee hij ook de reikwijdte van de bierkeuken wil bewijzen. Dit verrukkelijke donkere bier zou goed gepast hebben in de tijd van Breughel en de Vlaamse kermis, waar de aangeschoten en roodaangelopen dorpelingen zich vermaakten. In plaats van De Koninck-bier, dat rijk is aan smaaknuances, kan men ieder ander donker bier gebruiken.

De tweede bepalende factor voor de saus is de boter. Voor ons doel gebruiken we liefst volvette boter, die overigens niet meer vet bevat dan 'droge' boter en die niet op de laatste plaats vanwege het hoge gehalte aan vitamine A tot een evenwichtig voedingspatroon bijdraagt.

De hopscheuten zijn ook karakteristiek. Het gaat om de scheuten, die in de hoptuin niet nodig zijn en in het voorjaar verwijderd worden. Al in de 19de eeuw waren ze omwille van hun suikergehalte geliefd en werden ze gegeten als asperges. Sommigen vinden ze smakelijker dan asperges. Het is in ieder geval de moeite waard deze originele groente te leren kennen, die de liefhebbers een vijfde seizoen biedt.

1. Snijd de kabeljauw in 4 porties van 150 g en leg deze op een met boter bestreken bakblik, dat met zout en peper bestrooid is. In de oven half gaar stoven in 8 tot 10 minuten. Maak met de graten en afsnijdsels een visfond.

2. Maak de hopscheuten zorgvuldig schoon en gaar ze in de visfond, die met het sap van een halve citroen gekruid wordt.

bier met hopscheuten

3. Laat het kookvocht met het bier tot de helft inkoken, doe de gist erbij en klop het met boter op. Door een zeef halen en op smaak brengen. Het broodkruim met wat boter mengen en er dunne plakjes van vormen. De eidooiers met twee eetlepels water op laag vuur schuimig kloppen, van het vuur af met de overige, geklaarde boter opkloppen en op smaak brengen.

4. Leg een hoopje hopscheuten op het met boter bestreken bord. Leg er een stuk kabeljauw en dan een laag broodkruim op. Even kort grillen. Op elk bord wat saus om de vis heen gieten en vlak voor het opdienen een beetje schuimsaus over de vis doen.

Tarbotkibbeling

Voorbereidingstijd 45 minuten
Kooktijd 30 minuten
Moeilijkheidsgraad ★★

Voor 4 personen

500 g	tarbotwangen
8	scampi
1 kg	mosselen
	sap van ½ citroen
1	eidooier
125 g	verse peterselie
1 bosje	kervel
100 g	boter
50 ml	droge witte wijn
120 ml	volle room (48%)
100 ml	slagroom
250 ml	blanke kalfsfond
	zout en peper

Vroeger gold kervel als de peterselie van de rijke lieden. In de geneeskunst staat het bekend als stimulerend middel voor de lever en als bloedreinigend middel. Het kruid is ook onderwerp van vele legendes. Zoals die van de door ziekte gekwelde prinses die na het opleggen van wat kervel haar schoonheid terugkreeg. Maar voorzichtigheid is geboden, want in de familie van de schermbloemigen tot welke deze plant behoort, zijn veel giftige gewassen, zoals de gevlekte scheerling, die al in de oudheid aan ter dood veroordeelden voorgezet werd en waaraan ook de grote Socrates stierf.

Keukenkervel is volstrekt ongevaarlijk. De uitgesproken smaak herinnert aan anijs en pepermunt tegelijk. Omdat het aroma nogal sterk is, gebruikt men het slechts spaarzaam. Te vermelden valt vervolgens nog dat kervel samen met bieslook, dragon en peterselie tot de traditionele keukenkruiden behoort.

Voor gourmets is de tarbot zonder twijfel een van de beste vissen. Het is wel zaak hem van de griet te kunnen onderscheiden, hetgeen vanwege de typische ruitvorm eenvoudig is. Maar ook de herkomst is van belang: voor de Belgen komt de zachtste tarbot uit Zeeland. De wangen van deze vis zijn beroemd en navenant zeldzaam en snel opgegeten. Als u ze niet kunt krijgen, kunt u ook alle andere delen van de tarbot gebruiken, mits goed gefileerd. De bereiding van de ragout brengt geen grote moeilijkheden met zich mee.

Als bijgerecht heeft u mosselen nodig, waarvan de smaak de tarbot niet mag overstemmen, gebruik dus geen boormosselen of Portugese mosselen. Gaar de mosselen voorzichtig in droge witte wijn, zoals een Chardonnay.

1. De mosselen schoonmaken en wassen. Laat ze gaar worden met de witte wijn, de helft van de blanke kalfsfond, 50 g boter, zout en peper. Neem de mosselen uit de schaal en houd ze warm in wat kookvocht. Doe de rest van het kookvocht door een zeefdoek en zet het apart.

2. Kruid de tarbotwangen en laat ze in het overgebleven kalfsfond gaar worden. Kook het mosselvocht, het kookvocht van de tarbot en de room tot de helft in.

Jan Buytaert

met kervel

3. Haal peterselieblad en kervel van de steeltjes, was ze en hak ze fijn. Zet het ingekookte kookvocht klaar; bind de room met de eidooier en doe het mengsel bij het kookvocht met het sap van een halve citroen en de fijngehakte kruiden.

4. Pel de garnalen, kruid ze en bak ze in de pan met de rest van de boter. Leg op de voorverwarmde borden rozetten van de tarbot en leg in het midden de garnalen en de gekookte mosselen. Giet de rest van de saus eromheen.

Zeetong met kaviaar

Voorbereidingstijd 30 minuten
Kooktijd 10 minuten
Moeilijkheidsgraad ∗

Voor 4 personen

4	slibtongen van 150 g
75 g	Osietra-kaviaar
500 g	witlof (kleine struikjes)
1	eidooier
125 g	boter
250 ml	blanke kalfsfond
150 ml	volle room (48% vet)
150 ml	slagroom
	zout en peper

Zeetong is bekend om zijn fijne smaak en zachte vlees. Deze platvis gaat op de zandige zeebodem liggen en neemt daarvan de kleur aan, zodat hij nauwelijks van zijn omgeving te onderscheiden is. Het gaat hierbij om een tactische camouflage, want de onverbiddelijke roofvis voedt zich met alles wat hem voor de bek komt. Wat ons betreft, wij genieten liever van het aanzicht van een toebereide vis op ons bord, vooral als het gaat om de hier door Jan Buytaert aanbevolen slibtongetjes. Met een gemiddeld gewicht van 100 tot 150 g vormen ze ook precies een goede portie.

Witlof zijn cichoreispruiten die door ophoping van aarde in het donker geteeld worden en daardoor wit blijven. Deze methode werd in de 19de eeuw in Wallonië ontdekt. De voor 95 procent uit water bestaande witlofstruikjes zijn rijk aan voedingsvezels en kalium en vormen tegenwoordig een waardevolle bijdrage aan ons voedingspatroon. In België is deze groente heel populair. Kies kleine exemplaren met heldere, lichtgele blaadjes. In reepjes gesneden witlof wordt in korte tijd gaargekookt. De fond moet echter genoeg consistentie hebben, om met room aangelengd te kunnen worden.

Om de slibtong kort voor het serveren goed te gratineren, heeft u een sterke hittebron nodig. Als deze handeling niet snel genoeg plaats vindt, kan de saus schiften en er minder smakelijk uitzien.

Om de zeetongen te versieren kunt u het best Osietra-kaviaar gebruiken. Diens gouden eitjes van behoorlijke grootte zien er het mooist uit en hun fruitige aroma laat de overige ingrediënten goed tot hun recht komen.

1. Het witlof zorgvuldig schoonmaken, laten uitlekken en in fijne reepjes snijden. In een beboterde smoorpan de witlofreepjes overgieten met blanke kalfsfond en met de deksel op de pan in 4 minuten beetgaar laten worden. Laat uitlekken en het kookvocht door een zeef halen.

2. Maak de slibtongen schoon en ontvel ze. Leg ze op een ingevet bakblik, bestrooi ze met zout en peper en leg er een paar krullen boter op. Bak ze 7 minuten bij 225 °C in de oven en fileer ze daarna.

en witlof

3. Pas de vissen op de borden weer in elkaar en vul ze met het witlof. Kook het witlofvocht in met de volle room. Voor de saus: de helft van de slagroom met de eidooiers losroeren en toevoegen. Vervolgens de andere helft van de slagroom erbij doen.

4. Giet deze saus over de vissen en laat ze in de salamander of onder de grill snel bruin worden. Leg vervolgens een lepeltje kaviaar tussen de beide bovenste slibtongfilets op het witlof. Dan opdienen.

België

Gevulde zwemkrabben met

Voorbereidingstijd 1 uur 15 minuten
Kooktijd 35 minuten
Moeilijkheidsgraad ★★

Voor 4 personen

| 20 | grote zwemkrabben |

Voor de vulling:

250 g	Noordzeekrabvlees
½	rijpe mango
125 ml	béchamelsaus
1 el	basilicum

| 1 tl | ingekookte sauce americaine (zie blz.57) |
| 50 g | parmezaanse kaas |

Voor de saus:

200 ml	sterk gekruide sauce américaine (wortels, uien, witte wijn, bouillon)
15 g	boter
1 el	bieslook, fijngesneden
1 el	tomaat, in kleine blokjes gesneden.

De familie van de kortstaartkrabben, ook wel 'echte' krabben genaamd, telt ongeveer 5000 soorten, waaronder de zwemkrabben. Ze onderscheiden zich door een afgevlakt vijfde paar poten, dat kort onder het onderlijf zit en dienst doet als zwemvliezen. In tegenstelling tot de meeste van zijn soortgenoten is dit schaaldier dus relatief bewegelijk. Hij zwemt vooral in water van behoorlijke diepte, wat hem goed uitkomt als hij voor vijanden moet vluchten. Van nature wantrouwig en door de wol geverfd, schrikt de zwemkrab voor geen list terug, en verstopt zich in het zand, om zijn prooi te verrassen.

Met een zwemkrab in aanvalshouding, staande op de achterpoten, de geopende scharen naar voren gestrekt, en met schuim op de kaken, valt niet te spotten. Provoceer hem dus niet, want deze nerveuze makker kan ernstige schade aanrichten. Culinair gezien vormt hij een rijke oogst van zacht vlees dat zich uitstekend tot soepen, schuimcrèmes, of vullingen laat verwerken. Onze kok gebruikt hem hier anders: het pantser vult hij met vlees van de Noordzeekrab en het vlees gebruikt hij als hoofdbestanddeel voor de sauce americaine.

De volgelingen van Prosper Montagné noemen de sterke sauce américaine nog steevast 'sauce armoricaine', hoewel eigenlijk geen van de ingrediënten van oorsprong Bretons is. Jacques Cagna biedt ons hier een nieuwe smaakbelevenis, omdat hij ook kleingesneden mango gebruikt, waarvan de zachte smaak de pikante indruk van de andere ingrediënten neutraliseert. Het best kan men de mango van de Franse Antillen gebruiken, die niet vezelig, dus rijp genoeg, maar toch nog echt stevig, dus niet te rijp mag zijn.

1. Voor de vulling van Noordzeekrab: maak een béchamelsaus van boter, meel en melk. De mango schillen en in kleine blokjes snijden. De basilicum fijnhakken en alle ingrediënten voor de vulling mengen.

2. Laat de zwemkrabben snel in court-bouillon gaar worden. Bewaar de pantsers. Het vlees uit de lichamen opzij zetten voor de sauce americaine. Maak de pantsers schoon, vul ze met farce en strooi er geraspte parmezaan over.

tomaat en basilicum

3. Voor de sauce américaine: het krabvlees in olijfolie sauteren, gefruite worteltjes en uien erbij, afblussen met witte wijn, laten inkoken, overgieten met bouillon en 10 minuten zacht laten koken.

4. De saus afmaken: de saus zeven en tot de helft inkoken, opkloppen met boter en kleingesneden bieslook toevoegen. De tomaten ontvellen, in kleine blokjes snijden en in de saus doen. De saus op smaak brengen en warm houden. Giet wat saus op een bord, leg er vijf zwemkrabben op en gratineer alles kort onder de grill.

Rogcrépinette met boter

Voorbereidingstijd 1 uur
Kooktijd 30 minuten
Moeilijkheidsgraad ★★

Voor 4 personen

2 kg	rog
115 g	varkensdarmnet
60 g	varkensbuikspek
1	savooiekool
10 g	zwarte olijvenpasta

Voor de jeneverbesboter:

65 g	zachte boter
3 g	jeneverbessen
8 g	sjalotten
15 g	licht gezouten varkensborst

¼ el	mosterd
½ takje	tijm

Voor de vinaigrette:

4 el	olijfolie
2	citroenen
	zout

Voor de zwarte olijvenpasta:

100 g	zwarte olijven
5	blaadjes basilicum
1 el	olijfolie
	zout en peper

Karakteristiek voor rog zijn de vele doornen die hij trots op zijn bovenkant draagt. Voor Jacques Cagna zijn het zachte vlees en het lage vetgehalte het bijzondere aan deze vis.

De in het noorden van de Atlantische Oceaan en in de Noordzee voorkomende *Raja clavata* kan wel een lengte van 120 centimeter bereiken en beweegt zich met een ongelofelijk sierlijke golfbeweging voort. Hij behoort tot de familie van de echte roggen, de *Rajidae*, waarvan hij de meest voorkomende en meest verspreide vertegenwoordiger is. Hij is moeilijk te vangen, niet alleen vanwege zijn omvang, maar vooral vanwege zijn afweersysteem, waarmee hij op korte afstanden stroomstootjes kan geven.

Omdat grote roggen meestal smakeloos en melig zijn, kan men het best de vleugels van middelgrote roggen nemen; die zijn alleen moeilijk te verwerken, als men ze heel wil laten. De filets zijn zonder veel moeite van het kraakbeen te snijden.

De jeneverbesboter is een verwijzing naar Duitse recepten, zoals die uit het hoge noorden en herinnert op aangename wijze aan wildmarinades en wildgerechten. Voor onze sterkok Jacques Cagna moet de jeneverbesboter vooral de structuur en de smaak van de rog, die men zich zonder toevoeging van kruiden nauwelijks kan voorstellen, naar voren halen. Voor de olijvenpasta worden, op z'n Provençaals, kleine zwarte olijven uit Nice gebruikt.

1. Voor de jeneverbesboter: de jeneverbes en de varkensborst heel fijn hakken. De gehakte en gefruite sjalotten, de mosterd, de tijm en tot slot de zachte boter toevoegen. Kruiden en door een zeef wrijven. Opzij zetten.

2. De rog schoonmaken, ontvellen en fileren. Snijdt het buikspek in dunne plakken. Voor de vinaigrette: olijfolie, citroensap en zout vermengen. De kool in dunne repen snijden en in een pan met boter even smoren.

en jeneverbes

3. Voor de zwarte olijvenpasta: de olijven ontpitten en met het basilicum pureren tot een compote, dan de olijfolie toevoegen. Op smaak brengen en door een zeef wrijven.

4. Spreid een plak buikspek uit op het werkvlak, leg er een rogfilet op, bestrijk dit met olijvenpasta, dan een tweede plak buikspek en vouw het geheel in een darmnet. Doe de jeneverbesboter in een pan en bak de crépinettes aan beide kanten in 3 tot 4 minuten goudbruin en laat ze nog 10 minuten bij 180 °C in de oven gaar worden. Leg ze op een bedje van savooiekool en giet er wat vinaigrette omheen.

Gegrilde zeebaars met

Voorbereidingstijd	*1 uur*
kooktijd	*30 minuten*
Moeilijkheidsgraad	✶✶

Voor 4 personen

2	kleine zeebaarzen
24	mini-worteltjes
24	witte mini-raapjes
12	mini-courgettes
12	kerstomaatjes
8	anijssterren
1 el	boter

Voor de marinade:

150 ml	olijfolie
1 el	witte wijnazijn
1 el	ciderazijn
2 tl	citroensap
15 g	honing
2 g	saffraan
5 g	koriander
5 g	peterselie
5 g	zwarte peperkorrels
1	laurierblad
	zout en peper

De vis die wij zeebaars noemen, wordt bij de Fransen omschreven als *bar* of *loup* en heet in Engeland *seabass*. In de territoriale wateren van het Verenigd Koninkrijk komt hij vooral voor de Schotse kust voor en zelfs heel dicht in de buurt van het Turnberry Hotel, waar Stewart Cameron kookt. Zo kan onze kok zich steeds verzekeren van de verste exemplaren, die op slechts enige meters afstand van zijn grill zwemmen.

In Schotland hebben de *Perciformes*, zoals de familie van de baarsachtigen heet, een mooie grijsblauwe kleur en een gewicht van tussen de 4 en 5 kilo. Stewart Cameron heeft echter liever exemplaren die minder groot zijn en ca. 2,5 kilo wegen. Het vlees van deze vis is echt zacht, maar kan ook door bescheidener groepsgenoten zoals makreel of kabeljauw vervangen worden. Het belangrijkste in dit recept is niet de bereiding van de vis, maar die van de groente.

Om ook het oog wat moois en elegants te gunnen kan men groenten in minivorm gebruiken, die trouwens ook sneller en beter de nuances van de marinade opnemen. De hoeveelheden die aangegeven zijn voor de marinade moeten beslist aangehouden worden, zodat ze niet te sterk wordt en de eigen smaak van de groente overheerst. Ook teveel azijn zou de smaak bederven. Dat zou zonde zijn, want dit recept biedt de mogelijkheid de witte raapjes, een groente, die lange tijd zeer verwaarloosd is en pas sinds kort een comeback beleeft, tot hun recht te laten komen.

De vis en de groente worden heet opgediend. De saus van de met boter opgeklopte marinade moet eerder lauw zijn.

1. Alle ingrediënten voor de marinade in een schaal doen en bij laag vuur 3 tot 4 minuten laten wellen.

2. Alle groente wassen en schillen, afzonderlijk beetgaar laten worden en in een diepe schaal doen. Giet de marinade erover en laat 2 tot 3 uur intrekken.

gemarineerde groenten

3. De zeebaars in filets van 120 g verdelen, de graten verwijderen en het vel kruislings insnijden. Met wat boter invetten en 5 minuten in boter in een pan bakken, waarbij het vel knapperig moet blijven. Pocheer de groente in de marinade, eruit halen en warm houden.

4. De boter flink door het hete marinadevocht kloppen en zeven. Leg op het midden van het bord een baarsfilet, schik de gemarineerde groente eromheen, giet de saus erover en garneer met steranijs.

Filets van griet en makreel

Voorbereidingstijd	45 minuten
Kooktijd	30 minuten
Moeilijkheidsgraad	★★

Voor 4 personen

1	griet van 500 g
2	makrelen
24	rauwe venusmosselen
250 ml	visfond

Voor de mosterdsaus

100 g	Arran- of Meauxmosterd
2	sjalotten
1	citroen
4 tl	whisky
100 ml	visfond
200 ml	volle room (48%)
25 g	boter
	bieslook
	zout en peper

Voor de garnering:

takjes dille

De omgeving van het Turnberry Hotel bevalt niet alleen de toeristen of golfers, die zich het daar in 1977 gehouden Britse Open-Golfkampioenschap herinneren, waarbij Tom Watson won. Vlakbij ligt ook het eiland Arran, waar de Schotse mosterd gemaakt wordt, die met de Franse Meauxmosterd te vergelijken is.

Met de makrelen, die er zomers in overvloed zijn en vroeger graag gegrild werden, de griet die niet minder overvloedig voorkomt en de traditionele rauwe venusmosselen hebben we een combinatie die tot ver in de Schotse geschiedenis terugreikt. De rauwe venusmosselen zijn goed te herkennen aan hun dikke schelp met sterk concentrische ribbels, die af en toe in wratachtige bobbeltjes eindigen. Omdat ze in de zandbodem ingegraven leven en hun schelpen vaak vol met zand zitten, moeten ze altijd goed gewassen worden. Als vervanging kan men ook kokkels of grotere mosselen gebruiken.

De jodiumsmaak van de mosselen, die door de grove mosterd benadrukt wordt, moet de zachtere smaak van de beide vissoorten ophalen. De filets worden met een houten prikker samengehouden, dat als een toverstaf de voordelen van twee verschillende vissen tot één geheel maakt. Men moet erop rekenen, dat sommige gasten de neus ophalen voor makreel omdat die te vet zou zijn. En wat dan nog? Een met zorg uitgezochte haring kan eventueel de makreel vervangen.

In ieder geval is het aan te bevelen, de visfilets voor het garen in folie te wikkelen, zodat ze niet uit elkaar vallen.

1. De griet verdelen in filets van ca. 120 g en ontgraten. Van de makrelen filets van 60 g snijden.

2. De mosselen, goed spoelen en op hoog vuur zich laten openen. De griet- en makreelfilets enige minuten in visfond pocheren.

in mosterdsaus

3. Voor de mosterdsaus: boter, fijngehakte sjalotten, 10 g bieslook en het sap van een halve citroen aanbakken. Doe vervolgens whisky en visfond erbij, laat tot de helft inkoken en roer de volle room (48%) erdoor. Haal de saus door een zeef. Nogmaals inkoken, de mosterd erbij doen en op smaak brengen.

4. Houd de verschillende filets bij elkaar met een houten prikker en stoom ze. Giet wat saus op ieder bord, leg de vis in het midden, de mosselen en overige stukken vis eromheen. Garneer met takjes dille.

Zeetongfilets met rozemarijn

Voorbereidingstijd 30 minuten
Kooktijd 10 minuten
Moeilijkheidsgraad *

Voor 4 personen

4	zeetongen
200 g	spinazie
100 g	truffels
	zout

Voor de rozemarijnolie:

1 takje	rozemarijn
100 ml	olijfolie extra vierge
1 el	mosterd
	sap van 1 citroen
	zout en peper

U zult het zeker met mij eens zijn dat rozemarijn net zo smakelijk is, als zijn naam klinkt (Italiaans: *rosmarino*). Men komt het kruid tegen in vele Italiaanse recepten, waar het een belangrijke rol speelt in marinades, salades, terrines, bouquets garnis, ratatouilles en zelfs bij gefruite groente. Maar voorzichtigheid is geboden, want vooral verse rozemarijn is zeer sterk van smaak en zou de andere ingrediënten kunnen overheersen.

Dat zou vooral hier erg jammer zijn van de in fijne reepjes gesneden zwarte truffels uit Italië, die vooral in Umbrië en in de Marken groeien. Onze kok heeft overigens eens en nooit weer geprobeerd ze door de in Alba en de hele Romagna veel voorkomende witte truffels te vervangen. Bij de verbinding met rozemarijn kwam het tot een openlijk conflict: beide waren even sterk, geen wilde toegeven.

De hoofdrol in dit recept speelt natuurlijk de zeetong met haar filets van waarlijk goddelijke kwaliteit. Om haar goed vers te houden, moet men zo lang mogelijk wachten met de bereiding, want gefileerd houdt de vis zich niet zo goed. Men versiert de filets ook graag met granaatappelpitten die door hun doorschijnende kleur en zure smaak een streling zijn voor de tong en het oog.

Er ontbreekt aan dit recept nu nog wat knapperigs. De in kokende olie gefrituurde spinazie met zijn lichte consistentie vormt een uitstekend contrast met de zachte vis. Een vergelijkbaar effect wordt bereikt met snijbietbladen. Maar we laten het aan ieders fantasie over deze eenvoudige en smakelijke keuken, die deel uitmaakt van de traditionele keuken van de Romagna, te onderzoeken.

1. Voor de rozemarijnolie: de rozemarijn kleinhakken en in een kom mengen met mosterd, citroensap, zout en olie.

2. De zeetong zorgvuldig schoonmaken, ontvellen en fileren. Vervolgens de filets stomen.

Marco Cavallucci

op krokante spinazie

3. De spinaziebladeren afspoelen en drogen. Frituur ze in ruim kokende olie, laat ze op keukenpapier uitlekken en breng ze op smaak.

4. De knapperige spinazie in het midden van de goed voorverwarmde borden leggen. De zeetongfilets erop leggen en de rozemarijnolie en de truffeljulienne erover verdelen.

Italië 65

Gebakken zeebaars met

Voorbereidingstijd 45 minuten
Kooktijd 8-10 minuten
Moeilijkheidsgraad ✶

Voor 4 personen

4	dikke zeebaarsfilets van 180 g
2	langwerpige aubergines
2	courgettes
2	groene paprika's
2	rode paprika's
4	tomaten
1	witte ui
4	tenen knoflook
3 takjes	basilicum
2 takjes	gladde peterselie
1 takje	tijm
50 g	parmezaan
30 g	boter
300 ml	olijfolie extra vierge
	zout en versgemalen peper

Omdat de zeebaarsfilets in dit recept gebakken worden, bevat het gerecht geen saus noch visfond. De enige vloeistof is het groentesap, dat bij de bereiding van een ratatouille Nicoise, ontstaat.

Het succes van het recept staat en valt niet alleen met de consistentie van dit sap, dat dikvloeibaar en smakelijk moet zijn, maar ook met de harmonie van de combinatie van repen groenten die apart in een pan gebakken worden. Het gebruik van de extra vierge olijfolie, waarvan de smaak en voedingswaarde algemeen hoog gewaardeerd worden, bevordert dit samenspel van nature en zorgt ervoor, dat de eigen smaak van elk ingrediënt behouden blijft.

De gekozen zeebaars moet zo'n 2 tot 3 kilo wegen, zodat men dikke filets krijgt. In Frankrijk vindt men deze vis onder de naam *bar* of *loup* in Groot-Brittannië als *(sea)bass*. Snel in de boter gebakken, wordt de filet mooi knapperig. Kort voor de vis in de pan gaat, wordt hij bestrooid met geraspte reggiano, de uitstekende Parmezaanse kaas, die twee jaar lang bewaard kan worden. De sterke smaak laat de zeebaars goed tot zijn recht komen.

De kleine boeren uit de omgeving van Nice leveren tegenwoordig veel groente van hoge kwaliteit. De ene helft van de groenten is voor de ratatouille, de andere wordt in fijne reepjes gesneden en licht gesauteerd. Zo ontstaat niet alleen een onvervalst Provençaalse smaaknuance, maar ook een knapperig bijgerechtje, dat het goed doet als begeleiding van de stevige zeebaars.

In plaats van zeebaars kan men volgens Francis Chauveau heel goed goudbrasem nemen. De grotere exemplaren zullen beslist tot tevredenheid stemmen.

1. Een aubergine en een courgette in de lengte in 16 repen snijden, 1 rode en 1 groene paprika elk in 8 repen snijden. Twee tomaten ontvellen, in totaal 16 parten snijden en 1 groene en 1 rode paprika grillen, onder koud water ontvellen en ontdoen van pitten en zaadlijsten.

2. De overige groente klein snijden en in een smoorpan met olijfolie fruiten, 2 gehakte tenen knoflook, basilicum, peterselie en tijm erbij doen. Zacht laten koken, op smaak brengen en afgedekt 1 uur langzaam gaar laten worden. Door een zeef halen om een licht olieachtig vocht te krijgen.

parmezaan en ratatouille

3. De groenterepen in een pan zacht fruiten in olijfolie. Vervolgens 2 tenen knoflook in dunne schijven snijden en met 4 blaadjes basilicum frituren.

4. De zeebaarsfilets met de bovenkant in de parmezaan dopen en snel in de pan bakken. Aan het einde van de baktijd de boter toevoegen, zodat de vis goudgeel en knapperig wordt. Leg de filets op het midden van het bord en steek de gefrituurde basilicum erin. De groenterepen in een kleurige compositie er omheen leggen. De gebakken knoflookschijven op de groente leggen en bedruipen met wat sap.

Langoest met

Voorbereidingstijd	15 minuten
Kooktijd	10 minuten
Moeilijkheidsgraad	✶

Voor 4 personen

4	langoesten van 500 g
32	zwarte en groene olijven
50 g	boter
4 tl	gevogeltefond
4 el	sauce américaine (zie blz.57)
2 el	olijfolie

Voor het bijgerecht:

200 g	venkel
1 el	olijfolie
	zout en peper

Voor de garnering:

takjes dille

Voor de courtbouillon:

1 wortel, 1 ui
zout en peperkorrels
scheutje azijn, tijm,
laurierblad, peterselie

Toen Jacques Chibois nog chef-de-partie bij Roger Vergé was, leverde een in de oven vergeten kreeft hem niet alleen eindeloze plagerijen op, maar ook het idee voor een origineel recept.

Zijn voorliefde gaat uit naar de rozerood gekleurde langoest uit de Middellandse Zee, die zeldzamer is dan de op alle markten aangeboden Europese rode langoest. Net als alle grote schaaldieren beweegt de langoest zich slechts moeizaam op de rotsachtige bodem voort, zodat hij makkelijk te vangen is. Kies - eventueel uit een homarium - een levend exemplaar met een gewicht van 500 tot 600 g en bij voorkeur een vrouwtje, zodat haar kuit voor de saus gebruikt kan worden. Het vlees van de langoest is fijner dan kreeftenvlees en moet heel voorzichtig gegaard worden, anders wordt het taai. Ook te veel kruiden kunnen de smaak bederven.

Naar Provençaalse wijze combineert onze kok deze mediterrane exemplaren met groene en zwarte olijven (kleine caillettes) en ontvoert ons daarbij rechtstreeks naar Zuid-Frankrijk. De zwarte olijven moeten vijf keer geblancheerd worden om ze te ontdoen van hun bittere smaak.

De oorspronkelijk uit Italië afkomstige venkel is een aangename begeleiding voor de langoest. Het witte knolgewas dat goed stevig moet zijn, bevat veel vitamine C en bevordert de spijsvertering . Met deze goed eetbare plant verdreef men vroeger trouwens heksen en boze geesten.

Als er geen langoest te vinden is, kan dit gerecht ook met zeekreeft, reuzengarnalen of langoustines worden bereid.

1. De venkel in zeer kleine blokjes snijden, de olijven in kleine reepjes snijden (de zwarte eerst vijfmaal blancheren). De venkel in zout water goed gaarkoken, zodat hij niet vezelig wordt, laten schrikken en laten uitlekken. Met wat olijfolie, zout en peper opwarmen.

2. De langoesten 5 minuten in court-bouillon koken en openbreken. De kopuiteinden met de beide antennes bewaren, de koppen in cilinders snijden evenals de poten. Snijd het vlees uit de staart in ronde schijven.

olijven

3. Het langoestenvlees samen met de gevogeltefond en de sauce americaine verhitten, kruiden met zout en peper. De saus afmaken met boter, olijfolie en reepjes olijf.

4. De venkel in een diep bord leggen en daarop het langoestenvlees. Poten en kop tegen de bordrand leggen en de saus erover gieten. Garneren met dilletakjes en olijven.

Frankrijk

Palangre

Voorbereidingstijd	30 minuten
Kooktijd	10 minuten
Moeilijkheidsgraad	*

Voor 4 personen

1 kg	palangre (leng) of andere mediterrane zeevis
100 g	aardappelen
3 g	verse knoflook
70 ml	olijfolie
40 g	boter
150 ml	water
8	draadjes saffraan
1½ g	rozemarijn
	zout en peper

Voor de garnering:

takjes	rozemarijn
takjes	kervel

Voor het bijgerecht:

400 g	aubergines
1 teen	knoflook
1 el	olijfolie
80 g	grof zout

In de Middellandse Zee gebruikte men vroeger voor de visvangst een 'palangre', een vislijn met snoeren en haken, waarmee men in de diepten kwam en diepzeevissen als zeepaling, haai, goudbrasem of dorade ving. Deze vissoort (leng) wordt naar deze manier van vissen vernoemd.

Ze worden in de Middellandse Zee echter zeldzaam, zodat we gedwongen worden om trawlervis als heek of wijting te gebruiken, die goed vers moeten zijn. Verse vis heeft rode kieuwen en een stevige buik. Het gaat hier om zeer kwetsbare vissen die door de trawlervissers ook vaak kapot getrapt worden, bederven en niet bruikbaar zijn.

De kwetsbaarheid moet men bij het bereiden van de filets niet verontachtzamen. Het is de kunst om de vis een knapperig vel te geven, dat met het vlees contrasteert.

De aardappelsaus mag geen klonten bevatten en moet dus lang gepureerd worden. Maar ook de knoflook, rozemarijn en saffraan moeten precies gedoseerd worden, zodat het evenwicht van de aroma's niet wordt verstoord door een te sterke kruidensmaak.

Aubergines, de zomergroente bij uitstek, moeten van tevoren in water gezet worden, zodat ze lichter verteerbaar zijn. Ze behouden dan alle voedingsstoffen die deze vruchtgroente tot zo'n gezond voedingsmiddel maakt en ze geven ook hun overtollige water (ca. 92% van de vrucht) af.

Men kan ook andere mediterrane groenten - zoals courgettes en tomaten - gebruiken, die in kleingesneden en goed gekruide vorm enthousiast ontvangen zullen worden.

1. Schil de aubergines en snijd ze in gelijkmatige kleine blokjes. Zet ze met 50 g grof zout 20 minuten in 1 liter water en laat ze daarna in kokend zout water gaar worden. Laten uitlekken en even het water eruitdrukken. Bak de aubergineblokjes daarna in olijfolie met knoflook en breng op smaak met zout en peper.

2. De vis schoonmaken, opensnijden, ontgraten en in 4 porties verdelen. Kook de aardappelen in water.

met rozemarijn

3. Doe de gekookte aardappelen in een mixer met de olijfolie, 40 g boter, kokend water, knoflook en saffraan. Pureer totdat een gladde emulsie zonder klontjes ontstaat. De massa even laten inkoken met rozemarijn en op smaak brengen.

4. Bestrooi de vis met zout en peper en bak op matig vuur in een hete pan in boter en laat de vis in een afgedekte pan nog 5 tot 8 minuten zacht stoven. De gesauteerde aubergine in het midden van het bord leggen, de vis erop leggen, met saus overgieten en met kervel en een takje rozemarijn garneren.

Gegrilde zeebaars

Voorbereidingstijd 40 minuten
Kooktijd 20 minuten
Moeilijkheidsgraad ★

Voor 4 personen

1	zeebaars van 1½ kilo
4	witlofstronkjes
	sap van 1 citroen
2	sjalotten
15 g	suiker
150 ml	rode-wijnazijn
100 ml	port
150 g	boter
	zout en peper

Zeebaars leeft in de gematigde wateren van de Atlantische Oceaan en de Middellandse Zee en wordt vanwege zijn zachte vlees zeer gewaardeerd. Verse zeebaars is te herkennen aan het feit dat hij stevig, stijf en glanzend is. Als test en garantie voor de versheid geldt dat een lichte druk met de duim geen spoor mag achterlaten.

Merkwaardig genoeg verdeelt de zeebaars de gastronomen in twee kampen, waarvan de ene deze vis een weergaloze smaak toeschrijft en de andere hem flauw van smaak vindt. In elk geval moet men aan de lijn gevangen zeebaars kiezen en - vertrouwend op het oordeel van de vissers - de gemerkte (met een clip aan de kieuwen) exemplaren de voorkeur geven. Onze kok raadt ons aan om de filets in te snijden, zodat ze er nog mooier uitzien en ook de hitte beter kan binnendringen, zonder dat de vis uitdroogt. Een paar minuten in de salamander of onder de elektrische grill is voldoende om de vis te garen.

Bij de bereiding van de saus ontstaat een delicate confrontatie tussen rode-wijnazijn en port. De wijnazijn moet van een goed basisproduct en volgens de langzame bereidingsmethode gerijpt zijn, zoals de wijnazijn die men ook voor de bereiding van kropsla, kool of rood vlees gebruikt. Port is afkomstig uit Portugal, maar wordt vooral in Frankrijk veelgedronken. Daar drinkt men vooral tawny port, een mengsel van meerdere oogsten. Ondanks de hoge prijs is dit een goede gelegenheid, om de oude tawny port eens te proberen.

Serveer dit eenvoudige, maar verrukkelijke gerecht liefst zeer heet.

1. De vis ontschubben en fileren en met een pincet zorgvuldig alle graten verwijderen.

2. Snijd de witlof in repen. Vermeng deze met zout, peper, citroensap en suiker in een kom. Smelt 50 g boter in een smoorpan en fruit de witlof even op hoog vuur gaar.

Serge Courville

met port-wijnazijnsaus

3. Laat de azijn met de kleingesneden sjalotten sterk inkoken. Op smaak brengen en de port erbij doen. Weer laten inkoken, met boter opkloppen, door een zeef halen en warm houden.

4. Verdeel de filets in porties, snijd ze aan de velkant in en leg ze in een anti-aanbakpan. Bestrijk ze met boter en laat ze in de salamander of onder de grill gaar worden. Doe op de voorverwarmde borden een lepel witlof en leg de filets erop. Giet de saus eromheen.

Frankrijk

Kabeljauw met

Voorbereidingstijd 30 minuten
Kooktijd 30 minuten
Moeilijkheidsgraad ★

Voor 4 personen

1	kabeljauw van 1,2 kg
2	middelgrote tomaten
1	rode paprika
50 ml	citroensap
150 ml	olijfolie extra vierge
25 g	boter
	bieslook
	dragon
	basilicum
70 g	grof zout
	zout en peper

Voor de in Portugal, Spanje, Noorwegen, en Frankrijk zeer geliefde *Gadus morhua* zijn er vele recepten. De familie van de kabeljauwen omvat 15 soorten. De volwassen Noordzee-soort heet bij ons kabeljauw, de jonge exemplaren worden gul genoemd. In Newfoundland behoort de kabeljauwvangst tot de grote avonturen van de zee, die ook literair verwerkt zijn, en wel door Roger Vercell in zijn roman *Jean Villemeur*.

Om deze vis uit verre, koude wateren te conserveren, werd hij vroeger door de zeelieden al op de boot in zout ingelegd, want tijdens de vaart was het hun hoofdvoedingsmiddel. Tegenwoordig is dat niet meer nodig omdat de kabeljauwtrawlers drijvende koelkasten zijn geworden, maar de traditie blijft in de herinnering voortleven.

Kies een vlezige kabeljauw met een gelig vel, waarvan de buikkant voor later gebruik in 'brandade de morue' of 'aïoli' bewaard kan worden. Om de filets goed stevig te houden, beveelt onze kok aan ze 24 uur in grof zout te marineren. De garing zelf duurt niet lang, maar daarvoor moeten de filets wel met olieboter bestreken worden, zodat ze niet uit elkaar vallen en een aantrekkelijk kleurtje krijgen.

De naam 'sauce vierge' komt van de olijfolie, lange tijd een omstreden ingrediënt, maar ondertussen tegen alle kritiek opgewassen. Olijfolie wordt vooral in de landen aan de noordkant van de Middellandse Zee - Griekenland, Italië, Spanje en Frankrijk - geproduceerd. Het zuurgehalte (1 %) ervan is het laagste van alle soorten kookolie.

1. De kabeljauw fileren en ontvellen. De rugfilets voorzichtig van het buikvlees scheiden en ontgraten.

2. De filets wassen, droogdeppen en in porties verdelen. Vervolgens in een kom bestrooien met grof zout en 24 uur laten staan.

Serge Courville

sauce vierge

3. Ontvel de tomaten, haal de pitjes eruit en snijd ze in kleine blokjes. De paprika's in aluminiumfolie wikkelen en in de oven zetten, daarna ontvellen en in kleine blokjes snijden. De tomaten, paprika, gehakte kruiden, olijfolie en citroensap in een kleine pan doen en bij laag vuur warm houden.

4. De stukken kabeljauw droog deppen en met boter bestrijken. In een hete pan met anti-aanbaklaag de visfilets bakken tot ze een mooie kleur hebben, omdraaien en in de salamander of onder de grill verder gaar laten worden. Doe een lepel saus op elk bord en leg de vis daarop.

Gepaneerde tarbot

Voorbereidingstijd	45 minuten
Kooktijd	20 minuten
Moeilijkheidsgraad	★★

Voor 4 personen

1	tarbot van 1½ kg

Voor de groentejulienne:

50 g	bospeen
50 g	prei
50 g	knolselderij
50 g	boter

Voor de visfond:

	graten en afsnijdsel van de tarbot

60 g	sjalotten
250 ml	champagne
250 ml	slagroom
75 g	boter
1	bouquet garni
	zout en peper

Voor de panade:

25 g	comté-kaas
75 g	boter
25 g	broodkruim

Voor de garnering:

takjes	kervel

De groei en ontwikkeling van de tarbot, in het bijzonder van zijn ogen, enthousiasmeert vooral lieden met een zwak voor abnormaliteiten. Bij zijn geboorte heeft deze platvis een oog aan elke kant van zijn lichaam, maar een daarvan trekt tijdens de ontwikkeling naar de andere toe. Tot dat moment beweegt de babytarbot zich zwemmend voort, maar daarna begint zijn bodemleven en neemt hij de kleur van zijn omgeving aan.

Deze gezonde vis met ruw vel wordt zeer gewaardeerd vanwege zijn ongewoon zachte vlees dat bij het garen niet uit elkaar valt. Opvallend is dat hij vaak met de gladhuidige griet verwisseld wordt. Fijnproevers zijn het erover eens, dat april de beste maand voor deze vis is. Zijn versheid is te zien aan een sterk glanzende huid en een smetteloos witte buik.

Voorzichtigheid is geboden bij het paneren, want de panade is zowel in de oven als onder de grill heel snel klaar. De cruciale factor hierbij is de comté, een milde kaas met beschermde naam, waarvan de typische smaak maatgevend is voor het succes van dit recept. De kaas neemt snel kleur aan en men is gewaarschuwd hem niet uit het oog te laten.

Onze uit de Champagne-streek stammende kok beveelt natuurlijk champagne aan in plaats van een gewone droge witte wijn, die men normaliter zou gebruiken. En we moeten toegeven dat champagne niet te verslaan is als het erom gaat een saus zijn dynamiek te geven en ook in dit geval zal hij de tarbot nooit schaden.

1. De tarbot ontschubben, schoonmaken en zorgvuldig fileren. De filets portioneren en paneren.

2. De bospeen, selderij en prei in zeer dunne repen (julienne) snijden, blancheren en aansluitend in 50 g boter smoren en op smaak brengen.

Serge Courville

in champagne

3. Maak een visfond van de graten en de afsnijdsels van de tarbot, 60 g gesneden sjalotten, de champagne en het bouquet garni. Laat alles 20 minuten zacht koken en haal de fond door een zeef. Laten inkoken, slagroom toevoegen en als laatste 75 g boter erdoor roeren. Kruiden en warm houden.

4. Voor de panade: de comté-kaas en het broodkruim door een zeef wrijven en vermengen met 75 g boter. De gekruide tarbotschnitzel met de panade bedekken en op een bakblik 5 minuten bij 220 °C in de oven bakken. Leg de julienne op het midden van het bord, leg daarop een tarbotschnitzel en giet de saus eromheen. Garneren met kervel.

Frankrijk

Scampi met cantharellen

Voorbereidingstijd 30 minuten
Kooktijd 45 minuten
Moeilijkheidsgraad ★★

Voor 4 personen

2 kg	(ca. 28 stuks) langoestines (of scampi),
300 g	cantharellen
150 g	zachte boter
400 ml	droge witte wijn
100 ml	olie
1 snufje	saffraan
	zout

Een ieder kent de cantharel, hanekam of dooierzwam met zijn trechtervormige hoed. Ze kunnen niet worden gekweekt en zijn in Nederland vrij zeldzaam geworden, maar wel gedroogd en in blik te koop. In het buitenland zijn nog verschillende variëteiten - zoals de 'cantharelle fine' en de 'crête de cocq' met een iets bredere steel - te vinden. Deze kwetsbare paddestoelen worden niet gewassen, maar alleen even afgeborsteld, de jonge exemplaren van boven en onder. Men houdt ze dan even onder de kraan en laat ze op keukenpapier uitdruipen.

Voor dit gerecht zijn langoustines of scampi van gemiddelde grootte, d.w.z. met een gewicht tussen de 80 en 100 gram het meest geschikt. Onze kok beveelt vooral in de zomer de kostelijke scampi uit de Golf van Biskaje aan. Omdat deze schaaldieren zich alleen in koud water kunnen ontwikkelen, vindt men vaak scampi uit IJsland en Noorwegen. Maar ook in sommige havens in Bretagne en Normandië worden heerlijke variëteiten verkocht.

Voor scampistaarten die van binnen zacht en van buiten goed knapperig zijn, moeten de schaaldieren rauw opengebroken en gepeld worden en heel snel in zeer hete boter gebakken worden. Deze bereidingsmethode leent zich natuurlijk ook voor de grotere soorten garnalen, zoals gamba's die men in plaats van scampi gebruiken kan.

Saffraan is al bekend sinds de Middeleeuwen, een tijd waarin kruiden een grote rol in de keuken speelden. Nadat ze gedurende de 19de eeuw minder populair waren, beleven de krokusmeeldraden weer een come-back in onze moderne keuken, waarin niet alleen de smaak, maar ook de kleurkracht wordt gewaardeerd. De beste - en duurste - saffraan komt uit Spanje en is te koop in de vorm van gedroogde bruine draadjes.

1. Breek de rauwe scampi open en zet de staarten koud weg. Fruit de koppen 3 tot 4 minuten in dampende olie.

2. Doe de witte wijn en zout erbij en laat ca. 30 minuten afgedekt trekken. De bouillon door een zeef halen en de saffraan toevoegen. Opzij zetten.

en saffraansaus

3. Maak de cantharellen zorgvuldig schoon en sauteer ze snel in boter. Maak de saus af door de boter stukje voor stukje erdoor te roeren.

4. Kort voor het opdienen de scampi even sauteren in olie en boter. Leg ze op het bord om de cantharellen heen en overgiet ze met saffraansaus.

Frankrijk

Gegrilde wilde zalm

Voorbereidingstijd 30 minuten
Kooktijd 10 minuten
Moeilijkheidsgraad ★★

Voor 4 personen

1	zalm (ca. 1 kg)
140 g	boter
200 ml	olie
	zout en peper

Voor de sauce béarnaise:
4	eidooiers
2	sjalotten
50 ml	azijn
2 el	water
150 g	boter
1 bosje	dragon
1 bosje	gladde peterselie
10 g	grof gemalen peper

Voor de garnering:
2	courgettes
2	winterwortels
8	kleine aardappelen

Maar weinig vissen hebben zo'n goede naam als de zalm. Deze zeevis, die op zijn tochten de rivier op zwemt en daarbij dapper zelfs tegen kleine watervallen opspringt, is niet alleen voor natuurvrienden indrukwekkend, maar vooral voor fijnproevers, die zich al eeuwenlang verlustigen aan zijn smakelijke roze vlees. Zalm is rijk aan vitamine A en een van de meest begeerde vissen. Vooral de wilde zalm is bijzonder populair, omdat hij in vergelijking met de gekweekte zalm minder vet is en waar de gekweekte soorten een door gebrek aan beweging verkommerde staart hebben, zij een mooie waaierstaart laten zien.
Helaas wordt de wilde zalm in onze wateren steeds zeldzamer. Dat geldt ook voor de rivier de Adour, waar onze kok vroeger zeer fraaie exemplaren vond. Daaraan zijn stroperij en watervervuiling schuld, want geen natuurlijke wet kan de zalm verhinderen naar zijn paaigebieden stroomopwaarts te zwemmen. Ook is niet overal bekend dat de naar de zee trekkende oude zalm al alle levenskracht en zelfs elke smaak verloren heeft en alleen door zijn verblijf in het zeewater een tweede jeugd heeft.

In moten gegaarde zalm blijft zacht en is tijdens het grillproces goed te bewaken. Het optimale gaarpunt is bereikt als het vlees aan de graten mooi roze is.

Bij de gegrilde vis serveert men graag een sauce béarnaise met dragon, die het gerecht goed tot zijn recht laat komen zonder daarbij de smaak te bederven. Het is belangrijk om de saus pas kort voor het opdienen te bereiden, liefst au bain-marie, zodat men de temperatuur steeds in de hand heeft.

Het recept kan men ook maken met tarbotfilets. Het gerecht moet goed heet worden opgediend en mag niet opgewarmd worden.

1. De vis schoonmaken, vinnen afknippen in de richting van de kop. De zalm zorgvuldig met helder koud water wassen en op keukenpapier laten uitlekken. Vervolgens in dikke moten van gelijke grootte snijden.

2. Kook in een smoorpan met dikke bodem gehakte sjalotten, fijngehakte dragon, grof gemalen peper en azijn voor de saus in tot de vloeistof vrijwel ingedampt is. De wortels en aardappelen schillen en met de courgettes in olie smoren.

Bernard & Jean Coussau

met sauce béarnaise

3. De eidooiers met water au bain-marie zo lang kloppen totdat de saus in een vaste substantie van een lepel druipt. Vervolgens onder stevig kloppen de geklaarde boter beetje bij beetje toevoegen. De saus door een zeef wrijven en daarna zout, dragon en fijngehakte peterselie toevoegen. De saus lauw wegzetten.

4. De zalmmoten in enige minuten in olijfolie en 40 g geklaarde boter laten marineren en daarbij 2 tot 3 maal keren. De moten 1 minuut aan elke kant grillen en samen met de gestoomde groente op een bord schikken. Serveer de saus apart.

Frankrijk

Zeetong met

Voorbereidingstijd	30 minuten
Kooktijd	10 minuten
Moeilijkheidsgraad	★★

Voor 4 personen

4		zeetongen van 250 g
1	kg	eekhoorntjesbrood
2		sjalotten
1		ui
1		wortel
1	bosje	peterselie
50	g	bloem
200	g	boter
500	ml	olie
2	glazen	zachte Jurançon wijn
500	ml	water
		zout

Men zegt dat Hendrik van Navarra, de latere Hendrik IV, koning van Frankrijk, van zijn geboorte af met Jurançon wijn is opgegroeid. Deze wijn is het product van een zeer vruchtbare landstreek en een mengsel van verschillende druivensoorten. Hij is krachtig, vol van smaak en gaat mettertijd op madeira lijken. Zijn aroma past bijzonder goed bij zeetong, waarvan hij de eigen smaak goed versterkt.

Zeetong is al sinds de Middeleeuwen populair en wordt gevangen in de Atlantische Oceaan en in het Kanaal, maar ook in verder gelegen wateren, zodat hij het hele jaar te koop is. Hij wordt gegaard met middengraat en al, die een duidelijke smaak afgeeft en bovendien verhindert dat de vis uitdroogt. Een verse zeetong is stevig, met uitpuilende ogen, het vel zit vast op de filets en hij is in een paar minuten gaar.

Als bijgerecht van paddestoelen is de kastanjeboleet het meest geschikt. Bij deze paddestoelen moet de aarde die zich in de fijn-mazige steel verzameld heeft, met een vochtige doek verwijderd worden. De bereiding gaat in twee stappen: eerst worden ze in olie gesauteerd, men laat ze uitlekken en tot slot worden ze kort voor het opdienen in wat boter opgewarmd. Men kan ook eekhoorntjesbrood gebruiken dat met zijn kleurige bruine hoed en rijke smaak elke gast zal bekoren.

De zeetong kan men hier ook door aalbot of schar vervangen, die weliswaar minder gewaardeerd worden, maar waarvan vaak goede exemplaren in het Kanaal en de Middellandse zee gevangen worden. Ze lijken wat op zeetong, maar het visvlees is niet zo fijn en verdraagt geen lange kooktijden.

1. De zeetong zorgvuldig prepareren: vinnen, kop en staart verwijderen en dan het vel met een krachtige ruk eraf trekken.

2. De koppen en vinnen van de zeetong in olie en boter licht bakken. De ui en de wortel klein snijden en toevoegen en de Jurançon en ca. een halve liter water erover gieten. Een snufje zout toevoegen en ca. een uur zacht laten trekken. Door een zeef halen en het vocht goed uit de ingrediënten persen.

Bernard & Jean Coussau

eekhoorntjesbrood

3. De paddestoelen afborstelen, de stelen eraf trekken, alles in 1 cm dikke schijven snijden en in een pan met olie goudgeel sauteren. Op keukenpapier laten uitlekken. Kort voor het opdienen met sjalotten en peterselie in boter opwarmen.

4. De zeetongen in olie en boter bakken. De graat verwijderen. De filets op een met boter bestreken bord leggen. De warme paddestoelen op de vis leggen en serveren. De tot stroopachtige consistentie ingekookte en met 50 g boter opgeklopte saus apart serveren.

Geroosterde zeebaars

Voorbereidingstijd 30 minuten
Kooktijd 10 minuten
Moeilijkheidsgraad ★★

Voor 4 personen

1	zeebaars van 2 kg
2	rijpe rode tomaten
100 g	cantharellen
4 tenen	knoflook
½	sjalot
4	takjes verse tijm

1	laurierblad
150 g	basilicum
50 g	geklaarde boter
180 g	boter
50 ml	olijfolie
50 ml	visfond
4 takjes	verse tijm
1 snufje	fleur de sel
	zout en peper

Volgens veel bronnen is basilicum uit India afkomstig, waar men een aftreksel van het blad als geneesmiddel en kruiderij gebruikte. In de 19de eeuw waren de vocht- en zweet of drijvende eigenschappen al in de hele Oriënt en zelfs in enige gebieden in donker Afrika bekend. In Europa werd dit kruid vooral in Italië en in de Provence gebruikt, als bestanddeel van de beroemde *pesto* of *pistou*, de aldaar populaire met knoflook versterkte saus.

Verse basilicum is inmiddels overal te verkrijgen. Als men het als potplant koopt, blijft het natuurlijk langer goed. Basilicum is een ideale begeleiding van (ingemaakte) tomaten, tomatensalade of als garnering. Ook is het kruid goed te combineren met knoflook, tijm en laurier, die in dit recept de geuren van de Provençaalse keuken verspreiden.

Zeebaars leeft aan de Franse kusten. In de Middellandse Zee noemt men de vis *loup*, in de omgeving van La Rochelle *loubine*. Maar het betreft steeds dezelfde vis die tot een meter lang kan worden. Ondanks zijn indrukwekkende formaat heeft deze tot de *Serranidae* behorende vissoort mager, vitaminerijk vlees. Hij moet altijd zeer vers zijn: stevig, met heldere, uitpuilende ogen en glanzende schubben. Opdat hij zijn aroma behoudt, mag men de zeebaars niet ontschubben. Een paar takjes tijm versterken de smaak van de vis.

Volgens Richard Coutanceau moet de gekruide olie een week tevoren bereid worden. (Leg een knoflookteen in olijfolie, voeg 200 ml arachide-olie, tijm en een laurierblad toe en laat het geheel minstens een week staan.)

1. De tomaten ontvellen, halveren, zaadjes en vocht door licht te drukken verwijderen. Leg ze in een schaal, overgiet ze met de kruidenolie (met knoflookteen, tijm, en laurierblad) en laat ze in 40 minuten bij 90 °C in de oven gaar worden. Maak de zeebaars schoon en verdeel hem in vier filets.

2. Het basilicumblad blancheren, snel afspoelen met koud water en in een mixer doen. Pureren onder toevoeging van 50 ml olijfolie, zout en peper. 50 ml visfond in een pan doen en met 150 g boter opkloppen.

84 Richard Coutanceau

met basilicumsaus

3. Breng de basilicumpuree met visfond op dikte. Bak 100 g cantharellen in wat olie aan en voeg aan het eind van de baktijd de kleingesneden sjalot toe.

4. De filets kruiselings insnijden. 30 g geklaarde boter en de rest van de tijm in een pan met anti-aanbaklaag doen. De filets met de velkant naar onderen en zonder te keren 7 minuten bakken. Op voorverwarmde borden elk een met kruidenolie gegaarde halve tomaat en daaroverheen een knapperige zeebaarsfilet leggen en bestrooien met fleur de sel en basilicum. Giet de basilicumsaus er rond omheen.

Mosselen in witte wijn

Voorbereidingstijd	*35 minuten*
Kooktijd	*15 minuten*
Moeilijkheidsgraad	✶

Voor 4 personen

2 kg	Zeeuwse mosselen
500 ml	witte wijn
1	sjalot
1	bouquet garni (tijm, laurier, peterselie)
	sap van ½ citroen
80 g	boter
150 ml	slagroom
50 g	bloem
1 tl	kerrie

Tot in de 19de eeuw werden mosselen met wantrouwen bekeken. Men beweerde dat deze weekdieren moeilijk verteerbaar waren en dus slechts met mondjesmaat moesten worden gegeten. Dankzij de moderne ontwikkelingen in de mosselkwekerij krijgen we tegenwoordig absoluut verse, lichtverteerbare en zelfs gezonde zeevruchten op tafel.

Mosselen worden gegeten als ze twee jaar oud zijn (ze planten zich voort in het voorjaar). Een van de belangrijkste kweekgebieden ligt in Frankrijk tegenover het Ile de Ré, in de baai van Aiguillon, waar de groei door de mosselkwekers bewaakt wordt. Deze Franse mosselen worden traditioneel als 'Mouclade' bereidt: gekookt in witte wijn en met een dikke boterroom saus geserveerd. De oudste vermelding van dit recept stamt uit de 13de eeuw. De naam zou teruggaan naar het oud-Franse woord *mouscle*, waarvan het woord *moucle* is afgeleid, de benaming voor mossel in West-Frankrijk.

Mosselen hebben slechts één nadeel: ze kunnen niet wachten. Men moet ze op de dag van aankoop eten. Eerst worden de open en beschadigde mosselen verwijderd en de rest wordt zorgvuldig schoongemaakt en daarna voorzichtig gaar gekookt. Als men Jules Gouffé moet geloven, worden ze door te lang garen taai en zijn ze verloren.

Deze bereiding uit de Charente, die hier met kerrie op smaak gebracht wordt, zal veel mensen afschrikken. Maar denk eens aan het trotse verleden van de havens van La Rochelle, die de Nederlandse koopvaarders op hun terugweg uit het Verre Oosten aandeden, als ze specerijen hadden gehaald uit Indië en deze naar Europa brachten.

1. De kleingesneden sjalot fruiten. Tijm, laurierblad, peterselie en witte wijn erbij doen en even opkoken. De mosselen toevoegen, laten koken tot ze opengaan, laten uitlekken en het kookvocht bewaren.

2. Van boter, bloem en het kookvocht van de mosselen, een bloempapje maken. Kerrie, room en het sap van een halve citroen verwarmen.

Richard Coutanceau

en boter-roomsaus

3. Het kerriemengsel vermengen met het bloempapje en op laag vuur een paar minuten roeren en vervolgens het mengsel door een zeef halen.

4. Breek de mosselschalen open, schik de helft met de mosselen op een diep bord en overgiet ze met de moucladesaus. Heet serveren.

Koekjes van Jacobsmosselen

Voorbereidingstijd 30 minuten
Kooktijd 15 minuten
Moeilijkheidsgraad ★★

Voor 4 personen

20	Jacobsschelpen, schoongemaakt
6	struikjes witlof
4	sjalotten
	sap van ½ citroen
1 plukje	saffraandraadjes
1 snufje	suiker
100 g	sesamzaad
50 g	boter
150 ml	slagroom
750 ml	droge witte wijn
50 ml	olie
	zout, peper, gedroogde roze peper

Met een beetje fantasie kan men van alles en nog wat toveren, ook van de Jacobsschelpen, die op de terugweg na het vissen per ongeluk ingedrukt of gebroken zijn. Zo heeft Jean Crotet een recept gevonden, waarin hij Jacobsmosselvlees tot een koekje verwerkt.

Natuurlijk kan men ook hele mosselen van de beste kwaliteit nemen. Ze moeten liefst uit Erquy komen en in elk geval zo vers zijn dat ze nog leven. Eerst wordt het oranjekleurige kuit verwijderd, omdat het vocht dat erin zit de samenstelling van het koekje kan beïnvloeden. Het koekje wordt in de pan gebakken en eenmaal gekeerd. Aan de kleur van de sesamzaadjes kan men het best zien of de koekjes gaar zijn.

De boerse bereiding van de in dunne repen gesneden witlof geeft het zeegerecht een rustiek uiterlijk. Deze voornamelijk uit België afkomstige wintergroente wordt vanwege zijn voedingswaarde, hoge voedingsvezelgehalte en licht verteerbaarheid zeer gewaardeerd. De witlofbladen mogen niet te lang koken, anders worden ze bitter.

Door het gebruik van sesam krijgt het gerecht iets oosters, het aroma doet aan hazelnoot denken. Het harmonieert goed met de smaak van de Jacobsmosselen, vooral als men deze nog benadrukt door het gebruik van een scheutje vermout, dat ook de witte wijn in de saus meer body geeft.

Wie niet van gekookte witlof houdt, kan deze door in boter gesmoorde fijngesneden witte kool vervangen.

1. Het witlof in repen snijden en met boter, suiker, zout en peper en het sap van een halve citroen in een pan doen. In 5 tot 6 minuten snel gaarsmoren en voortdurend roeren om de boter te binden.

2. Het kuit (corail) van de Jacobsmosselen verwijderen, het vlees klein snijden en met zout en peper bestrooien. Van het kleingesneden vlees kleine koekjes van 10 cm doorsnee vormen, gladstrijken en met sesam bestrooien.

met sesam

3. De witte wijn met de kleingesneden sjalotten inkoken en daarna de room en de saffraan toevoegen. Kruiden en apart zetten.

4. De olie in een pan met anti-aanbaklaag verhitten. De koekjes met de kant van de sesam naar onderen in de pan leggen en in 3 tot 4 minuten goudgeel bakken, daarna keren. Leg de witlofreepjes in het midden van het bord met het koekje erop en giet de saus eromheen. Bestrooien met wat rose peper.

Frankrijk

Zeebrasem met

Voorbereidingstijd 45 minuten
Kooktijd 3-4 minuten
Moeilijkheidsgraad ✶

Voor 4 personen

2	zeebrasems van 600 g
2	courgettes
5	tomaten om te bakken
1	citroen
50 g	kleine olijven uit Nice
150 g	kleine kappertjes
50 g	boter
	olijfolie
2 el	braadvocht balsamico-azijn olijfolie uit Bize
16	basilicumblaadjes tijm
takjes	gladde peterselie zout en peper

Voor de kekererwtenflensjes:

65 g	kekererwtenmeel
230 ml	water

In Nice zijn de heerlijke, met kekererwtenmeel bereide warme flensjes een geliefde lekkernij. Ze heten net als het meel *socca*. Kekererwten worden tegenwoordig weer graag gegeten en gelden vooral als aangename begeleiding voor salades. Onder invloed van de Noord-Afrikaanse keuken kent men intussen ook andere verrukkelijke bereidingswijzen.

Daarvoor heeft onze kok zeebrasems uit de Middellandse Zee gekocht, waar ze door de Fransen ook wel *pageot*, *pagel* of *pageau* genoemd worden. Deze vis wordt soms met goudbrasem verward, maar het vlees daarvan is veel fijner. Wel is het vlees een beetje rozig, zeer aromatisch en de filets zijn stevig. Bepaalde variëteiten van de vis komen ook in de Atlantische Oceaan voor, waar ze bijna overal te krijgen zijn. Bij La Rochelle worden ze door de vishandelaren onder de benaming *pilon* verkocht, in de Vendée als *rousseau* en in Cherbourg als *brème*. Bovendien is er nog de *pageot royal*, die net als de goudbrasem een gouden vlek op de kop heeft.

De bereiding van de kekererwtenflensjes is heel eenvoudig: van het meel en de Bize-olijfolie (Bize ligt ongeveer 30 km van Carcassone), wordt een deeg gemaakt dat 24 uur koel moet rusten. Dan wordt het flensje in een koekenpan gebakken en daarna in de oven totdat het knapperig is. Als de flensjes een paar uur tevoren bereid worden, moeten ze op een rooster bewaard worden omdat ze op een bord door het condenswater zacht zouden worden.

Citroen uit Menton heeft geen pitten, zodat er erg goede marmelade van te maken is. Het sap ervan bevat veel zuur, zodat de kappertjes en de olijfolie zorgvuldig gedoseerd moeten worden, om een evenwichtig resultaat te bereiken.

1. Voor de flensjes: kekererwtenmeel, zout en water mengen en 24 uur koel laten rusten.

2. De baktomaten met tijm bereiden en voor het garnituur de gefileerde en in kleine blokjes gesneden citroen, fijngemaakte olijven, de gladde peterselie en de kappertjes erbij doen. De vissen schoonmaken, fileren en ontgraten.

kekererwtenflensjes

3. Met de 50 g boter een lichtbruine botersaus maken. Dan 2 el braadvocht, wat balsamico-azijn en olie toevoegen. Uit de schil van de courgettes regelmatige vlokken snijden, in olie sauteren (maar niet bruin laten worden), laten uitlekken en opzij zetten. De basilicum in een frituurpan frituren en opzij zetten.

4. De flensjes eerst in de pan bakken en dan 2 minuten bij 220 °C in de oven zetten. Bak de vis in een pan. Leg de flensjes op een bord met de courgettevlokken en de gebakken tomaten met het garnituur eroverheen. Leg daarop de vis en de gefrituurde basilicum en overgiet het geheel met de saus.

Frankrijk

Gesmoorde zonnevis

Voorbereidingstijd 30 minuten
Kooktijd 1 uur 30 minuten
Moeilijkheidsgraad ★★

Voor 4 personen

2	zonnevissen
28	middelgrote groene asperges
40	verse morilles
350 g	boter
	olijfolie
	zout en peper

Voor de blanke fond:

2	kipkarkassen
2	met kruidnagel bestoken uien
1	wortel
1	prei
1	bouquet garni

Voor de garnering:

bosje	bieslook
12 takjes	kervel

Michel Del Burgo gebruikt het liefst vis uit de Middellandse Zee, zoals zeetong, goudbrasem, zeebaars of zonnevis. Met het volgende recept waarmee hij zonnevis met de middengraat erin bereid heeft hij veel eer behaald. Hij legt er echter wel de nadruk op, dat hoogstandjes alleen met echte zonnevis uit de Middellandse Zee worden bereikt omdat het zachte, witte vlees daarvan zo bijzonder is dat soortgenoten uit de Atlantische Oceaan er niet aan kunnen tippen.

Bewaar de koppen voor een vissoepje. Snijd de filets eraf en bewaar de middengraat. Bestrijk de filets met olie en zet de vis weer in elkaar en in de oven. Dat kan geen probleem zijn, want de graat past precies op zijn plek. In principe is de vis gaar, als het filet nog aan de graten plakt en daar mooi roze gekleurd is, in tegenstelling tot de rest van het vlees dat doorschijnend wordt. Door deze bewerking blijft de zilte smaak van de vis behouden, een genot voor elke fijnproever.

Wat betreft de keuze van de asperges: het best kan men groene asperges gebruiken - kenners zullen de voorkeur geven aan asperges uit de Aude. De keuze tussen de helemaal groene asperges en de witte, in de zon gedeeltelijk paars gekleurde soorten hangt van het uiterlijk en persoonlijke smaak af. Het is belangrijk, dat alle asperges even groot en gelijkmatig cilindrisch zijn. De morilles kunnen vers of gedroogd zijn, zolang ze maar zacht en geurig zijn. Als vervanging kan men mousserons nemen, die ook goed bij asperges passen. Maar die kunnen geen vocht afgeven, in tegenstelling tot morilles, waarvan de bijzondere smaak door de zonnevis kan worden opgenomen.

1. Fileer de zonnevis. Wrijf de filets in met olie en zout ze licht. Leg de visfilets weer op de graat en zet ze opzij. Voor de blanke fond: de gevoeltebotten met koud water overgieten, de andere ingrediënten erbij doen en ca. 90 minuten zacht laten koken, ondertussen steeds afschuimen. Door een zeef halen. De morilles afspoelen.

2. De asperges wassen en schillen, in zout water beetgaar laten worden en onder koud water laten schrikken. Een gratineerschaal met boter bestrijken, de zonnevis erin leggen, de morilles erbij doen en met witte fond begieten. Met aluminiumfolie afdekken en 5 minuten bij 200 °C in de oven zetten. De schaal uit de oven nemen, de vis keren en nog 6 minuten in de oven zetten.

uit de Middellandse Zee

3. Het visvocht afgieten in een pan, laten inkoken en opkloppen met boter. Dan het bieslook fijnsnijden.

4. Voor het garnituur: de morilles en de aspergepunten in het visvocht leggen en op smaak brengen. Het vel van de vis en eventuele achtergebleven graten verwijderen. Morilles en asperges op een bord schikken, de vis erop leggen en het visvocht eromheen gieten. Bestrooien met kleingesneden bieslook en garneren met kervel.

Frankrijk

Gestoofde tarbot met muscadet

Voorbereidingstijd	45 minuten
Kooktijd	30 minuten
Moeilijkheidsgraad	★

Voor 4 personen

1	tarbot van 2 kg
1 bosje	groene asperges
1 tros	grote witte druiven
2	sjalotten
2	prei
4	wortels
100 g	boter
250 m	crème fraîche
500 ml	muscadet
	zout en peper

De bijzondere kunst van het stoven met de deksel op de pan, op z'n Frans 'Estouffade' genoemd, komt uit Zuid- en Zuidwest-Frankrijk. Bij deze bereidingsmethode blijft de smaak van de ingrediënten, of het nu groente, vlees of vis is, behouden. In dit geval gaat het om zeer verse tarbot, waarvan de versheid aan de heldere ogen en het glanzende vel te herkennen is. Het bijzondere, smakelijke visvlees zal u beslist bevallen.

Tarbot leeft op zandige zeebodems in koude wateren. Men vangt hem vooral met de 'palangre', een van lijnen en haken voorziene vissnoer. Deze vis is een van de meest geliefde soorten, niet in het minst omdat er mooie exemplaren zijn van wel 5 of 6 kilo. Omdat deze fraaie vis al in de Oudheid populair was, beschikken we nu over veel recepten. Het visvlees is echter zeer kwetsbaar en als de garing niet goed begeleid wordt kan het resultaat rampzalig zijn.

In het bijgerecht in de vorm van een bergje voorjaarsgroenten domineren de asperges, waarvan men de kleine, stevige exemplaren moet uitzoeken. De rest van de groente worden naar seizoen en smaak gekozen. Het is belangrijk ze samen met de tarbot in muscadetwijn te garen. Het bouquet van deze wijn vormt overigens de trots van de streek rond de stad Nantes.

De originaliteit van dit recept is ook te danken aan de grote witte druiven, die een lichte muskaatsmaak moeten hebben. Joseph Delphin beveelt het ras 'Italia' aan die makkelijker te schillen zijn dan de Franse 'Chasselas de Moissac'. Omdat ze voorzichtig behandeld moeten worden, gaart men ze langzaam in stoom of een paar seconden in de magnetron. Dit ongewone garnituur verleent het hele gerecht enige frisheid en zal uw gasten ongetwijfeld versteld doen staan.

1. De tarbot fileren en het vel eraf trekken. Zorgvuldig alle graten verwijderen. De filets in grote blokken snijden.

2. Laat de aspergepunten in kokend zout water gaar worden en onder koud water schrikken. Snijd 1 prei in 4 tot 6 cm lange stukken en vervolgens in dunne repen. Maak met een parisienneboor wortelbolletjes, pel de druiven, snijd ze klein en stoom ze een paar minuten.

en voorjaarsgroente

3. Pel de sjalotten, snijd ze klein en fruit ze. Blancheer de prei en de wortelen en doe ze erbij. Vervolgens de gezouten en gepeperde tarbotstukken toevoegen. Even smoren en de muscadet erover gieten. Zodra het kookt van het vuur halen en afgedekt 5 minuten laten rusten.

4. De tarbot uit de pan nemen. Een deel van het groentewijn-mengsel inkoken tot het vocht verdampt is en dan pureren. De crème fraîche toevoegen, laten inkoken tot een romig mengsel en op smaak brengen. Opkloppen met boter. De rest van de voorjaarsgroente in het midden van het bord schikken en de tarbotstukken met saus eromheen schikken.

Zoetzure zonnevis

Voorbereidingstijd 20 minuten
Kooktijd 15 minuten
Moeilijkheidsgraad ★★

Voor 4 personen

1	zonnevis van 2 kg
500 g	oesterzwammen
250 ml	grapefruitsap
50 g	suiker
100 g	boter
	olijfolie
	zout en peper

Voor de garnering:
1 bosje bieslook, fijngehakt

In veel landen is de zoetzure bereiding van vlees- en visgerechten heel gebruikelijk, zelfs al sinds de oertijd. Ook de Romeinen waardeerden deze subtiele combinatie van zoet en hartig, die zeer geschikt is om delicaat (vis)vlees nog beter tot zijn recht te laten komen. Onze moderne koks hebben de voordelen ervan weer ontdekt via de Oosterse keuken, waar bijvoorbeeld eend en varkensvlees vaak in een zoetzure saus worden geserveerd. En ondertussen is deze bereiding voor veel vissoorten ook heel geschikt. Als bewijs daarvoor een zeer eenvoudig recept met zonnevis.

De vis moet vers zijn, dus stevig en vast, met heldere ogen. Om hem goed te kunnen verdelen, moet de messnede op het vel aangezet worden. Het vel is niet zo kwetsbaar als het vlees en houdt de filets bij elkaar, zodat ze niet uiteenvallen.

Joseph Delphin geeft de raad om de filets even te bekloppen, zodat ze bij het bakken niet te veel krimpen.

Omdat de saus boter bevat moet men ervoor zorgen dat ze in geen geval gaat koken. Geschifte boter zou de emulsie volledig verstoren. Om dezelfde reden moet de gebonden saus warm gehouden worden, zodat ze niet aan consistentie of smaak verliest.

Maar wat zou een vis met saus zijn zonder verdere ingrediënten. Voor dit recept zijn alle eetbare bospaddestoelen geschikt, maar vooral oesterzwammen, die op bomen en wortels groeien. Kies, als u ze zelf gaat zoeken, de mooiste exemplaren en zorg dat u alleen eetbare soorten meeneemt.

1. De zonnevis fileren. Het mes erin steken en het vel verwijderen. Leg de vis op een bord in olijfolie.

2. In een pan 50 g suiker met 2 eetlepels grapefruitsap karameliseren. De rest van het grapefruitsap erbij doen en het vocht 10 minuten laten inkoken tot een stroop ontstaat. Het geheel in een schaal doen en dan door een puntzeef halen. Met boter opkloppen en warm houden.

met oesterzwammen

3. De paddestoelen wassen, laten uitlekken en droog deppen. De stelen eraf halen en de hoeden in stukken scheuren. Smelt 50 g boter in een pan, doe de oesterzwammen erbij en laat ze even bruin worden. Een goed hete anti-aanbakpan met zout bestrooien en de zonnevisfilets erin leggen. Op hoog vuur 2 minuten aan elke kant bakken en op keukenpapier leggen.

4. Leg de oesterzwammen op het bord en de visfilets daarop (3 stuks per persoon). Giet de zoetzure saus over de zonnevis en bestrooi met kleingesneden bieslook.

Fritto van

Voorbereidingstijd 45 minuten
Kooktijd 15 minuten
Moeilijkheidsgraad ★★

Voor 4 personen

400 g	zeetongfilets
160 g	haricots verts
	zout en peper

Voor het beignetdeeg:

80 g	bloem
4 g	bakpoeder
4 el	water
8 g	zout

Voor de béarnaisesaus:

3	eidooiers
60 g	boter, geklaard
15 g	sjalotten
35 g	dragon
4 tl	ongekleurde alcoholazijn
4 tl	witte wijn
12 g	grof gemalen peper

Voor het bladerdeeg:

50 g	bloem
50 g	boter
2	eiwitten
snufje	poedersuiker
	bieslook (naar wens), zout

De in de Provence merkbare Italiaanse invloed heeft onze kok tot een zeer persoonlijke variant van de klassieke 'fritto misto' geïnspireerd, die hij hier met zeetong bereidt. Ook in dit recept bewijst de door de goden gezegende platvis (in het Latijn *solea iovis*, sandaal van Jupiter), zijn aantrekkelijke aanzien en welbekende fijne smaak.

Bij het kiezen van de zeetong, moet men kijken of de vis goed stevig is en of het vel goed aan het vlees vastzit en mooi glanst. Om het vel er af te halen, snijdt men hem bij de staartwaaier tussen vel en vlees in en trekt dan het vel er met een krachtige ruk af van beide kanten. Elke andere behandeling zou de filets kunnen beschadigen, die aan het oppervlak zeer kwetsbaar zijn. In plaats van zeetong kan men ook schar of schol nemen, waarvan het vlees lang niet zo middelmatig is als men vaak beweert.

Het klassieke beignetdeeg brengt nauwelijks moeilijkheden met zich mee, maar kan ook door tempuradeeg vervangen worden. Daartoe voegt men aan het deeg onder stevig kloppen ijskoud water toe en laat het zeker zo'n 20 minuten rusten. Door deze oorspronkelijk Aziatische behandeling wordt het gebakken deeg nog knapperiger.

Wie gewend is zeetong met sauce tartare te serveren, zal in de sauce béarnaise een interessante variant ontdekken. Het is vooral belangrijk op de emulsie van de eidooiers te letten en ook op de temperatuur die ze hebben, als ze met boter opgeklopt worden. Deze voorzorgsmaatregelen zijn onmisbaar, om te zorgen dat de saus niet schift. De sauce béarnaise dikt aan het oppervlak snel in, maar door even met de garde te roeren, krijgt ze haar kleur en consistentie weer terug.

1. De zeetong ontschubben en fileren. De filets in repen snijden en door het tevoren bereidde deeg halen. De haricots verts afhalen, wassen en ook door het deeg halen.

2. Voor de sauce béarnaise: gehakte sjalotten, grof gemalen peper, azijn, 20 g gehakte dragon en de witte wijn laten inkoken. Laat de saus afkoelen en doe er 3 eidooiers en 1 eetlepel water bij.

zeetong

3. Sla daarvan een schuimige massa en klop tot slot onder stevig kloppen de geklaarde boter erdoor. De rest van de gehakte dragon erbij doen en op smaak brengen. Voor het bladerdeeg: boter en bloem verwerken, zout en suiker toevoegen en de eiwitten er een voor een bij doen. Op een ingevet blik leggen, met bieslook bestrooien en 5 minuten bij 200 °C in de oven bakken.

4. De rauwe visrepen en sperziebonen in een deeglaagje frituren. Laten lekken en kruiden. Wat sauce béarnaise op het midden van het bord doen, beignets van bonen en vis daarop opstapelen en afdekken met een stuk bladerdeeg.

Zeebaars van de grill met

Voorbereidingstijd   1 uur
Kooktijd   50 minuten
Moeilijkheidsgraad   ★★★

Voor 4 personen

1	zeebaars van 600 g
160 g	mozzarella
60 g	basilicum
20 g	kervel, dragon, peterselie
40 ml	olijfolie

Voor de visfond:

500 g	visgraten
1	stengel bleekselderij
50 g	uien
100 g	preiwit
250 ml	witte wijn
1	bouquet garni
50 ml	olijfolie

Voor de groentenmix:

20 g	(van elk soort) wortel, bloemkool, witte raapjes, knolselderij, nieuwe aardappelen, doperwten, courgettes, champignons
40 g	knoflook
1 l	visfond
75 g	basilicum
150 g	boter
100 ml	olijfolie

Voor de garnering:

selderijblaadjes

Een wolf in schaapskleren? Nee, hier verstopt zich alleen een zeebaars onder een korst van mozzarella en kruiden en toegegeven, zelfs voor de gewoonlijk rauw gegeten jonge kaas uit Italië is dat wat bijzonders.

De aan zijn grijsblauwe lichaam herkenbare zeebaars biedt ons wit, vast vlees, waaraan de korst een fijne kruidige smaak verleent. De vis moet met grote zorgvuldigheid worden behandeld en vooral helemaal ontgraat worden, want de dikke graten zouden de filets - om maar niet te spreken van het verhemelte van de gasten - kunnen beschadigen. Aansluitend maakt men insnijdingen in de vis, om de vezels door te snijden zodat het visvlees niet kan samentrekken.

Mozzarella wordt - om ervoor te zorgen dat de kaas zacht blijft - in met water gevulde plastic zakjes verkocht. Haal de kaas uit de verpakking, laat hem uitlekken. Daarna kruiden met wat olijfolie, zout, knoflook en basilicum en in de mixer pureren.

Het mengsel vormt dan de zachtgroene laag waarmee de gebakken zeebaarsfilets worden bestreken en die voor het serveren door een kort verblijf onder de grill tot korst gebakken wordt. Philippe Dorange bekent dat hij niet alleen een zwak voor basilicum heeft, maar dat hij dit recept voor zichzelf ook wel eens met alleen basilicum maakt, de grootbladige variant is hem overigens het liefst. Diezelfde basilicum moet ook vooral de groentenmix op smaak brengen, die uit zorgvuldig beetgaar gegaarde groenten bestaat. Het kookvocht van de groenten wordt op het laatste moment tot pistou geklopt. De groentenmix bevat bovendien ook kleine aardappelen, zoals 'rattes' of 'grenailles', die in de schil gekookt worden.

1. De groente voor de mix in 3 mm grote blokjes snijden. Voor de visfond: de visgraten in koud water wassen, met de kleingesneden ingrediënten in olie fruiten en afblussen met witte wijn. Voeg zoveel water toe dat de graten onder staan. Voeg het bouquet garni toe, voeg wat grof zout toe en laat alles 20 minuten trekken. Vervolgens door een zeef halen.

2. De groenten in boter smoren, zonder dat ze kleur krijgen. Giet de visfond erover, breng het mengsel op smaak en laat het in ca. 30 minuten gaar worden. Houd het warm en schep de met olijfolie vermengde basilicum door de groenten.

mozzarella en basilicumgroente

3. De mozzarella met basilicum, kervel, dragon en peterselie in een mixer pureren. De massa op een bakblik uitsmeren en laten afkoelen. Aansluitend in rechthoeken van 8 x 3 cm snijden.

4. De zeebaars van schubben ontdoen en schoonmaken. Met de huid eraan fileren. In stukken van 150 g verdelen en in een pan met de velkant onder in olijfolie bakken. Daarna met de zachte mozzarella bestrijken en kort voor het opdienen onder de grill zetten. Met bladselderij garneren.

Wijtingfilet met schubben

Voorbereidingstijd   30 minuten
Kooktijd   5 minuten
Moeilijkheidsgraad   ✶

Voor 4 personen

- 2 wijtingen van 500 g
- 8 Jacobsmosselen
- 2 tomaten
- 2 sjalotten
- 1 citroen
- 1 takje tijm
- 100 g boter
- 250 ml rode wijn (Pomerol)
- 100 ml kalfsfond
- 100 ml visfond
- bieslook, gehakt
- zout en peper

In de 18de eeuw waren gepoederde pruiken in de mode. En meestal waren de pruikenmakers helemaal met poeder bedekt - zoals een wijting die je voor het bakken door de bloem haalt. Zo verklaart tenminste de Franse dichter Chateaubriand het feit dat de pruikenmakers aangeduid werden met het woord 'merlan', dat zich door de roman 'Hôtel du Nord' van de Franse schrijver Eugène Dabit later uitbreidde naar kappers in het algemeen.

Ondanks deze literaire carrière is de wijting een bescheiden en ernstig te nemen vis uit dezelfde familie als de koolvis en de kabeljauw. Deze onverzettelijke roofvis leeft in koude wateren en heeft een mooie zilverachtig blauwe huid vol met schubben. Bij de vishandelaar is hij het hele jaar te krijgen. De royale en vitaminerijke vis is op allerlei manieren te bereiden, hoewel de saai gefrituurde exemplaren die veelal als 'lekkerbekjes' in de handel zijn, dat nauwelijks doen vermoeden.

Zo kan men bijvoorbeeld de schubben nabootsen met in schijven gesneden vlees van de Jacobsmossel. Dat vergt natuurlijk geduld en een precieze behandeling, maar het heerlijke vlees van dit hoog gewaardeerde weekdier is bijna alleen al een garantie voor succes. De Jacobsmosselen moeten liefst zo vers zijn dat ze nog leven en als schubben op de wijtingfilet gerangschikt. Het geheel wordt dan snel gegaard, zodat de mosselen niet uitdrogen en de vis zijn smaak niet verliest.

Tevens kan worden opgemerkt dat Claude Dupont een voorliefde voor de Pomerolwijn heeft, een alom geliefd product, dat uit het gebied tussen Libourne en Saint-Émilion komt. De saus met haar basis van kalfs- en visfond moet in ieder geval met een goede smaakvolle wijn bereid worden.

1. De Jacobsschelpen schoonmaken en minstens 2 minuten in water laten staan. De wijting schoonmaken en fileren en daarbij de kleine graten zorgvuldig verwijderen. De filets in een ovenvaste, met boter bestreken schaal schikken. Op smaak brengen met zout en peper. De Jacobsmosselen in dunne schijven snijden.

2. De Jacobsmosselen als schubben op de visfilets leggen. Het geheel met visfond begieten. Laten wellen en 3 minuten in de oven pocheren.

van Jacobsmosselen in Pomerol

3. De gehakte sjalotten en de tijm in een sauspan doen. Met rode wijn begieten en tot driekwart van de hoeveelheid inkoken. De kalfs- en visfond, waarin de wijting gepocheerd is, toevoegen en alles tot de helft inkoken. Van het vuur nemen en de boter erdoorheen kloppen.

4. Op smaak brengen, wat druppels citroensap erbij doen en door een fijne zeef halen. De wijtingfilets met de schubben op een visbord schikken, de hete saus eromheen gieten en op de vis kleingesneden tomaten leggen. Met bieslook garneren.

Tongscharfilet met pot au feu

Voorbereidingstijd 30 minuten
Kooktijd 20 minuten
Moeilijkheidsgraad ★★

Voor 4 personen

8	tongscharfilets
1 kg	mosselen
1	tomaat
1	wortel
1	prei
2	sjalotten
100 g	knolselderij
2 tenen	knoflook
	enkele draadjes saffraan
50 g	boter
100 ml	witte wijn
1	laurierblad
1 takje	tijm
8	blaadjes rijstpapier

Voor de snoekvulling:

50 g	snoekfilet
50 ml	Noilly-Prat (vermout)
1 el	slagroom (opgeklopt)
2 el	room
	zout en cayennepeper

Griet, schol en tongschar vindt men veel in de Duitse keuken. Deze verschillende platvissen, ook wel 'zeetong der armen' genoemd, hebben mooi vlees, dat zich heel goed verfijnd laat bereiden, zoals Lothar Eiermann hier laat zien.

Tongschar - in het Frans limande - herkent men aan het gladde vel en de kleine kop, die wat de proporties betreft niet bij het lichaam past. Hij leeft in het Kanaal, in de Atlantische Oceaan en in de Noordzee. In plaats van tongschar kan men een kleine schol gebruiken, maar niet de grijze soort - de zogenaamde Amerikaanse zeetong - want de kwaliteit daarvan is zeker ontoereikend.

Het zal van de kwaliteit van de vulling afhangen, hoeveel succes dit gerecht bij de gasten heeft. Er zijn twee dingen waarop men moet letten: leg de snoekfilet (of snoekbaarsfilet) kort in de diepvries, voordat hij met de mixer wordt fijngemalen. En wacht met het toevoegen van de slagroom tot het juiste moment. De grondstof moet namelijk zeer koud zijn, om de verwarming in de mixer te doorstaan en opdat de slagroom niet schift. De puristen onder de koks zal niet ontgaan zijn dat men door snoekbaars te gebruiken het gevaar vermijdt dat de massa te droog wordt.

De mosselsaus die een groot deel van de originaliteit van dit recept bepaalt, laat niet alleen de versheid van de (liefst kleine) weekdieren goed uitkomen, maar ook het aroma van de saffraan en de subtiele noot van de laurier. Als men in de verleiding komt in plaats van mosselen een zelfde hoeveelheid Jacobsschelpen te gebruiken, dan is dat een foute beslissing, want die zullen hier wat smaak betreft niet goed tot hun recht komen.

1. Bereid eerst de snoekvulling: Snijd de snoekfilet in dobbelsteentjes, maak op smaak met zout en peper en leg de vis kort in het vriesvak. Doe de vis daarna met de vloeibare room in de mixer en draai er een farce van. Met Noilly-Prat, zout en cayennepeper op smaak brengen. Door een zeef strijken en de slagroom erdoor scheppen.

2. De visfilets ontvellen, met de farce bestrijken en in een blad rijstpapier wikkelen. De groenten schoonmaken en in repen snijden, blancheren en met ijskoud water laten schrikken.

van mosselen en groenten

3. De overige groenten met sjalotten in wat olie licht fruiten. De mosselen, de kruiden en de witte wijn erbij doen. Met de deksel op de pan 5 minuten gaar laten worden. De mosselen eruit halen en uit de schaal nemen. Als laatste de saffraan erbij doen. Met boter binden.

4. De visfilets in een pan met boter bakken en 4 minuten laten rusten. De geblancheerde groenten in de saffraan-mosselfond opwarmen en opdienen in een soepbord met de vis erbovenop gedresseerd.

Grietrozet op

Voorbereidingstijd   10 minuten
Kooktijd   20 minuten
Moeilijkheidsgraad   ★★

Voor 4 personen

400 g	grietfilets
180 g	champignons
2 struikjes	witlof
	takje citroentijm
20 g	boter
100 ml	witte wijn
	suiker, zout en peper

Voor de sinaasappelboter:

	sap van 1 sinaasappel en 1 citroenenschil van een halve sinaasappel
30 g	suiker
1 el	water, 80 g boter
50 ml	visfondglace
10 ml	champagne, 10 ml wodka

Voor de uien:

12	zilveruitjes
250 ml	rode wijn, 125 ml rode port
1/3	laurierblad
1 takje	tijm

Griet is beslist een van de beste soorten platvis. Het bijzonder witte vlees geeft de mooiste filets en de zachte consistentie geeft de fantasie vleugels. Het heeft onze kok tot een compositie in rozetvorm geïnspireerd. De vis is echter ook voor vele andere creaties geschikt.

Het is niet moeilijk om de rozet te maken. Omdat de filet zowel dunnere als dikkere delen heeft, kunnen we aanbevelen de dunne repen aan de binnenkant en de dikkere naar buiten toe te gebruiken. De professionals zullen het te garen resultaat zeker in vacuüm bereiden, maar dat verandert niets aan het principe. De stoom leidt ertoe dat de onderdelen van de rozet zich met elkaar verbinden wat de hantering vergemakkelijkt.

Bij de overige ingrediënten moet er een evenwicht zijn tussen de zure sinaasappel, het bittere witlof en de zoetige zilveruitjes. Het sinaasappel- en citroensap wordt door inkoken geconcentreerd, met wat wodka verrijkt en door toevoeging van suiker en tenslotte boter milder gemaakt. Proef de saus tijdens de bereiding en corrigeer eventueel zodanig, dat hij de gewenste zurige smaak krijgt, voordat ze met champagne wordt opgeklopt.

Griet is niet altijd te krijgen en kan dan worden vervangen door tarbot. Dat is echter een noodoplossing, want met tarbot is er veel meer afval en het vlees laat zich niet zo makkelijk tot een rozet verwerken. Het witlof is door niets te vervangen en men zou hoogstens een paar zachte preistengels kunnen gebruiken.

1. Voor de grietrozetten: de filets in de lengte in 4 dunne repen snijden en behendig tot rozetten vormen. Op een met boter bestreken papier leggen en in stoom van witte wijn gaar laten worden tot ze glazig zijn. Met citroentijm versieren.

2. Het witlof verdelen en de champignons snijden. Het witlof in boter smoren en licht met suiker bestrooien. De champignons erbij doen, met witte wijn blussen en 3 tot 4 minuten laten stomen en inkoken.

gesmoorde witlof

3. Voor de sinaasappelboter: sinaasappel- en citroensap tot de helft inkoken en mengen met water en suiker. Alles samen met in dunne reepjes gesneden sinaasappelschil en wodka opkoken. Enige minuten laten koken, de visfondglacé erdoor roeren en met boter monteren. Met champagne verfijnen.

4. De uien met de rode wijn en de port opkoken en afschuimen, kruiden en tot stroopachtige consistentie inkoken. De witlofbladeren in een stervorm op de voorverwarmde borden leggen, de grietrozetten in het midden zetten, de sinaasappelboter tussen de witlofbladeren gieten en de geglaceerde zilveruitjes over de borden verdelen.

Gepaneerde

Voorbereidingstijd 20 minuten
Kooktijd 8-9 minuten
Moeilijkheidsgraad ★★

Voor 4 personen

1	zeebaars van 1½ kg
200 g	champignons
3	tomaten
1	ui
2 tenen	knoflook
100 g	sjalotten

400 ml	room
50 ml	Noilly-Prat (vermout)
400 ml	visfond
1 takje	tijm
1 takje	basilicum
	zout en peper

Voor de panering:

100 g	boter
100 g	broodkruim
50 g	geraspte gruyère

Er is geen goede reden, vis niet met tomaten te combineren, zolang de vis maar voldoende smaak van zichzelf heeft. Als men dan ook nog een mooie 'duxelles' bereidt - het fijne paddestoelengehakt, dat op aangename wijze aan de elegante markies D'Uxelles herinnert - hoeft men alleen nog maar te genieten van het resultaat met de smakelijke goudgele korst. Dit recept is ook geschikt voor ontvangsten, want het gerecht is zonder meer de dag tevoren voor te bereiden, maar de panering moet dan wel in folie koud gezet worden, zodat de boter haar consistentie behoudt, hetgeen de hantering vergemakkelijkt.

Jean Fleury beveelt een zeebaars met een gewicht van ongeveer 1½ kg aan. Het best kan men een exemplaar kiezen met herkomstbewijs. De aan de kieuwen bevestigde clip is de beste garantie voor versheid en kwaliteit met uitpuilende ogen, glanzende huid en stevig vlees, dat een eenvoudige druk met de vinger kan verdragen. In het Frans heet zeebaars 'loup', als hij uit de Middellandse Zee komt en 'barreau' in de Vendée. De Griekse dichter en fijnproever Archestrates noemde hem zonder te overdrijven 'het kind van de goden'. De beste zeebaarzen zijn weliswaar die vissen die op rotsige grond gevangen worden, maar de meerderheid van de vissen die nu in de winkel liggen zijn gewoon trawlervissen. En dat is dan meestal een voltreffer, want zeebaarzen bewegen zich veel in grote scholen voort.

Als men geen zeebaars verkiest - veel mensen vinden hem flauw van smaak - gebruik dan tarbot, zalm of een wat bescheidener filet van wijting, kabeljauw of andere stevige witvis.

1. Maak een fijn paddestoelengehakt (duxelles) en aansluitend apart een tomaten-concassé. Ontdoe de zeebaars van schubben, fileer de vis en haal de lastige graten eruit.

2. Voor de panering: 100 g zachte boter met door een zeef gehaalde broodkruim en de geraspte gruyère goed vermengen.

Jean Fleury

zeebaars

3. Leg op elke filet in blokjes gesneden, ontvelde en ontpitte tomaten. Bedek dan met gehakte champignons. Voor de saus: Noilly-Prat, sjalot en visfond inkoken. Room en het takje basilicum toevoegen en weer inkoken. Pureren en door een zeef halen.

4. Strijk de panering op vetvrij papier, sla het papier om en rol de massa glad. Snijd vier rechthoeken ter grootte van de filets en bedek de vis daarmee. Bestrijk een schaal met boter, doe er wat visfond in en leg de filets erin. Laat de vis in de oven in 8-9 minuten gaar worden. Vervolgens gratineren onder de grill. Doe de saus op de borden en leg de visfilet in het midden. Naar believen garneren.

Frankrijk

Griet aan de

Voorbereidingstijd 45 minuten
Kooktijd 45 minuten
Moeilijkheidsgraad ★★

Voor 4 personen

1	griet van 1,2 kg
	zalmhuid
12	zilveruitjes
16	kleine wortelen
12	champignons
	ansjovispasta
100 ml	vleesfond, ingedikt
100 g	zoute boter
	bloem
	zout en peper

Voor de visfond met rode wijn:

1 kg	visgraten, zalmafsnijdsel en zalmgraten
0, 75 l	sterke rode wijn
1	ui
1	wortel
2	sjalotten
1	prei
	gladde peterselie takjes
	tijm, laurierblad
	witte peperkorrels

Vissers hebben geen moeite om de griet van de tarbot te onderscheiden, maar voor de leek valt dat vaak niet mee. In tegenstelling tot de tarbot met zijn zeer ruwe huid, heeft de griet een gladde huid. Hij kan tot wel 70 cm groot worden en bereikt gemiddeld een grootte van 30 tot 60 cm. Voor dit recept moet men een mooi exemplaar kiezen, dat dikke filets oplevert, die in grotere stukken verdeeld kunnen worden.

Het belangrijkste bij dit recept is weer het garen dat bij 60 °C moet gebeuren. Onze kok weet trouwens de overblijfselen van een tevoren geserveerde zalm - en wel de huid, graten en afsnijdsels - goed te gebruiken. Er gaat dus niets verloren. Met een flink sterke rode wijn (bijvoorbeeld uit het Loiredal tussen Saumur en Chinon) wordt met deze resten een uiterst smakelijke visfond bereid.

Tijdens de bereiding ervan moet men in ieder geval goed opletten, want de rode wijn mag in geen geval koken.
De in knapperige, dunne repen gesneden zalmhuid levert precies het contrast dat men zich voor de begeleiding van de zachte grietfilet kan wensen. Tevoren moet het zalmvel echter naar de regelen der kunst - in de warme zomerzon - gedroogd worden. Daarvoor kan men hem bijvoorbeeld op het raamkozijn leggen, maar vergeet niet het 's avonds naar binnen te halen, opdat de vochtigheid van de nacht de resultaten van de dag niet weer teniet doet. Het gedroogde zalmvel is niet alleen decoratief, maar streelt ook het gehemelte met een zeer fijne smaaknuance.

De champignons moeten van behoorlijke grootte zijn, smetteloos wit en stevig op het bord komen.

1. De zalmhuid schoonmaken, wassen en drogen. De griet schoonmaken en de vinnen eraf snijden. De kop eraf snijden en het vel eraf trekken. Met een mes in tweeën delen. Haal de uitstekende delen eraf en snijd de filet in stukken.

*2. De graten en het groenten-kruidenbouquet in boter fruiten en begieten met rode wijn en water, opkoken, afschuimen en in 25 minuten gaar laten worden. Laat de fond 10 minuten rusten en strijk hem door een zeef. Nog een keer opkoken, afschuimen en inkoken. De ingedikte vleesfond en ook de ansjovispasta toevoegen. Binden, de boter toevoegen en wat gekookte rode wijn erbij doen.
Op smaak brengen.*

graat gegaard

3. De stukken griet droogdeppen en met bloem bestuiven. In een pan met anti-aanbaklaag in boter of olijfolie bakken. De zalmhuid met een schaar in dunne repen knippen en onder de grill leggen. De zilveruitjes gaar en bruin laten worden. De wortelen in gezouten boter, suiker en water gaar laten worden.

4. Haal de stelen van de champignons, maak ze op smaak en zet ze met wat boter gewikkeld in alufolie even in de oven of onder de grill. Doe een lepel saus op ieder bord en leg daarop een goudgele visfilet en schik het garnituur eromheen. De knapperige zalmhuidreepjes op de vis leggen.

Navarin van Noordzeekrab

Voorbereidingstijd: 30 minuten
Kooktijd: 1 uur
Moeilijkheidsgraad: ★★

Voor 4 personen

4	levende Noordzeekrabben van 600-800 g per stuk
	witte wijn of azijn

Voor de saus:

100 g	Noordzeegarnalenbouillon
1 tl	tomatenpuree
50 g	boter
200 ml	room
200 ml	vin jaune
1 takje	dragon

1 blaadje	basilicum
1 takje	tijm
½	laurierblad
	zeezout
	cayennepeper
	witte peperkorrels

Voor de groenten:

1	witte meiraap
1	courgette
1	wortel
100 g	knolselderij

Voor het kruidenmengsel:

30 g	preigroen
45 g	caroteenpoeder
10 g	sjalotten
2 g	peterselie

De Noordzeekrab heet bij de Fransen 'tourteau' en bij de Engelsen 'edible crab'. In Frankrijk is zij zeer geliefd en aan de toenemende vraag wordt vooral door Groot-Brittannië voldaan. Deze grote krab levert veel vlees en bijna geen afval, het meeste vlees zit in de scharen en de romige substantie is zeer geraffineerd van smaak.

Constant Fonk adviseert Noordzeekrabben met een gewicht tussen de 600 en 800 g. Deze legt men levend 15 minuten in kokend water met grof zout en witte wijn. Omdat de pantsers later met het gerecht gevuld worden, moeten ze zorgvuldig gereinigd worden, een handeling die men natuurlijk van tevoren kan doen.

Men zegt wel dat de naam 'navarin' afkomstig is van de zeeslag van Navarino, waar in 1827 de Turks-Egyptische vloot vocht tegen een Brits-Frans-Russische vloot. Het grote aantal verschillende uniformen werd daarna met verschillende groenten vergeleken. Hoe het ook zij, elke groente wordt apart gegaard, opdat de eigen smaak en de juiste beet behouden blijft.

De vin jaune, waarin de kruidenmix opgelost wordt, is een zuiver product uit de Jura en wegens zijn fijnheid en lange ontwikkelingstijd goed voor ons doel. Hij bevat niet zoveel alcohol als sherry die vaak wordt gebruikt en zal de gasten door zijn elegantie aangenaam verrassen. Een laatste aanbeveling van onze kok is om bij deze navarin citroenbrood te serveren, dat perfect bij dit gerecht past.

1. De groenten (witte meiraap, courgette, wortel en selderij) met een 'cuillère parisienne' of een zeer kleine 'olivette' uitsnijden en soort bij soort in zout water gaar laten worden. De Noordzeekrab 15 minuten in water met grof zout en wijn garen. Het vlees eruit halen (levert 400 g vlees en 400 g romige massa op) en pantser, scharen en poten bewaren.

2. Het kruidenmengsel met tijm en laurierblad in 50 g boter fruiten. De tomatenpuree erbij doen en met vin jaune oplossen. Begieten met Noordzeegarnalenbouillon (of visfond) en room, vervolgens dragon, basilicum en de witte peperkorrels toevoegen en 20 minuten laten trekken.

met Vin Jaune

3. De romige substantie van het krabvlees binden en door een fijne zeef halen. Op smaak brengen met zeezout en cayennepeper.

4. De kleingesneden groente en het krabvlees in de saus doen. Scharen en poten mooi op het bord schikken. Het met de navarin gevulde pantser erop leggen.

Kreeftfricassée met

Voorbereidingstijd 30 minuten
Kooktijd 20 minuten
Moeilijkheidsgraad ★★

Voor 4 personen

4	kreeften van 500 g
1	savooiekool
20 g	gemengde peper (witte, zwarte, groene en kruidnagelpeper)
60 g	gember
200 g	boter
100 ml	olijfolie
500 ml	kreeftfond
	zout

Voor de garnering:
takjes kervel

Gember is een specialiteit uit India, die in de Aziatische keuken hoog in het vaandel staat en in het Avondland sinds de Middeleeuwen bekend is. Nadat men ook bij ons de scherpe wortel ging waarderen, brachten de Portugezen hele scheepsladingen ervan naar Europa. Men onderscheidt witte en grijze gember, de laatste soort is groter en aromatischer. Voor dit recept kan men beiden gebruiken.

Het loflied van de blauwe kreeft uit Bretagne, die zoals bekend veel lekkerder is dan zijn Canadese broertje, hoeven we nauwelijks weer te zingen. Men koopt hem levend uit een kwekerij of bij de vishandelaar en kiest het liefst een middelgroot wijfje met zacht, smakelijk vlees. Al naar gelang de grootte wordt de kreeft 2 minuten in kokend water gedaan, voor men hem in ijskoud water afkoelt. Na het koken is de kreeft dieprood, vandaar de naam 'kardinaal van de zee', die men hem heeft gegeven. Onze kok geeft er savooiekool bij, een zeer volkse groente, waarmee de boeren al ettelijke hongerssnoden hebben doorstaan. De gangbare naam is ook 'arts van de armen' en dankzij het hoge gehalte aan vitaminen en suikers en de voordelige prijs, heeft deze groente een belangrijk aandeel in de evenwichtige voeding van minderbedeelden. Men kiest een wat zwaarder exemplaar en verwerkt het gelijk na het snijden, want gesneden kool blijft niet lang goed. Ook zij nog vermeld dat hij bij het koken aanzienlijk slinkt.

Door het toevoegen van verschillende soorten peper, die met hun krachtige smaak de gember ondersteunen, wordt dit voedzame en dynamische gerecht nog vervolmaakt.

1. De savooiekool schoonmaken en wassen, de bladeren een voor een eraf halen, blancheren en laten schrikken. In 1 cm brede repen snijden en in boter beetgaar smoren. De kreeft 1 - 2 minuten in kokend zout water leggen en vervolgens in ijskoud water dompelen. De gember schillen, in kleine dobbelsteentjes snijden en drie keer blancheren.

2. Haal het vlees uit de kreeft en bewaar het corail (kuit). De staart in de lengte in drieën snijden. Het pantser kapot stoten en de koppen als garnering bewaren. Een fond maken. De stukken kreeft 2 - 3 minuten in olijfolie sauteren en laten uitlekken.

114 Louis Grondard

peper en gember

3. De olie uit de sauteerpan gieten, de rest met kreeftfond oplossen en tot een vierde van de hoeveelheid laten inkoken. De boter stukje voor stukje toevoegen. Het geheel met het corail in de mixer doen. De mixer 1 minuut laten draaien en het mengsel op smaak brengen.

4. De saus weer in de sauteerpan doen, de stukken kreeftvlees, gemberblokjes en geplette peperkorrels toevoegen en kort opkoken. De kool op de borden leggen, de kreeft daarop, de kop naar boven gericht erop zetten en het geheel met saus begieten. Met kervel garneren.

Frankrijk

Tarbot in een kleikorst

Voorbereidingstijd 45 minuten
Kooktijd 30 minuten
Moeilijkheidsgraad ✯✯

Voor 4 personen

1½ kg	tarbot
4 kg	kaolienklei (porseleinaarde)
500 g	knolselderij
50 g	truffels
bosjes	gladde peterselie
500 ml	melk
250 ml	room
250 g	boter
	sap van een citroen
	zout en peper

De fijne kwaliteit van bepaalde vissen leidde in tijden van vasten tot een paradoxale luxe: in Frankrijk noemde men de zachte tarbot dan ook 'Roi du Carême' (koning van de vastentijd). In de loop der eeuwen inspireerde hij tot vele beroemde recepten. Tegenwoordig zetten meesterkoks hun hele reputatie op het spel, om ons wat smaak betreft onvervalste gerechten te serveren. Dit recept is het beste bewijs daarvoor.

Tarbot leeft in koude wateren zoals het Kanaal en de Atlantische Oceaan. Hij wordt hier dan wel steeds zeldzamer, maar zijn vlees is nog even smakelijk als vroeger. Het is belangrijk, om de vis bij het garen voorzichtig en met gepaste zorg te behandelen, omdat de fijne en kwetsbare smaak verloren zou kunnen gaan.

In plaats van hem in bakpapier gaar te laten worden, waardoor het aroma goed behouden blijft beveelt onze kok een omhulling van kaolienaarde aan.

Deze klei, ook wel porseleinaarde genoemd, bestaat uit kaoliniet en andere kleimineralen en wordt in de keramiekindustrie als hoofdgrondstof voor de vervaardiging van porselein gebruikt. Hij is bijvoorbeeld bij de bloemist te krijgen, die het voor bloemstukjes gebruikt.

In de korst van porseleinaarde voelt de tarbot zich uitstekend en valt niet uit elkaar. Een op deze manier te behandelen exemplaar moet echter, om mooie dikke filets op te leveren, behoorlijk groot zijn; het vaste vlees zorgt voor de gewenste stevigheid. Men mag de oven tijdens het garen in geen geval openen, want de kleikorst breekt al bij het minste temperatuurverschil!

De peterseliepuree moet met verse peterselie bereid worden en wel in de laatste minuut, opdat de mooie groene kleur behouden blijft. Dit originele en spectaculaire gerecht is vooral in de winter een groot succes.

1. Voor de kleikorst: maak van kaolien 16 rechthoeken van 20 cm lang, 15 cm breed en 5 mm dik. Dat gaat makkelijker als men de klei tussen twee stukken bakpapier legt en met een deegroller uitrolt.

2. De peterselie van de stengels ritsen en even blancheren. In ijs afkoelen, laten uitlekken, vocht eruit drukken en door een zeef wrijven. De knolselderij schillen, met citroensap begieten en in kleine stukjes snijden. In melk gaar koken. Zout en peper naar smaak toevoegen, met room en boter pureren en au bain-marie wegzetten.

met truffels en peterselie

3. De tarbotfilets met 1 el zachte boter bestrijken en kruiden. Leg de schijfjes truffel in een rozet erop en leg het geheel op een vel bakpapier. Vouw het papier als een envelop met de vouw naar boven.

4. Leg de envelop met tarbot midden op de kleirechthoeken en sluit de randen met wat water en zet het geheel 1 uur koel weg. Daarna 15 minuten bij 180 °C in de oven bakken. Op een serveerschaal opdienen en de klei aan tafel openbreken. De tarbotfilet op de borden schikken en peterseliepuree eromheen gieten.

Frankrijk 117

Schuimige crèmesoep

Voorbereidingstijd 1 uur
Kooktijd 8 minuten
Moeilijkheidsgraad ★★

Voor 4 personen

12	Normandische Jacobsschelpen zonder corail
30 g	Sevruga-kaviaar
30 g	ganzenleverpaté
100 g	venkel
100 ml	witte wijn
100 ml	room

20 ml	olijfolie
80 g	boter
10	groene anijszaadjes
1	steranijs
1 takje	kervel
1 takje	dille
5 g	paprikapoeder
5 g	zeezout
5 g	peper, geplet
500 ml	water

Voor de garnering:
takjes dille

Koks die een ster hebben zouden over deze harmonische samenstelling misschien zoiets zeggen als: 'Als een kok dit kan maken, behoort hij tot de groten'. Met dit recept, waarin Jacobsmosselen de hoofdrol spelen, streeft men er vooral naar niets verloren te laten gaan, vooral niet de baarden van de mossel. Leken snijden ze vaak af, maar wij gebruiken ze, om er een lekkere fond van te maken.

Hoewel Jacobsschelpen wijdverspreid zijn, moet men ze zorgvuldig uitkiezen, waarbij het gewicht belangrijker is dan de grootte. Onze kok blijft trouw aan zijn Normandische geboorteland en beveelt Jacobsschelpen uit Dieppe zonder corail aan. Het corail, een oranje gekleurd stukje kuit, heeft geen bijzondere smaak en zou het mosselvlees, dat overigens stevig en mooi wit moet zijn, in geen enkel opzicht verbeteren, integendeel zelfs.

Het succes van het geheel staat en valt met de consistentie van de crèmesoep. Die is ideaal als de rauwe Jacobsmosselen door een zeef gestreken, tot een fijne puree verwerkt en in een hete bouillon gedaan zijn. De Jacobsmosselen zijn relatief snel gaar, maar het eiwit dat ze bevatten bindt de massa in nog kortere tijd.

De combinatie van groene anijs, steranijs en venkel verleent de crèmesoep een zeldzame finesse en bevordert de spijsvertering. De kaviaar - die men door zalmeitjes kan vervangen - vervult hier weliswaar vooral een decoratieve functie, maar geeft het gerecht toch een nog meer brilllante smaaknuance.

Volgens hetzelfde principe kan men ook een bloemkoolsoep met Noordzeekrab combineren, waarbij men van dit dier dan het corail en de scharen gebruikt.

1. Maak de Jacobsschelpen open. Het spiervlees uitnemen, afspoelen onder koud water en wegzetten. De zwarte zak verwijderen, de baarden wassen en met witte wijn, room en tevoren kleingesneden en in olijfolie gefruite venkel, in een pan doen. Anijs en steranijs toevoegen. Een ½ liter water erbij gieten en 20 minuten laten koken. Filteren.

2. Dan 4 tot 5 mosselen in schijven snijden en een toefje kaviaar en wat kervel erop leggen. Met paprika, zeezout en versgemalen peper bestrooien.

met Jacobsmosselen

3. De rest van het mosselvlees, de ganzenlever en de zachte boter door een zeef strijken. Goed vermengen.

4. De kokende soep in een kom gieten en met de gezeefde massa 2 minuten bij middelmatige snelheid in de mixer mengen, zodat een schuimige crèmesoep ontstaat. De soep in diepe borden doen. De schijfjes Jacobsmossel met kaviaar erop leggen en met dille garneren.

Wijting met

Voorbereidingstijd   30 minuten
Kooktijd   16 minuten
Moeilijkheidsgraad   ✶

Voor 4 personen

4	wijtingen van 600 g niet schoongemaakt
1 kg	wortelen
8	nieuwe witte uien
150 g	gerookte varkensbuik
40 g	honing
20 g	karwijzaad
25 g	Chinees vijf kruidenpoeder
5 blaadjes	basilicum
2 takjes	dille
2 takjes	gladde peterselie
140 g	boter
	zout en peper

Wijting wordt ten onrechte door veel koks niet erg gewaardeerd, maar het vlees is toch mooi wit, zeer fijn en goed te verteren. Deze aan de Europese kusten en vooral in de Atlantische Oceaan veel voorkomende vis verdient echt beter.

Wijting is zeer kwetsbaar en het komt helaas voor, dat hij op het schip vertrapt wordt. Zodra men hem wat harder aanpakt, verliest hij zijn schubben. Kies bij de vishandelaar het liefst een glanzend en goed stevig exemplaar en behandel de vis bij de bereiding met grote voorzichtigheid. Op de buik heeft de vis een zwart en bitter smakend vel, dat men er voor de bereiding aftrekt, en dat hem van de blauwe wijting uit de Middellandse Zee onderscheidt.

Ook bij het gaar maken is voorzichtigheid geboden, want te lang koken heeft fatale gevolgen. Daarom zijn de niet makkelijk te controleren gaarmethodes pocheren en stomen niet geschikt. Onze kok adviseert de wijting bij flinke hitte te karameliseren, waarbij men ervoor moet zorgen dat hij niet breekt. Het recept is ook zeer geschikt voor (jonge) makreel, kleine zeebaars of sardines.

Het vijfkruidenmengsel is zeer geschikt om de smaak van de wijting te verbeteren. Hetzelfde geldt voor de verschillende gefrituurde kruiden die zeer aangenaam contrasteren met het zachte vlees. De wortelen moeten mooi van kleur zijn. Hoe dieper de kleur, des te zoeter is de smaak. Om de vitamine C te behouden worden ze niet geschild.

1. Snijd de rug van de wijting in. De ruggraat loshalen en met een schaar bij de kop en staart losknippen. Verwijder de kieuwen en haal de kleine graten er met een pincet uit.

2. Snijd de huid van de wijting kruislings in en bestrooi hem met vijfkruidenpoeder. Leg er een paar vlokken boter op en bak de vis op hoog vuur 7 minuten.

Philippe Groult

gekarameliseerde worteltjes

3. De schuin gesneden wortelschijfjes met boter, honing, karwijzaad, en een snufje zout in een smoorpan doen en water erbij voegen. Vervolgens 16 minuten garen en de peterselie en dilletoppen toevoegen.

4. De kleingesneden nieuwe uien in boter aanbraden en de in fijne repen gesneden gerookte varkensbuik erbij doen. De uien en de varkensbuik op een ovale schotel leggen, de wortels ernaast schikken en de wijting erbij leggen. Het geheel bestrooien met gefrituurde kruiden.

Steur met zuurkool en

Voorbereidingstijd	1 uur
Kooktijd	20 minuten
Moeilijkheidsgraad	✷

Voor 4 personen

500 g	steurfilet
50 g	Iraanse Sevruga-kaviaar
300 g	rauwe zuurkool
8	Ratte-aardappelen
150 g	boter
	bloem
2 el	olijfolie
200 ml	witte wijnsaus (zie Basisrecepten)
	zout en peper

Voor de garnering:
bieslook
kervel

Terwijl de steur vroeger in alle zeeën voorkwam, wordt hij tegenwoordig bijna alleen nog aangetroffen in de Kaspische Zee, die biologisch gezien de rijkste zee ter wereld is. De staten die er aan grenzen hebben bijna een monopolie op de kaviaar van Beluga, Sevruga en Osietra, de beroemdste steursoorten. Steur heeft echter ook bijzonder goed vlees en niet minder dan 24 variëteiten te bieden, die al sinds de Middeleeuwen hoog gewaardeerd worden.

Het beste kan men een hele steur kopen, die waarschijnlijk van tevoren besteld moet worden, want in stukken gesneden verliest hij smaak. In vershoudfolie verpakt en koel opgeslagen, kan de vis een paar dagen worden bewaard, zonder dat het vlees hard wordt. Verder beveelt onze kok aan om de steur rosé te garen en hem vervolgens in aluminiumfolie te wikkelen, waar hij zonder uit te drogen verder gaar wordt.

De goede smaak van het steurvlees wordt door een stevige, met riesling of een andere droge witte wijn gebonden saus nog verhoogd. Omdat er later kaviaar aan toegevoegd wordt, moet men voorzichtig kruiden. Kaviaarliefhebbers hebben natuurlijk het liefst de Sevruga met zijn kleine grijze eitjes met de sterke smaak, maar men kan ook goedkopere kaviaar gebruiken, die eveneens heel goed smaakt.

De groenten in dit recept zijn in de lente verkrijgbare, vastkokende 'Ratte'-aardappelen en natuurlijk de zuurkool uit de Elzas (gesneden zuurkool die na toevoeging van zout een melkzuurgisting heeft doorgemaakt), waarvan de bereiding al sinds oertijden bekend is.

1. Laat de aardappelen 15 minuten in water met zout gaar worden, en pel ze daarna. Intussen de steurfilets aan beide zijden bestrooien met zout en peper, door de bloem halen en 1 minuut aan elke kant in boter aanbakken.

2. Elke steurfilet zorgvuldig en stevig in aluminiumfolie wikkelen en 10 minuten laten rusten.

witte wijn-kaviaarsaus

3. De rauwe zuurkool 5 minuten in boter smoren en op smaak brengen. De aardappelen in een paar minuten in boter goudgeel bakken.

4. De witte wijnsaus met boter monteren en de kaviaar er op het laatste moment bij doen, zonder dat de saus kookt. Een bergje zuurkool op het midden van het bord leggen en met kaviaar garneren. De aardappels ernaast leggen. De witte-wijn-kaviaarsaus op het bord gieten en de getrancheerde steurfilet erop leggen. Met bieslook en kervel garneren.

Frankrijk

Gebakken zeeduivel

Voorbereidingstijd 30 minuten
Kooktijd 30 minuten
Moeilijkheidsgraad ✷

Voor 4 personen

1	zeeduivel van 2½ kilo
16	tenen knoflook, ongeschild
200 g	gerookt spek, in repen
500 g	spinazie
2	sjalotten, fijngehakt
100 g	boter
200 ml	crème fraîche
200 ml	bruine kalfsfond
1 el	extra vierge olijfolie
4 el	balsamicoazijn
	bloem
	zout en peper

Over zeeduivel zullen we niet weer uitwijden. Hij is weliswaar erg lelijk om te zien, maar draagt dat lot al sinds de Oudheid geduldig, opdat men hem met rust laat. Het staartstuk dat men gewoonlijk aantreft in de vishandel, is tot de middengraat die de helft van zijn gewicht vormt, gratenvrij en heeft pittig, mager vlees. Hij wordt eerst ongeveer 10 minuten in de pan gebakken, voor we hem inclusief de middengraat, die een sterkere smaak geeft, in de hete oven gaar laten worden.

Voor de liefhebbers van bijzonderheden vermelden we dat de vis een zeer smakelijke lever heeft die zelfs met ganzenlever vergeleken wordt en veel vitaminen bevat.

Knoflook is de smaakmaker die hier werkelijk het beste bij past. Deze kruidige plant werd al in de oudheid zeer gewaardeerd en vormde zelfs voor de bouwers van de piramiden loon in natura. De versterkende werking van knoflook is enorm. De tenen moet men door te voelen uitzoeken; ze moeten stevig en mooi vol zijn. Ze worden hier ongeschild gebruikt, waardoor ze zachter en minder opdringerig van smaak worden en zeker ook beter verteerbaar. In principe wordt ongeschilde knoflook van binnen romig en van buiten hard. Om de schil te verwijderen hoeft men de teen alleen uit te knijpen.

Ook het in grote dobbelstenen gesneden spek valt bij het garen makkelijk uit elkaar, zodat de andere ingrediënten de smaak goed aan nemen. Voor het geval men geen zeeduivel kan bemachtigen, is dit recept met andere zachte vissoorten, zoals tarbot of zalm ook goed te bereiden.

1. Bestrooi de zeeduivel met zout en peper en haal hem daarna door bloem. Braad de vis even aan in een pan met een eetlepel olijfolie.

2. Halverwege de gaartijd van de vis, de ongeschilde knoflooktenen en de spekrepen erbij doen. Het geheel 10 tot 15 minuten in een hete oven verder gaar laten worden.

met knoflook en spek

3. De zeeduivel op een serveerschaal schikken en met het spek en de knoflook garneren. Voor de saus: los het bakvet in de pan op met 2 gehakte sjalotten en de azijn en giet de bruine kalfsfond erbij.

4. Doe de crème fraîche erbij, laat de saus inkoken en monteer met koude boter. Samen met de tevoren geblancheerde spinazie serveren.

Zalmmignon met

Voorbereidingstijd	30 minuten
kooktijd	10 minuten
Moeilijkheidsgraad	✱

Voor 4 personen

4	zalmmoten van 125 g
200 g	spinazie
1 bosje	waterkers
1 bosje	bieslook
2 takjes	peterselie
50 g	gerookt spek
50 g	boter
250 ml	room
500 ml	visfond
	zout en peper

Voor veel fijnproevers is en blijft de eiwitrijke, nauwelijks vette en kostelijke zalm de fijnste vis. Het is belangrijk zijn herkomst te kennen, want Noorse zalm smaakt anders dan Schotse. Die laatste is veel sterker van smaak en intussen ook met het Franse kwaliteitszegel 'label rouge' bekroond. Verder is er een onderscheid te maken tussen wilde en gekweekte zalm. We willen bij deze gelegenheid op de hoge kwaliteit van de gekweekte zalm uit Wallonië wijzen. Er zijn duizenden manieren om zalm klaar te maken!

Op een ding moet men echter altijd letten: de zalm moet vers zijn, dus stevig en glanzend, met heldere en licht uitpuilende ogen. Neem de moten uit het vlezigste deel vlak bij de kop, die hebben allemaal dezelfde kleur, maar de kleur kan van soort tot soort verschillen. Opdat ze hun kleur behouden en mooi zacht blijven, mogen ze niet te lang gegaard worden. Vervolgens moet - en hierbij houdt Michel Haquin niet van half werk - de kleine vetlaag tussen huid en vlees weggehaald worden om de smaak van de tournedos niet te bederven.

In de kruidensaus komt de waterkers goed tot zijn recht. Deze oorspronkelijk in het wild groeiende plant is rijk aan vitaminen en mineralen en wordt tegenwoordig met succes gekweekt. Vroeger groeide ze vooral aan rivieroevers en daarom gaven de Romeinen haar de naam 'waterknoflook'. Net als spinazie heeft waterkers een sterke smaak en moet met mate gebruikt worden.

Bij dit voorjaarsgerecht, dat overigens goed heet geserveerd moet worden, zijn verse pasta of aardappels geschikte bijgerechten.

1. De middengraat uit de zalmmoten verwijderen en de filets heel laten. Als tournedos oprollen en opbinden.

2. De waterkers, het bieslook, de spinazie en de peterselietakjes wassen. De uitgelekte kruiden grof hakken en apart zetten. De room met de visfond laten inkoken, over de kruiden gieten, pureren, door een zeef halen en weer tot een romige consistentie inkoken. Met boter monteren.

126 Michel Haquin

bieslookroom en spek

3. De met zout en peper bestrooide zalmtournedos in een hete pan 2 minuten aan elke kant in boter bakken en op keukenpapier laten uitlekken. De spek in repen snijden, blancheren en sauteren in de pan. Apart zetten.

4. De tournedos van vezels en huid ontdoen. De dunne vetlaag tussen huid en vlees met een mes wegkrabben. Op ieder bord wat hete saus gieten, de zalm erop leggen en het spek erover verdelen. Goed heet serveren.

Zonnevis met tomaten,

Voorbereidingstijd	45 minuten
Kooktijd	30 minuten
Moeilijkheidsgraad	★

Voor 4 personen

2	zonnevissen van 1 kg
2	tomaten
12	blaadjes basilicum
	zout en peper

Voor de garnalensaus:

100 g	garnalen
	groenten in kleine blokjes gesneden, (1 wortel, 1 ui, 1 stengel bleekselderij)
200 ml	visfond
50 ml	witte wijn
400 ml	room
	boter

Voor het lasagnedeeg:

250 g	bloem
2	eieren
100 ml	inktvisinkt
40 ml	olijfolie
20 ml	citroensap

Hoewel garnalen erg klein zijn, vormen ze een enorme wereld. Er zijn namelijk niet minder dan 162 verschillende soorten garnalen. In tegenstelling tot andere schaaldieren, die vaak maar moeizaam vooruit krabbelen op de zeebodem, zijn garnalen elegante zwemmers. Ze maken meerdere vervellingen door, waarbij hun fijne chitinepantser vernieuwd wordt. Dat kan bij sommige soorten erg lang duren.

Belgen houden van garnalen en velen vangen ze aan de kust zelfs nog op de eeuwenoude traditionele wijze, namelijk te paard. De industriehavens Zeebrugge, Oostende en Nieuwpoort zijn grote visafslagen. In België worden jaarlijks miljoenen garnalen gegeten, vooral de kleine grijze Noordzeegarnalen, die als het lekkerste bekend staan. In den regel moet men ze levend en heel vers kopen, of in het ergste geval goed stevig en met ingerolde staart. Wees wantrouwig bij zachte en uitgestrekte garnalen, die horen niet thuis in de kostelijke saus van Michel Haquin

De kop van de zonnevis is net zo groot als de rest van het lijf. Achter de borstvinnen bevindt zich op elke kant een grote zwarte vlek. De legende verhaalt dat dit de vingerafdrukken van de heilige Petrus zijn, de patroon van de vissers en schippers, hetgeen de andere naam St. Petersvis verklaart. Het zachte vlees van deze vis wordt zeer gewaardeerd. Men zegt dat de zonnevis een kreet geeft als hij opgevist wordt.

Denk erom dat het lasagnedeeg 1 uur moet rusten: daar wordt het beter van. Dit gerecht moet heet opgediend en echt helemaal opgegeten worden want men kan het beter niet bewaren.

1. De ongepelde garnalen en de groenten licht in boter bakken. Na 5 minuten blussen met de visfond en de witte wijn. Op smaak brengen en laten inkoken. De room erbij doen en 20 minuten bij zacht vuur gaar laten worden. Door een zeef halen en op smaak brengen.

2. Maak het lasagnedeeg door alle ingrediënten te mengen. Laat het deeg 1 uur rusten. Rol het met een pastamachine dun uit. Snijd er rechthoeken van 10 x 20 cm van en laat die 2 tot 3 minuten gaar worden in zout water met een scheut olijfolie.

basilicum en zwarte pasta

3. De tomaten ontvellen, ontpitten en in schijven snijden. De lasagnevellen in koud water afkoelen en op keukenpapier leggen. Bestrijken met boter en per persoon van 2 stukken een tulp vormen.

4. De visfilets van vel ontdoen en stomen. Na driekwart van de gaartijd de stukken tomaat op de vis leggen en gaar laten worden. De tulpen in dezelfde pan opwarmen. De saus warm maken en basilicumbladen toevoegen. De visfilets op de borden schikken en met saus overgieten.

Kabeljauwfilet

Voorbereidingstijd	1 uur
Kooktijd	15 minuten
Moeilijkheidsgraad	✶✶

Voor 4 personen

4	kabeljauwfilets van 150 g
30	mosselen, gekookt
12	blaadjes kropsla
25 g	kappertjes
25 g	zure augurken (cornichons)
25 g	uien
25 g	peterselie, gehakt
250 ml	groentebouillon

½ tl	room
30 g	boter
	sap van 1 citroen
	zout en peper

Voor de kruidenpanering:

50 g	paneermeel
25 g	peterselie
1 takje	tijm
1 takje	rozemarijn
1 teen	knoflook
50 ml	olijfolie
1 snufje	zout

De kabeljauwfilet wordt hier met een kruidenpanering bedekt, wat hem een enigszins geheimzinnig uiterlijk geeft en hem duidelijk onderscheidt van de erbarmelijke snack-versie, die onze kok ons wil laten vergeten. Voor de Britten is de kabeljauwvangst van groot belang. Ze rusten daarvoor enorme trawlers uit, die tot wel 30 ton vis per uur kunnen binnenhalen.

Men neme mooie dikke kabeljauwfilets, die bij het gaar maken niet uit elkaar vallen. Het vlees is erom bekend, dat het wit en zacht is, de smaak is alleen niet altijd goed thuis te brengen. Daarom kiest men buiten de kruidenpanering een sterk smakende saus op basis van kappertjes en zure augurken. De tijm en rozemarijn spelen voor de panering een zelfde rol en maken hem bovendien nog steviger.

De mosselen die onze kok gekozen heeft zijn de grote, op verticaal gespannen touwen groeiende gekweekte mosselen uit het Etang de Thau, waarvoor hij een bijzondere voorliefde heeft. Ook de boormosselen die daar worden gevangen zijn erg goed. Ze zijn wat kleiner, zeer smakelijk en aan hun oranje gekleurde vlees te herkennen. Als vervanging zijn meerdere varianten denkbaar: St. Jacobsschelpen zouden bijvoorbeeld geraffineerder zijn, evenals een mengsel van mosselen en oesters, waarbij de laatste ook nog vocht afgeven, dat men verder verwerken kan.

We moeten ook vermelden dat dit recept de gebruikelijke kaders van de Britse keuken te buiten gaat. Gewoonlijk serveren onze Britse buren de kabeljauwfilet met traditionele mayonaise.

1. Maak de ingrediënten voor de kruidenpanering met de mixer klein en voeg er langzaam olijfolie aan toe.

2. De kabeljauwfilets grillen en met zout, peper en citroensap op smaak brengen en de kruidenpanering erop leggen. De in blokjes gesneden uien 10 minuten in wat water koken en laten uitlekken.

Paul Heathcote

met mosselen

3. De kruidenbouillon flink opkoken. De zure augurken in blokjes snijden en in de groentenbouillon doen. De kappertjes, de gehakte peterselie en de uien erbij doen. De room toevoegen, met boter opkloppen en de met zout en citroensap gekruide (gekookte mosselen) toevoegen.

4. Gelijktijdig de kropsla in zout water blancheren en op de borden leggen. Kort voor het opdienen de filets met de kruidenpanering onder de grill goudgeel laten worden. Het geheel op de borden schikken en de saus eromheen gieten.

Groot-Brittanië

Tonijnfilets met

Voorbereidingstijd	30 minuten
Kooktijd	20 minuten
Moeilijkheidsgraad	★

Voor 4 personen

4 stukken	tonijn van 80 g
200 g	nieuwe aardappelen
200 g	fijne haricots verts
250 g	tomaten
200 g	sjalotten
50 g	zwarte olijven
125 ml	olijfolie, extra vierge
100 ml	balsamicoazijn
	sap van 1 citroen
	zout en peper

Ter herinnering aan zijn eerste verblijf in het buitenland, waarvan het hoogtepunt een Salade Niçoise was, heeft Paul Heathcote dit frisse recept gemaakt: met rode tonijnmedaillons in plaats van kleine stukjes tonijn en vooral en onherroepelijk zonder hardgekookte eieren.

De in de Middellandse Zee en aan de kust van de Atlantische Oceaan gevangen rode tonijn bereikt niet zelden een indrukwekkende omvang: tot 3 meter lang met een gewicht van 200 tot 300 kilo. In Groot-Brittannië is hij niet minder groot en daar wordt hij nog gevangen door een paar tonijnvissers, die zich gewoonlijk bezighouden met de haringvangst. Normaliter wordt de vis in dikke schijven verkocht. Het vlees is mooi stevig en sterk gekleurd. Het gewicht van de schijven hangt af van het aantal gasten dat men aan tafel heeft.

Om de smaak van de tonijn te behouden, moet het bloedige deel verwijderd worden, want dat wordt bij het garen grijs en bitter. Als men het aan een kant bakt, blijft het vlees mooi zacht, maar het mag daarna niet lang staan: bereid het dus kort voor het opdienen.

De hier voor de balsamicoazijn aangegeven hoeveelheid geldt voor geklaarde balsamicoazijn met een zwakker aroma. Wie kan beschikken over echte 'Aceto balsamico tradizionale di Modena' kan volstaan met een paar van die kostbare druppels, om de smaak van het geheel te corrigeren en de sjalotten en nieuwe aardappelen in een kostelijk gerecht om te toveren.

Dit recept kan men ook bereiden met filet van zee- of roodbaars.

1. Het tonijnvlees van de graat halen en in medaillons van 80 g snijden.

2. De sjalotten fijn hakken, balsamicoazijn, olie en een snufje zout toevoegen en zo lang laten smoren tot de sjalotten gaar zijn. Vervolgens laten afkoelen.

balsamicoazijn

3. De aardappelen en de haricots verts voorbereiden en gaar koken. De olijven ontpitten en blancheren. De tomaten ontpitten en in bloembladvormige stukken snijden. Schik de groenten op het midden van het bord en giet er een lepel saus over.

4. De tonijn aan een kant in een pan in wat olijfolie bakken, met zout en citroen op smaak brengen en op de gestapelde groenten leggen.

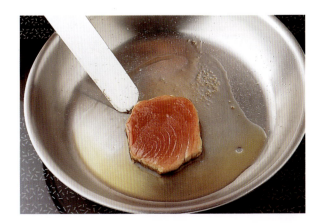

Gegrilde

Voorbereidingstijd 30 minuten
Kooktijd 10 minuten
Moeilijkheidsgraad ★

Voor 4 personen

4		middelgrote aardappelen
2		aardappelen voor de chips
1		paardebloemblad
1	bosje	dille
1	bosje	mosterdblad (rucola)
1		kleine krop winterandijvie
1	el	crème fraîche
50	g	boter
		zout en zwarte peper

Voor de gravad-lachs:

600 g	verse zalm (4 filets van 150 g)
200 g	suiker
1 bosje	dille, gehakt
100 ml	cognac
100 g	zout, geplette peper

Voor de mosterdsaus:

2 el	Meauxmosterd
1 tl	zoute ketjap
1 tl	zoete ketjap
1 tl	mosterdzaadjes
1 el	demi-glace
	sap van een citroen
1 el	gehakte sjalot
1 el	sherryazijn

Dille past goed bij rauw gemarineerde zalm. De smaak van dit bijzonder sterke kruid kan bijna niet intensief genoeg zijn om de zachte, roze kleurige zalm met zijn heerlijke smaaknuances te vergezellen. Bij dille kan men wat hoeveelheid betreft niets fout doen, ook niet als men het kruid in poedervorm in de marinade doet. Zalm en dille horen al sinds mensenheugenis bij elkaar en zullen nooit met elkaar in conflict komen.

Typisch voor het hoge Noorden is de marinade met suiker en zout, die de vis tot wel tien dagen lang houdbaar maakt. In dit recept wordt de vis minstens 48 uur gemarineerd, tenzij men over een sous-vide beschikt, dan is een nacht genoeg.

De gravad-lachs (of 'gravlaks') wordt hier maar minimaal gegaard. Eigenlijk gaat het om het bakken van de huid, het vlees zelf blijft halfrauw. Als men het net zo doet als de Noren, dan kan men de zalm natuurlijk ook koud eten: in dunne repen gesneden met toast en mosterdsaus. In de noordelijke landen kent ieder dit eeuwenoude recept al van kinds af aan - ongeacht de sociale achtergrond - en het wordt hoog gewaardeerd. Ten slotte vermelden we dat Noorwegen een belangrijke rol in de zalmkwekerij vervult: mondiaal gezien komt 70 procent van alle gekweekte zalm uit Noorwegen.

1. De ontgrate zalmfilet op een bord leggen en alle ingrediënten erover strooien, met cognac begieten en 48 uur marineren. Vier aardappelen in de oven poffen, in de lengte halveren en uithollen zonder de vorm te veranderen. De andere twee aardappelen met de groentenschaaf tot chips schaven en in geklaarde boter frituren.

2. Van boter, crème fraîche en aardappel een puree maken. De uitgeholde aardappelen daarmee vullen en warm zetten. Snijd 4 stuks gravad-lachs van 150 g uit de filet.

gravad-lachs

3. Gril de gravad-lachs alleen aan de huidkant en laat het vlees half rauw. Maak de ingrediënten voor de salade schoon (andijvie, paardebloem, dille en mosterdkool) en maak de mosterdsaus met alle ingrediënten.

4. Leg de zalm op het bord, verwijder de huid en garneer met een beetje salade, gevulde aardappel en chips. Giet de saus eromheen.

Noorwegen

Meerval met

Voorbereidingstijd 40 minuten
Kooktijd 30 minuten
Moeilijkheidsgraad ★★

Voor 4 personen

4	stukken meerval van 200 g
150 g	grote roze garnalen
200 g	Noordzeegarnalen
500 g	boter
2 kroppen	sla
1 bosje	verse basilicum
½	prei
½	wortel
½	ui
takje	tijm
takje	rozemarijn
2	eidooiers
2 tenen	knoflook
	zout en peper

Voor de garnering:
zalmeitjes

Er is een groot aantal vissen, wiens sprekende namen op een meer of minder gelukkige vergelijking teruggrijpen: papegaaivis, vlindervis, maanvis, zaagvis e.a.. Zo is het ook bij deze door onze Noorse kok aanbevolen katmeerval of katvis: een overeenkomst met het huisdier zal men tevergeefs zoeken. De meerval behoort tot de familie van de meervallen en is van oorsprong een zoetwaterbewoner uit Noord-Amerika. Deze roofvis bereikte in de 19de eeuw Frankrijk en toonde zich al snel zo vraatzuchtig dat men vreesde voor een ernstige verstoring van het evenwicht in de waterfauna.

Zijn onaantrekkelijke uiterlijk - met snorharen (misschien vandaar de naam katvis) - en zeer slijmerige vel - spoort misschien niet erg aan tot kopen.

Dat is jammer, want het witte vlees is heel fijn, en wel veel fijner dan dat van de grote meerval, waarmee hij vaak per abuis verwisseld wordt. De katmeerval is namelijk veel kleiner (zo'n 35 cm lang) en leeft in rustige wateren. In de Verenigde Staten wordt hij in grote vijvers gekweekt.

1. De klein gesneden wortel, ui en prei met knoflook, rozemarijn en tijm in boter fruiten. De Noordzeegarnalen met schaal en ook de boter toevoegen. Het geheel met de mixer pureren, opkoken, afschuimen en 30 minuten laten trekken. Door een zeef halen en au bain-marie warm houden.

2. De kropsla in zout water blancheren, laten uitlekken en droog slingeren. Met de beide eidooiers en wat water een sabayon kloppen.

Eyvind Hellstrøm

garnalenboter

3. De kropsla in een pan met wat boter licht fruiten, het gehakte basilicum, zout, peper en de gepelde garnalen toevoegen. Op het laatst de sabayon erbij doen en warm zetten. De vis van graten en vel ontdoen en mooi bijsnijden.

4. De met zout, peper en basilicum gekruide vis in een stoompan gaarstomen. De vis op een bed van sabayon, garnalen en sla schikken. De zalmkuit in het midden leggen en met garnalenbotersaus overgieten.

'Acquapazza'

Voorbereidingstijd 2 uur
Kooktijd 1 uur
Moeilijkheidsgraad ★★

Voor 4 personen

1	zeebaars van 1½ kg
500 g	San Marzano-tomaten
1	aubergine
1	courgette
1	paprika
1	ui
800 ml	olijfolie
4 sneetjes	brandnetelbrood
4 blaadjes	basilicum
	zout

Voor het brandnetelbrood:

	brandnetels
500 g	bloem
10 g	suiker
16 g	bakpoeder
16 g	gist
2 el	olie
150 ml	water
12 g	zout

In de Italiaanse streek Campanië is de 'Aquapazza' de naam voor de maaltijd van de vissers die bestaat uit veel vis, tomaten, olijfolie en als maaltijdsoep met groenten en stevig brood geserveerd word. Zo voedden de vissers hun gezin, als ze hun vangst niet konden verkopen.

Voor zijn versie van dit eenvoudige recept heeft onze kok zeebaars gekozen, omdat die snel gaar is. In navolging van de zuidelijke tradities voegt hij de groenten eraan toe. Het brandnetelbrood verleent het geheel een extra pittig accent. Dit afschrikwekkende onkruid wordt vaak ten onrechte uit de keuken verbannen, maar het heeft een aangename smaak, bevat veel ijzer en vitaminen en heeft een genezende werking. We kennen de grote en de zeldzamere kleine brandnetel. Beide soorten zijn zeer geschikt voor de bijzondere smaak van het brood.

Als de brandnetel echt een bezwaar is - in de 19de eeuw werd men er tenslotte nog mee gegeseld - moet men in ieder geval een stuk geroosterd brood of wellicht roggebrood bij de Aquapazza serveren. Het mag rustig oud zijn en kan natuurlijk ook van tevoren bereid worden.

De Griekse dichter en fijnproever Archestrates heeft in het midden van de 4de eeuw al geschreven over de voordelen van zeebaars en hij vond het visvlees kostelijk. Wat dat betreft is er niets nieuws onder de zon van de Middellandse Zee - daarmee zal men het toch eens moeten zijn.

1. De klein gesneden uien en in blokjes gesneden tomaten in olijfolie smoren, totdat een homogene saus ontstaat. De ingrediënten voor het brandnetelbrood in de mixer doen en 5 minuten op stand 1 en vervolgens 5 minuten op stand 2 laten draaien. Dan 1 uur laten rijzen, in een bakblik doen en nog een uur laten rijzen. Laat het 1 uur bij 140 °C in de oven bakken.

2. De andere groenten in kleine blokjes snijden en met de overige olijfolie licht fruiten, het basilicum toevoegen en warm houden.

van zeebaars

3. De saus met de groente, een glas water en de zeebaarsfilets in een ovenvaste schaal doen en alles 5 minuten bij laag vuur gaar laten worden.

4. Het brandnetelbrood in schijven snijden en op de voorverwarmde borden leggen. De vis ernaast leggen, de saus erover gieten en de groente erop leggen. Garneren met een blad basilicum.

Italië

Ragout van schorpioenvis

Voorbereidingstijd — 40 minuten
Kooktijd — 1 uur
Moeilijkheidsgraad — ★★

Voor 4 personen

1		schorpioenvis van ca. 1 kg
1	kg	rijpe tomaten
1		rijpe groene paprika
2		preien
150	ml	witte wijn
100	ml	olijfolie, extra vierge
	takjes	kervel
		zout en peper

Voor het pastadeeg:

400	g	bloem
4		eidooiers
1	el	olijfolie
2	el	water
		snufje zout

De hier gebruikte pasta heet 'paccheri', een van de talloze Italiaanse deegwaren, waarmee men in Italië alle records wat betreft toepassing breekt. Alfonso Iaccorino herinnert zich met genoegen zijn jeugd in Napels, waar de in die tijd voor de soldaten bereide pasta zeer populair was. Ze worden om bepaalde redenen in buisvorm gemaakt omdat de ragout ze niet alleen moet bedekken maar ook vullen en ze zo een geheel nieuwe smaaknuance geeft.

Gragnano, een kleine stad op het schiereiland Sorrento aan de Golf van Napels, heeft naast andere bezienswaardigheden iets bijzonders, namelijk een pastamuseum. Wat is een beter bewijs voor de ingewortelde pastatraditie die sinds het begin van de 19de eeuw door de fabrieksmatig geproduceerde pastasoorten krachtig ondersteund wordt? Het andere deel van het gerecht wordt gevormd door de schorpioenvis, een niet te onderschatten soort, die zoals bekend ook een hoofdrol speelt in de bouillabaisse en befaamd is vanwege zijn stevige vlees. Deze bruine of roodbruine vis, waarvan de omvang kan variëren met de soort, leeft op rotsige zeebodem en voedt zich met kleine schaaldieren. Men moet voor dit gerecht een wat groter exemplaar kiezen van 700 tot 800 g, waaruit mooie filets te snijden zijn en waarvan ook de kop te gebruiken is, die veel vlees bevat en belangrijk is voor de consistentie van de ragout. Het lekkerst zijn echter de wangetjes.

Om de smaak en de kleur van de verse vis en de rijpe paprika goed tot hun recht te laten komen, adviseert onze chef-kok nadrukkelijk om deze ragout pas op het allerlaatst te bereiden.

1. Voor de saus: de prei in de mixer klein maken en met de viskop in olijfolie even aanbakken. Met witte wijn afblussen en de in vieren gesneden tomaten erbij doen. Ongeveer een uur laten sudderen. Door een zeef halen om een gladde saus te maken.

2. De paprika onder de grill gaar bakken, ontvellen en in dunne repen snijden. Het pastadeeg maken: de ingrediënten in een deegkom goed mengen en kneden. Een uur laten rusten, dun uitrollen, in rechthoeken snijden en daarvan buisjes vormen.

met pasta uit Gragnano

3. De vis fileren en de filets in blokjes snijden. De repen paprika, de gehakte kervel, de saus en de visblokjes in een pan doen en ca. 10 minuten garen.

4. De pasta in ruim kokend water beetgaar koken, laten uitlekken en met koud water afspoelen. De saus met de visblokjes erdoor mengen en direct serveren.

Snoekbaarsreepjes op

Voorbereidingstijd   45 minuten
Kooktijd   20 minuten
Moeilijkheidsgraad   *

Voor 4 personen

1	snoekbaars van 800 g
2	aardappelen
50 g	sojaspruiten (taugé)
100 g	komkommer (50 g in reepjes, 50 g in blokjes)
1 el	kappertjes
1 el	sjalotten
100 g	boter
snufje	Chinees vijfkruidenpoeder
	zout en peper

Voor de garnering:
bieslook, fijngehakt

Voor de sesam-crèmesaus:

100 g	preiwit
1	sjalot
100 g	boter
200 ml	crème fraîche
200 ml	gevogeltefond
100 ml	witte wijn
100 ml	Noilly Prat (vermout)
50 ml	sesamolie
	zout en peper

Rösti is een typisch Zwitsers gerecht, dat oorspronkelijk boeren en arbeiders als ontbijt aten. Het is gemaakt van in de schil gekookte aardappelen die, als ze afgekoeld zijn, worden geraspt en snel als een kleine koek worden gebakken. Men gebruikt gewone, geen nieuwe, aardappelen, want die bevatten namelijk niet genoeg zetmeel. Vroeger deed men er ook nog wat reuzel bij om de rösti voedzamer te maken. Tegenwoordig is het echter een lichter gerecht dat de Zwitserse koks bij braadworst of bij het traditionele Zürichse 'Geschnetzeltes' - reepjes kalfsvlees in een saus - serveren.

Snoekbaars heeft weinig graten, waardoor de bereiding gemakkelijker is. De vis moet echt vers zijn, van de schubben en ingewanden ontdaan en in gelijkmatige stukjes gesneden worden. De stukjes moeten zo dik zijn dat ze bij het bakken heel blijven.

Voor een meer Oosterse noot kan men, zoals André Jaeger gewoonlijk doet, de Noilly Prat vervangen door Shaoxing, gekookte Chinese wijn, die enigszins aan sherry doet denken. Die geeft de oorspronkelijke sesamsaus met de iets notige smaak nog meer karakter. De sojaspruiten passen goed in dat geheel. Dit in Azië alledaagse voedingsmiddel wint ook in Europa aan populariteit. Om heel precies te zijn, het gaat om de knapperige, witte spruiten en niet om de bonen die onze kok ook vaak gebruikt en waarvan ook sojasaus wordt gemaakt.

1. Voor de sesam-crèmesaus: de prei en de sjalotten fijnhakken. In boter smoren en met witte wijn en Noilly Prat blussen. Tot de helft inkoken en vervolgens crème fraîche en gevogeltefond toevoegen. Op smaak brengen en weer tot de helft inkoken. Op het laatst de sesamolie erbij doen en pureren.

2. De aardappelen in de schil koken, pellen en raspen. Kleine röstikoeken ervan vormen. De snoekbaars fileren, huid en graten verwijderen en in 1 cm dikke repen snijden. De kappertjes en de sjalotten fijnhakken. De vis met wat zout en Chinees vijfkruidenpoeder marineren.

rösti met sesam-crèmesaus

3. De vier röstikoekjes in olie en boter knapperig goudgeel bakken. In een pan wat boter langzaam heet laten worden, de kappertjes, de sjalotten, de gehakte taugé en 50 g komkommerreepjes erbij doen.

4. De snoekbaars toevoegen en even sauteren. De sesam-crèmesaus op het bord doen, dan de rösti en de snoekbaarsreepjes daarop leggen en met 50 g blokjes komkommer en fijngehakte bieslook bestrooien.

Roodbaars met

Voorbereidingstijd 20 minuten
Kooktijd 20 minuten
Moeilijkheidsgraad ★★

Voor 4 personen

2	roodbaarzen van 300 g
2	aardappelen
100 g	boter geklaard
2 el	aardappelzetmeel
1	eidooier
	olijfolie
	zout en peper

Voor de saus:

200 g	sjalotten
	sap van 1 sinaasappel
50 ml	Noilly Prat (vermout)
50 ml	droge witte wijn
500 ml	visfond
20 g	boter
400 ml	crème fraîche
1 takje	rozemarijn

"Superbe", was het eenvoudige commentaar van Paul Bocuse, toen Roger Jaloux hem zijn resultaat voorzette. In zijn laboratoriumkeuken in Collonges-au-Mont-d'Or had hij al van alles geprobeerd, om voor roodbaars een ander schubbenkleed te vinden dan het gewoonlijk van gesneden wortelen of courgettes gemaakte. Men kan hier dan ook beter van beeldhouwen dan van snijden spreken. Het zachte vlees van de vis en de knapperig gebakken aardappelen gaan hier een bijzondere verbintenis aan en leiden tot een gerecht van onnavolgbare finesse.

Erg belangrijk is de herkomst van de aardappelen. Men neme het uit Holland stammende Bintje, een vastkokende soort met een mooie kleur. In Frankrijk wordt deze aardappelsoort met dunne schil veel gebruikt (heeft een marktaandeel van ca. 75%) en is het hele jaar door te krijgen, waardoor het een gewaardeerd ingrediënt in de keuken is geworden. Men moet exemplaren uitzoeken zonder vlekken en drukplekken en dunne schubben ervan snijden, die vervolgens geblancheerd worden. Opdat ze niet aan elkaar gaan plakken, doet men in heet water opgelost zetmeel erbij en opdat ze niet zwart worden ook een beetje geklaarde boter. Het aanbrengen van de schubben is niet moeilijk, alleen de behandeling tijdens het bakken vraagt wat handigheid.

Onder dit voortreffelijke huidje legt men de 'prins van de Middellandse Zee', de kleine 'rouget de roche', waarvan de versheid te herkennen is door de sterke jodiumsmaak. Men kan de vis slechts verwijten, dat hij zeer veel graten heeft en men moet voldoende tijd nemen deze te verwijderen. Indien men dat een bezwaar vindt, kan men beter een kleine zeebaars nemen.

1. De vissen schoonmaken, van schubben ontdoen, fileren en de kleine graten verwijderen. De aardappelen met de groentenschaaf dun schaven. In water blancheren, laten afkoelen, laten uitlekken en met zetmeel en geklaarde boter bestrijken.

2. De roodbaarsfilets met eidooier insmeren en met aardappelschubben gepotdekseld bedekken.

aardappelschubben

3. Voor de saus: de sjalotten licht in boter fruiten, met witte wijn en Noilly Prat afblussen en de visfond erbij gieten. Tot een fond inkoken en de crème fraîche toevoegen en weer laten inkoken. Het sinaasappelsap met het takje rozemarijn apart inkoken en in de roomsaus gieten, opkoken en door een zeef wrijven.

4. De roodbaarsfilets in een pan met anti-aanbaklaag bakken totdat de aardappelschubben goudgeel zijn (ca. 7-8 minuten). Ongeveer twee eetlepels saus op het bord doen en de filets daarop leggen. Naar believen garneren.

Kabeljauw met specerijen

Voorbereidingstijd	30 minuten
Kooktijd	20 minuten
Moeilijkheidsgraad	**

Voor 4 personen

1	kabeljauw van 1,2 kg
1	citroen, 1 mango
2	tomaten, 1 rode, 1 groene en 1 gele paprika
800 g	bloemkool
1	ui, 50 g boter
100 ml	olijfolie
150 g	veldsla

Voor de garnering:

takjes	koriander

Voor de mango:

50 ml	azijn
100 ml	water, 1 snufje suiker

Voor de kabeljauw (20 g):

1	sinaasappel, 1 citroen
1	vanillestokje
2 pijpjes	kaneel
	saffraan, kerrie, anijs, koriander

Voor de veldsladressing:

1 stukje	gemberwortel
50 ml	vinaigrette

Voor de saus:

100 ml	ketjap
500 ml	visfond, citroensap en water

Het woord 'kabeljauw' heeft meerdere betekenissen. In ons spraakgebruik wordt er de volgroeide Noordzeesoort mee bedoeld, terwijl die uit de Oostzee en de jeugdige exemplaren uit de Noordzee in het Nederlands 'gul' heten. In het Frans is het een geloofskwestie. Voor de één staat 'cabillaud' uitsluitend voor verse 'gul', jonge kabeljauw dus, terwijl de ander daarmee verse schelvis bedoelt, die weliswaar op de gul lijkt, maar zich door verschillende kenmerken onderscheidt. En denk eens aan de 'Hoekse en Kabeljauwse twisten'. De 'Kabeljauwen' waren in de 14de eeuw een politieke groepering die graaf Willem V van Holland tegen de 'Hoeken' (vishaken) van zijn moeder Margharete van Beieren steunde. Genoemde graaf behaalde de overwinning, werd later echter krankzinnig en in 1357 in een gesloten inrichting ondergebracht. Tot zo ver over de kabeljauw...

In ons recept krijgt de vis een kruidenlaagje dat het een en ander aan voorbereiding vraagt: de schillen van de sinaasappel en de citroen worden in de buurt van een warmtebron gedroogd, zodat ze hard worden en daardoor beter fijn te maken zijn. Alle andere zorgvuldig gedoseerde kruiden worden ook fijn gemaakt. Ze moeten in een afgesloten potje bewaard en pas op het laatste moment over de kabeljauw gestrooid worden.

Mango's komen uit diverse exotische landen. Ze arriveren niet altijd rijp. Kies een vrucht uit die zacht aanvoelt op de plek waar deze het meeste zonlicht heeft gehad, dus waar de kleur het donkerst is. De zwaarste mango's zijn niet altijd de meest aromatische en ook niet de vitaminerijkste. Het opensnijden is lastig door de platte pit die door het vezelige vruchtvlees omgeven is. Legt men de mango in azijnwater, dan krijgt het vruchtvlees een zoetzure smaak en rijpt de vrucht sneller.

1. Sinaasappel en citroen schillen, het wit van de schil snijden en de schillen drogen. De specerijen en gedroogde schillen verpulveren (met een vijzel of met behulp van een keukenmachine). De kabeljauw fileren, in 4 gelijke porties verdelen, met zout bestrooien en wegzetten. Van de tweede citroen de schil in fijne reepjes (julienne) snijden en tweemaal blancheren.

2. De mango schillen, in dunne repen snijden en in het azijn-, water- en suikermengsel 10 minuten pocheren. De tomaten pellen, de pitten verwijden en het vruchtvlees in blokjes snijden. De rode, gele en groene paprika in dunne repen snijden, de bloemkool in roosjes verdelen.

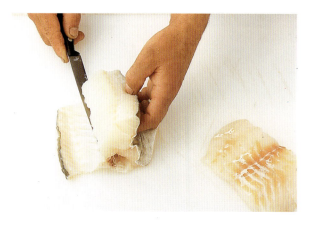

en zoetzure mango's

3. De stukken kabeljauw met de gemalen kruiden bestrooien en in flink hete olie aan beide kanten bakken. Vervolgens de vis op een met bakpapier bekleed bakblik leggen en 4-5 minuten in een voorverwarmde (180 °C) oven zetten. Het water en de sojasaus mengen en wat visfond en citroensap toevoegen.

4. De veldsla zorgvuldig wassen en laten uitlekken. De gember erboven raspen en de vinaigrette erover gieten. De bloemkool en tomaten snel in de boter bakken en daarna enkele dunne uiringen meebakken. Alles over de borden verdelen en met korianderblaadjes garneren.

Snoekbaars met

Voorbereidingstijd 40 minuten
Kooktijd 10 minuten
Moeilijkheidsgraad ✶

Voor 4 personen

1	snoekbaars van 600 g
160 g	karperhom
260 g	preiwit
320 g	Shiitake-paddestoelen
	sap van ½ citroen
	olie
1	sjalot
70 g	boter, geklaard
40 ml	sterke kalfsjus
	bloem
	zout en peper

De oorspronkelijk uit het Donaubekken stammende snoekbaars kwam via de Saône daarna in de Boven-Elzas terecht en is sinds het eind van de Tweede Wereldoorlog inheems in de beken en rivieren van Frankrijk. Deze grote rover is nauw verwant aan baars en snoek. Hij is zeer schuw en jaagt alleen 's nachts. Het vangen ervan is dus puur toeval, maar in dat geval heeft men bijzonder witte en zachte filets, die in de keuken zeer op prijs gesteld worden.

De karper is ook in de rivieren en meren van de Elzas aan te treffen. In de Middeleeuwen was deze tandenloze vis zeer gevraagd en kwam vaak in de vorm van pasteien op de koninklijke dis. In de 19de eeuw was Brillat-Savarin zeer verzot op karperhom, dat hij gebruikte om omeletten te garneren. Des te vleziger de karper is, des te groter ook de karperhom, behalve in de paaitijd van april tot juni, wanneer deze helemaal ontbreekt. Deze smeuïge spijs moet ook als hij gaar is nog mooi wit zijn. Daarom laat men ze in de pan alleen goudgeel worden, meer niet. Als men geen karperhom - een specialiteit uit de Elzas - kan krijgen, kan het recept ook met lever van zeeduivel of kabeljauw gemaakt worden, een onbekend ingrediënt van grote kwaliteit.

Gebruik alleen het wit van de prei. Dat is mooi wit zacht en past het best bij de smaak van de vis. Deze combinatie bereikt zijn hoogtepunt als men groente van goede kwaliteit neemt. Niemand zal er bezwaar tegen hebben even aan keizer Nero te denken, wiens stokpaardje het voordragen van verzen was: om zijn stem te zuiveren at hij prei.

1. Het wit van de prei klein snijden en blancheren. De snoekbaars met vel in 4 vier gelijke porties van ca.150 g snijden, op smaak brengen met zout en peper, in een pan met olijfolie goudgeel bakken en daarna in de oven zetten, tot ze gaar zijn.

2. De shiitake-paddestoelen klein snijden en met gehakte sjalotten in boter sauteren. Een snufje zout erbij doen.

karperhom en preiwit

3. De karperhom op keukenpapier leggen en door de bloem halen. In een pan met anti-aanbaklaag in olie goudgeel bakken en ze daarbij voorzichtig keren.

4. De geklaarde boter, met het sap van een halve citroen en de kalfsjus op het bord doen. De paddestoelen met de snoekbaars en het preiwit in het midden schikken en de karperhom eromheen leggen.

Frankrijk

Zalmforel

Voorbereidingstijd 30 minuten
Kooktijd 3-5 minuten
Moeilijkheidsgraad ✶

Voor 4 personen

1 kg	zalmforel
1 bosje	rucola (of mosterdkool)
30 g	boter
5 g	tarwezetmeel
250 ml	visfond
250 ml	groentebouillon
100 ml	crème fraîche
	zout en vers gemalen witte peper

Rucola is half kruid, half groente en wordt tegenwoordig weer steeds vaker gebruikt. Het was na de oorlog een van de weinige ingrediënten die op de markt te krijgen waren en werd ook wel de groente voor de arme man genoemd.

Omdat deze kruisbloemige echt kwetsbaar is, moet hij voorzichtig worden behandeld en snel maar zorgvuldig bereid worden. Bij het kleinmaken in de mixer mag geen brei ontstaan, het moeten kleine stukjes blijven. Omdat het gewas veel water bevat, moet de saus kort voor het opdienen worden gemaakt.

Deze groente vraagt om een vers gevangen metgezel uit de omgeving. De zalmforel is thuis in de meren en wateren van Duitsland. De bereiding ervan levert geen onoverkomelijke problemen op. De vis moet echter slechts kort gepocheerd worden, opdat zij haar mooie roze kleur behoudt en een contrast vormt met de groente, een genot voor het oog van de gasten. Een zalmforel van 1 kg moet goed filets opleveren, die men in mooie schijven snijdt.

Als vervanging kan men ook andere riviervissen nemen die echter niet die mooie kleur hebben. Een meerforel met smakelijker vlees zou hier een onverwachte variant opleveren. Als men geen rucola kan krijgen, kan men het recept met mosterdkool of met jonge bladspinazie bereiden.

1. Fileer de zalmforel, trek het vel eraf en snijd filets in vier gelijke stukken van 6 cm lang. Halveer deze stukken vis en leg ze in een ovenvaste, met boter bestreken en gezouten schaal.

2 De rucola zorgvuldig wassen, grof snijden en de witte delen blancheren. Met de visfond in de mixer klein maken, zonder dat het een brei wordt. De visfond opkoken en licht binden met tarwezetmeel.

Dieter Kaufmann

met rucola

3. De zalmforel bij lage temperatuur in de voorverwarmde oven zetten en zo gaar maken dat de natuurlijke kleur behouden blijft.

4. De crème fraîche met de groentebouillon mengen, de rucola erbij doen en opkoken. De boter vlok voor vlok erbij doen en met zout en peper op smaak brengen. De gepocheerde zalmforel op een voorverwarmd bord leggen, de rucola eromheen schikken en direct serveren.

Zalmpudding van

Voorbereidingstijd 40 minuten
Kooktijd 40 minuten
Moeilijkheidsgraad ★

Voor 4 personen

300 g	gezouten zalm
10	aardappelen
2	uien
3	eieren
400 ml	melk
50 g	boter
100 g	dille
	zout en peper

De Vasa, het statige vlaggenschip van de Zweedse vloot in de 17de eeuw, genoemd naar het toen heersende adellijke geslacht, zonk bij zijn eerste vaart met man en muis. Door het zoute water bijzonder goed geconserveerd, werd hij in de jaren zestig weer varend gemaakt en in een museum veranderd, waarin het 'K.B.' het restaurant van onze kok Örjan Klein, zich vestigde. Het is een perfect laboratorium voor een traditionele en interessante keuken. Onze zalmgratin is daarvan het beste bewijs.

De Scandinavische zalmen behoren tot de beste ter wereld en dat is niet verwonderlijk, als men kijkt naar de vele ijskoude wateren die Zweden en Noorwegen doorsnijden. In deze natuurlijke omgeving, die voor zalm gemaakt lijkt te zijn, is er zalm in overvloed, zodat het niet moeilijk hoeft te zijn een exemplaar van 4 tot 6 kilo te vinden, dat heerlijk naar de zee ruikt en met mooie stevige vinnen uitgerust is. Gezegd dient te worden dat het beroemde zalmroze alleen bij de Noorse zalm voorkomt, terwijl zijn neef uit de Oostzee stevig wit vlees heeft.

Zodra de zalm in dunne plakken gesneden is, hoeft men alleen nog een zachte en niet te dikke gratin te maken. Als deze te dik is, moet hij te lang koken met als gevolg dat de aardappelen, die alleen tot taak hebben de vis met een gelijkmatige temperatuur te omgeven, uitdrogen.

Dit gerecht kan aan het einde van de maaltijd geserveerd worden. Het best kan men daarbij wat gesmolten boter geven, die iedere gast naar believen op zijn portie kan doen en zo de bovenste aardappellaag naar eigen smaak kan afmaken.

1. De kleingesneden uien in wat boter licht fruiten en een paar minuten inkoken. De aardappelen gaar koken en in schijven snijden. De zalm in schijven snijden.

2. Een gratinschaal met boter bestrijken en de bodem met een laag aardappelen bedekken. Vervolgens de helft van de uien, dille en de zalm in lagen erop leggen. Het geheel herhalen en met een laag aardappelen eindigen.

het Vasa-museum

3. De eieren en de melk mengen, op de 'pudding' gieten en met peper bestrooien.

4. Een paar krullen boter erop doen en in 20 minuten bij 190-200 °C in de oven gaar bakken. Vervolgens met wat boter en gehakte dille garneren.

Zweden

Rogvleugel in sesamolie

Voorbereidingstijd 20 minuten
Kooktijd 40 minuten
Moeilijkheidsgraad ★★

Voor 4 personen

600 g	rogvleugel
40	gladde peterseliebladeren
½	witte kool
1 stuk	gemberwortel
60 ml	sesamolie
	arachide-olie om te frituren
	vers gemalen witte peper
1 snufje	zeezout

Voor de saus:

80 ml	geconcentreerde visfond
30 ml	Japanse sojasaus (kikkoman)
60 ml	ahornstroop
30 ml	rode-wijnazijn
100 ml	druivenpittenolie

Al jaren rukt de sojaboon ongestoord op in de Europese keuken. Deze Aziatische peulvrucht heeft zich al bij de voorgerechten genesteld, breidt zich bij het aperitief uit, begint de aanval op onze hoofdgerechten en schrikt zelfs voor desserts niet meer terug. Wie zal haar tegen houden? De slankelijners zeker niet, die kennen de voordelen maar al te best en ook de fijnproevers waarderen de fijne smaak.

Japanse sojasaus, 'kikkoman' is een smaakmaker van gekookte sojabonen, ansjovis, gember en suiker. Meestal wordt hij in kleine flesjes verkocht en de houdbaarheid geeft geen problemen. Verwissel deze sojasaus echter niet met de Chinese variant hoisinsaus of met Indonesische ketjap. De hier door Robert Kranenborg gebruikte Japanse sojasaus is niet zo zout en kan de dag tevoren bereid worden, zodat men zich op de dag zelf geheel aan de rog kan wijden.

De winter is het beste jaargetijde voor deze grote, platte vis (vaak meerdere meters lang) die zich met een golfbeweging voortbeweegt en iedere nieuweling fascineert. De rog is een zeer vraatzuchtige vleeseter en heeft verschrikkelijke tanden, die met hun snijkracht grote schade kunnen aanrichten. Daarom vangen de trawlers hem ook zonder enig medelijden van de zandige zeebodem, waar hij zijn buit gulzig verslindt.

Voor het bereiden moet men de rog zeer goed wassen, want het kan voorkomen dat hij licht naar ammoniak ruikt. De filets worden altijd uit het dikste stuk gehaald. Omdat ze zeer kwetsbaar zijn moet men ze tijdens het koken goed in de gaten houden en ze daarbij zo weinig mogelijk aanraken, omdat ze met verbluffend gemak uit elkaar vallen.

1. Voor de saus: visfond, sojasaus, ahornsiroop en rode wijnazijn vermengen. Vervolgens met druivenpittenolie opkloppen en warm zetten.

2. De gewassen koolbladen in wat boter licht smoren en omroeren met een vork, waaraan tevoren geschilde en in schijven gesneden gember geprikt is.

gefrituurd met sojasaus

3. De rogvleugel schoonmaken en het vel eraf trekken, fileren, zouten en in zeer hete sesamolie bakken.

4. De peterseliebladen in arachide-olie frituren. Kort voor het serveren de rogvleugel, kool en gefrituurde peterselie op het bord schikken. Tot slot de saus aan de zijkant gieten.

Zeetongschnitzel

Voorbereidingstijd 45 minuten
Kooktijd 20 minuten
Moeilijkheidsgraad ★

Voor 4 personen

600 g		zeetongfilets
400 g		aardappelen, soort BF 15
1 tl		sjalotten
800 ml		visfond
1 el		champagneazijn
2 el		arachide-olie
50 g		mager varkensbuikspek
50 g		boter
1	takje	tijm
8	verse	laurierbladen
	snufje	zeezout
4		peperkorrels

Om de goegemeente ervan te overtuigen, dat de tot dan toe slechts als dierenvoer gebruikte aardappel een uitgelezen voedingsmiddel is, kreeg Parmentier de geheime toestemming van de Franse koning voor een enorme plantage bij Neuilly. In 1785 verhitten de discussies rondom dit veld de gemoederen: wat gebeurde er achter het hek? Toen de knollen rijp waren, kwam men van heinde en verre toegestroomd en het spel was gewonnen. De aardappel hoefde alleen verstopt te worden om meer waardering te krijgen.

Na twee eeuwen die sinds Parmentier verlopen zijn, zijn de mensen nog even naïef. In de reclamewereld worden nog steeds dezelfde trucs met hetzelfde resultaat gebruikt. Maar toch hebben we daardoor de aardappel erbij gekregen, die sindsdien al veel mensen van de hongerdood heeft gered. Met het volgende recept eert onze kok ze in een licht gerecht dat enigszins aan pot-au-feu met vlees doet denken, maar met zeetong bereid wordt.

Hoe dieper het water is waarin deze platvis gevangen wordt, des te smakelijker is in de meeste gevallen het vlees. De versheid herkent men aan een stevig, stijf lichaam met een ruwe huid. Men kan ook andere platvis met mooi wit vlees gebruiken, zoals schol of tarbot. Let er echter goed op dat de vis niet te lang gegaard wordt, want het resultaat zou oneetbaar zijn.

De aardappelen en het spek kunnen meestal tevoren worden bereid. We bevelen de aardappelsoort BF 15 aan die een uitstekende kookvastheid heeft, hoewel de roseval in dat opzicht misschien nog wel beter is. Het in fijne repen gesneden spek kan snel uit elkaar vallen, zodat het goed in de gaten gehouden moet worden.

1. De aardappelen in 2 mm dikke schijven snijden en daar rondjes met een doorsnee van 3 cm uit steken. De kleingesneden sjalotten, tijm, laurier, peper en zout in olie sauteren. Met de helft van de visfond begieten, opkoken en pocheren tot alles gaar is.

2. De zeetong fileren en het vel eraf halen. De filets schuin in 3 cm lange repen snijden. Met boter bestrijken en in een schaal leggen.

156 Robert Kranenborg

met zure aardappelen

3. Het spek in fijne repen snijden, krokant bakken en op keukenpapier laten uitlekken. De rest van de visfond met de laurierbladen verhitten.

4. De zeetongfilets met een paar druppels visfond 7 minuten bij 180°C in de oven gaar laten worden. De aardappelrondjes op diepe borden verdelen. De zeetongfilets erop leggen en met spek garneren. Een paar druppels azijn, laurier en bouillon toevoegen.

Zee-egels

Voorbereidingstijd	20 minuten
Kooktijd	15 minuten
Moeilijkheidsgraad	✶

Voor 4 personen

12	zee-egels
3 el	knolselderij, wortel, prei in zeer kleine blokjes gesneden
1	gehakte sjalot
1 tl	tomatenpuree
100 ml	visfond
1 el	Noilly Prat (vermout)
300 ml	room
	sap van 1 citroen
	zout en peper

Een minder aantrekkelijk uiterlijk dan dat van de zee-egel zal moeilijk te vinden zijn. In Frankrijk komen de meeste zee-egels uit Erquy in Bretagne. Maar ook die uit Ierland hoeven zich voor hun kwaliteit niet te schamen. Verse zee-egels smaken het beste tussen november en maart. Kies niet te kleine stevige exemplaren, met harde stekels.

Het enige eetbare deel van de zee-egel is zijn corail (de geslachtsklieren), de 5 purperrode dan wel oranje tongetjes. Ze moeten beslist heel zorgvuldig onder stromend water gereinigd worden, evenals de schalen die later met roomsaus worden gevuld. Omdat het corail veel jodium bevat, is het aan te bevelen om voor de bereiding ervan een visfond te gebruiken, waarvan de fijne smaak het wilde aroma kan neutraliseren. Om dezelfde reden worden ook lichte groentes gebruikt, die in kleine dobbelsteentjes worden gesneden en met Noilly Prat op smaak worden gebracht. Het hier genoemde groentemengsel is slechts een voorstel en kan evengoed door andere varianten zoals asperges worden vervangen.

Opdat de saus echt lukt, moeten alle smaken optimaal harmoniëren en zich gelijktijdig met elkaar verenigen. Dat kan alleen als men het gerecht een uur of drie laat garen. Maar zoals Étienne Krebs met een glimlach zegt: 'Als men het geduld opbrengt, is het geniaal'.

Men moet zich echter door de subtiele en sterk naar de zee smakende roomsaus niet laten misleiden: ook al komen zee-egels in veel gebieden voor, zoals in Sicilië, toch zijn er verscheidene variëteiten die niet eetbaar zijn. Vooral de grootsten met een doorsnee van soms wel 25 cm moeten we echt afraden.

1. De zee-egels met een schaar langs de licht naar binnen welvende rand rondom openknippen, het vocht door een fijne zeef gieten en opvangen. Het donkerrode corail met een theelepel eruit nemen en onder koud water afspoelen. De schalen zorgvuldig uitwassen en omgekeerd terzijde zetten.

2. Het zee-egelvocht met de in blokjes gesneden groentes, gehakte sjalot, visfond en Noilly Prat tot de helft inkoken.

met groenteroom

3. De room erbij doen en 10 tot 15 minuten zachtjes laten koken, zodat de smaken zich met elkaar vermengen. Op smaak brengen en het sap van een halve citroen toevoegen.

4. Het corail in de schalen leggen en in de salamanderoven verwarmen. Met groenteroom opvullen en direct serveren.

Forelfilet 'en surprise'

Voorbereidingstijd 20 minuten
Kooktijd 5 minuten
Moeilijkheidsgraad ★

Voor 4 personen

1	forel van 2 kg

Voor de peterselieboter:
80 g	boter
30 g	gladde peterselie
20 g	krulpeterselie
2 tl	sjalot, fijngehakt
1 tl	citroensap
2 el	glace de viande
	zout en peper

Al bij de oude Grieken stond de peterselie boven alle andere kruiden. De winnaars bij de Isthmische en Nemeïsche spelen werden met peterseliekransen getooid. Later gebruikte men daarvoor laurier. Ook stond peterselie bekend om zijn genezende werking, die de zieke nieuwe kracht gaf en reden waarom het kruid de naam 'plant die stenen breekt' kreeg.

In dit recept wordt zowel gladde als krulpeterselie gebruikt, die beiden rijk zijn aan vitamine A en C en zowel rauw als gebakken gegeten kunnen worden, zolang ze maar echt vers zijn, hetgeen te zien is aan de kleur van de bladeren en de stijve stengels. Opdat het kruid niet oxideert, wordt het op het laatste ogenblik fijngehakt met de mixer tot een massa die in elk opzicht op slakkenboter lijkt (maar zonder de knoflook).

Met deze massa wordt de vis gevuld: een mooie vlezige meerforel met een glanzend uiterlijk en een gewicht tussen de 2 en 2,5 kg. De filets moeten zo dik zijn, dat ze opengeklapt kunnen worden en de peterselieboter goed opnemen. Als men geen meerforel kan krijgen, is het beter een vis als tarbot of zonnevis te nemen, want beekforellen zijn te klein.

De vis moet voorzichtig gegaard worden, opdat het vlees mooi zacht blijft, maar de boter helemaal wordt opgenomen. Dit gerecht moet men goed heet opdienen en nieuwe aardappelen passen er uitstekend bij. Als variant beveelt onze kok bieslookboter of - nog beter - met kappertjes gemengde zee-egel- of ansjovisboter.

1. De vis fileren en in vier gelijke porties verdelen. De stukken vis overlangs opensnijden en openklappen. De boter met 2 soorten peterselie, 2 tl gehakte sjalotten, 1 tl citroensap en 2 el glace de viande in de mixer doen. Het geheel goed mengen, op smaak brengen en weg zetten.

2. De forelfilets van binnen kruiden en met de peterselieboter vullen.

Étienne Krebs

met twee soorten peterselie

3. De forelfilets dichtklappen en de randen goed op elkaar kleven zodat de boter er bij het bakken niet zo snel uit loopt. De filets aan de buitenkant licht kruiden.

4. De filets in een pan naar gelang de dikte ca. twee minuten op laag vuur in wat boter sauteren. Op borden of een schaal schikken en met een toefje gefrituurde peterselie garneren.

Zalmforel

Voorbereidingstijd 45 minuten
Kooktijd 30 minuten
Moeilijkheidsgraad ★★

Voor 4 personen

2	zalmforellen van 800 g
20	wortelen met loof
	sap van 2 citroenen
250 g	boter
500 ml	wortelsap
100 g	gladde peterselie
	zout en peper

Voor de garnering:
1 prei

De zalmforel wordt steeds zeldzamer in de meren van de Franse Bourgogne, waar nog maar een paar melancholieke vissers hem naar boven halen, en men moet zich ernstig zorgen maken over de overleving van deze soort. De zalmforel of meerzalm is een grote gedrongen, zalmachtige vis, die in koude wateren leeft.

Vers bereid komt het smakelijke vlees van deze vis het best tot zijn recht. De versheid kan men beoordelen aan de ronde, stevige buik en de uitpuilende ogen (overigens het gevolg van te snel uit de diepte opgevist worden, want de vissers bekommeren zich tijdens het werphengelen niet om decompressiepauzes). Deze criteria gelden niet voor gekweekte zalmforel, die vind men echter zelden.

Jacques Lameloise houdt zijn bijzondere voorliefde voor wortels met hun loof, de vroege, fraai gekleurde bospenen, niet voor zich. Ze zijn klein en hebben een dunne schil. Tegenwoordig zijn ze, in tegenstelling tot vroeger, zeer populair. In totaal staan worteltjes in Frankrijk wat verbruik betreft op de tweede plaats, vandaar dat ze altijd goed verkrijgbaar zijn en op allerlei manieren bereid worden. Dit recept is daarvan een mooi voorbeeld. De geglaceerde worteltjes worden met rauw wortelsap gecombineerd: sterk ingekookt en met wat citroen op smaak gebracht en passen dan onvoorstelbaar goed bij de vis.

Men zegt wel dat wortelen vroeger wit waren. De hemel zij dank, dat ze intussen oranje geworden zijn. Wat was er anders van ons gerecht terechtgekomen?

1. De worteltjes in zout water blancheren, vervolgens laten schrikken en 20 minuten op laag vuur in geklaarde boter inmaken. Indien gewenst voor de garnering de prei in fijne repen snijden, blancheren, laten uitlekken en enige minuten in hete olie bakken. Laten uitlekken en apart zetten.

2. De zalmforel bereiden: de vinnen afsnijden en de vis fileren. De graten verwijderen, de filets bijsnijden en aan de huidkant insnijden. Op smaak brengen met zout en peper.

162 Jacques Lameloise

met ingemaakte wortelen

3. Met de sappers een halve liter sap van rauwe wortels maken (of kant-en-klaar wortelsap gebruiken). Citroensap erbij doen en tot de helft laten inkoken. Monteren met boter en op smaak brengen.

4. De filets in een pan 2 minuten aan elke kant in boter bakken, zonder dat ze bruin worden. Op keukenpapier leggen. Het wortelsap op de borden doen, de visfilets en de ingemaakte wortels erop schikken en met peterselie bestrooien.

Schol uit

Voorbereidingstijd 45 minuten
Kooktijd 20 minuten
Moeilijkheidsgraad ★★

Voor 4 personen

2	hele schollen (of griet) van ruim 1 kg of vier kleine van 600 g
	boter
2 takjes	tijm
	citroenschijfjes
2	grote preien
100 ml	room
	zout en peper

Voor de selderijgratin:

750 g	knolselderij
	sap van 1 citroen
2 el	olie
2 el	mosterd

Voor de komkommersalade:

½	komkommer
2 tenen	knoflook
2 el	olijfolie
100 ml	azijn
	sap van ½ citroen
1 bosje	krulpeterselie
blaadjes	kropsla

Mensen die zich voor geografie interesseren zullen Skagens Hoorn wel kennen. Het is de noordelijkste punt van het Deense schiereiland Jutland. Deze zeestreek is rijk aan vis en wordt door vissersschepen van verschillende nationaliteiten bezocht.

Bij de platvissen onderscheidt men twee families. De zeer nobele, waaronder zeetong, tarbot en zonnevis en de andere met schar, griet en schol, die door visliefhebbers minder gewaardeerd worden. Verstandige koks proberen echter deze te rehabiliteren. Griet en schol lijken veel op elkaar door hun kleine bek en de oranje vlekjes op de bovenkant. De grauwe griet heeft wel wat steviger vlees dan de schol, maar dit verschil verdwijnt door de gaartijd aan te passen. Opdat de scholfilets niet uitdrogen en hun delicate smaak behouden, beveelt Erwin Lauterbach aan om de vis in zijn geheel gaar te maken. Hij heeft namelijk een dunne vetlaag onder de huid die in de hitte smelt en in het vlees trekt. Bovendien moet men over een goede pan beschikken, waar de vis in zijn geheel in past en waarin men bij hoog vuur snel kan bakken. Als dat niet gebeurt, verliest de schol teveel vocht en zou niet goed gebakken kunnen worden.

Denen houden van komkommer, als voorgerecht en als tafelzuur. De komkommer wordt in schijven gesneden, met zout in water gezet en dan op de vis gelegd. De prei geeft voldoende vocht af, zodat men er alleen room over hoeft te gieten en het is niet nodig een ingewikkelde saus te bereiden.

1. De komkommer halveren, ontpitten en ongeschild in kleine blokjes snijden. Van olie, fijn gehakte knoflook, azijn, citroensap, zout en peper een marinade maken. De komkommerblokjes daarin marineren.

2. De vissen van schubben ontdoen, fileren en de graten verwijderen. In een pan in hete boter met tijm en citroenschijfjes op de velkant bakken. De selderij schoonmaken en in 1 cm dikke schijven snijden. De mosterd met het citroensap mengen. Op smaak brengen.

Skagen

3. De selderijschijven licht in olie frituren en in een ovenvaste schaal leggen. Met het mosterd-citroenmengsel bestrijken en een paar minuten in de salamanderoven zetten. De peterselie van de stengels ritsen. De prei schoonmaken en halveren. De slabladen wassen en in kleine stukken scheuren.

4. De prei in een beetje water koken totdat het water verdampt is. De room erbij doen en gaar koken. De sla, peterselie en komkommer met de marinade vermengen en apart serveren. De stukken vis met prei en gegratineerde selderij op de borden schikken.

Gebakken makreelfilets met

Voorbereidingstijd 40 minuten
Kooktijd 10 minuten
Moeilijkheidsgraad ✶

Voor 4 personen

2	makrelen van 300 g
100 g	doperwten
½	komkommer
2	uien
	sap van 1 citroen
2 el	kruidenbrandewijn (of droge vermout)
50 ml	olijfolie
	peper
1 el	zout

Voor de garnering:
1 bosje dille

In Denemarken is het niet voldoende om meester-kok te zijn en de verschillende bestanddelen van een recept naar alle regels van de kunst klaar te maken. De Denen zijn ook geschoold in de fijne tafelcultuur. Buiten de toebereiding van de klassieke makreelfilets moet men ervoor zorgen, dat de gerechten in passend servies geserveerd worden en dat daarbij visbestek, mooie kaarsen, een mooi tafelkleed en verdere toebehoren aanwezig zijn. Al deze details, die uit de verf komen door een harmonische combinatie en goede smaak, zijn voor chef-kok Erwin Lauterbach van het hoogste belang.

Verder moet men natuurlijk zorgen voor absoluut verse makreel. Deze op zijn Deens 'makrel' genoemde vissen zijn aan hun ovale vorm en zilverig glanzende huid te herkennen. Op hun omzwervingen, waarbij de makrelen in enorme scholen door de zeeën trekken, naderen ze twee keer per jaar de Deense kust: in het voorjaar en in de herfst. Hun vlees is zeer stevig, maar een beetje vet. Dat is door met verstand uitgekozen groenten te neutraliseren of met een scheut brandewijn die hier met koriander of dille gekruid is.

De in Denemarken en andere Scandinavische landen traditionele, van aardappel en kummel gestookte - aquavit- geeft de saus een mooie kleur en de gasten een goede spijsvertering.

Het is dus aan te bevelen om de makreel in elk geval met magere groenten zoals uien en gemarineerde komkommer of bleekselderij en desgewenst vastkokende aardappelen te serveren.

1. De makreel fileren en ontgraten. De filets met huid in 5 cm grote stukken snijden.

2. De komkommer in 5 mm dikke schijven snijden, in een zeef doen en met zout bestrooien. Dan minstens 1 uur laten staan om het vocht te winnen.

Erwin Lauterbach

gezouten komkommer

3. De uien snijden, de erwten doppen, de dille van de stengel ritsen en de stengels opzij leggen. De uien aanbakken zonder dat ze bruin worden. Wat water en de dille toevoegen en afgedekt sauteren, laten inkoken en als laatste de erwten en de komkommer erbij doen. Aan het einde van de kooktijd de dille eruit halen en brandewijn, citroensap en olie toevoegen, zodat een marinade ontstaat.

4. De makreelfilet in een pan met anti-aanbaklaag aan de huidkant in wat olie bakken. De ui-komkommermarinade op de borden verdelen en de stukken makreel daarop leggen. Met dilletoppen en in het midden met doperwten garneren.

Heilbot met asperges

Voorbereidingstijd	40 minuten
Kooktijd	25 minuten
Moeilijkheidsgraad	★★

Voor 4 personen

1	heilbot van 500 g
12	witte asperges
2	sjalotten
3	paardebloembladen
2 el	peterselie of dragon
1 el	boter
	zwarte peperkorrels
1 el	olijfolie
200 ml	balsamicoazijn
	zout

Heilbot is de grootste platvis. Er zijn wel exemplaren gevangen van 4 meter lang en 300 kg zwaar! Aan het bereiden van een zo grote hoeveelheid komen we niet toe. Kies daarom een vis van bescheiden formaat, zoals men ze vaak langs de Deense kust vangt. Heilbot leeft op grote diepte en levert fijn, delicaat vlees. Het is aan te bevelen hem met graten en al in stukken te verdelen en hem aan de huidkant te bakken, zodat hij niet uitdroogt. Daarom hebben we hier voor het gaarmaken aan een kant gekozen, hetgeen ook pas op het laatste moment moet gebeuren.

De asperges moeten zo mogelijk dik en mooi wit zijn. Hun smaak en ook de andere voordelen (vitaminen en mineralen) blijven door de balsamicoazijn goed bewaard. Men laat ze in een vinaigrette marineren, alvorens ze kort voor het serveren te verwarmen. Het kan niet genoeg gezegd worden, dat het interessante aan dit recept de harmonie van de kruiden is, waarbij ook de paardebloem een rol speelt. Deze in Groot-Brittannië veel voorkomende plant wordt veel bij diëten gebruikt. In dit recept is het ook zaak om een beetje te spelen met peterselie, limoen en knoflook, die al op zichzelf een uitgelezen bereiding garanderen.

1. De peperkorrels 25 minuten in water koken, eruit nemen en pletten. De sjalotten en de kruiden (2 el) hakken. Bewaar wat voor garnering en meng verder alles goed door elkaar. De asperges schillen, in zout water gaar koken, laten schrikken en weg zetten.

2. De balsamicoazijn tot tweederde inkoken, de asperges toevoegen en met wat olie begieten.

Erwin Lauterbach

en kruiden

3. De heilbot wassen, fileren en ontgraten. In 4 medaillons van 125 g snijden en in boter bakken, tot ze aan beide zijden goudbruin zijn. Neem ze uit de pan en laat ze op een voorverwarmd bord rusten.

4. De asperges met de koppen naar dezelfde kant op het bord leggen. Een heilbotmedaillon ernaast schikken en wat druppels balsamicoazijn en de rest van het kruidenmengsel eroverheen gieten.

Gegrilde goudbrasem

Voorbereidingstijd   1 uur 30 minuten
Kooktijd   2 uur
Moeilijkheidsgraad   ★

Voor 4 personen

2	goudbrasems van 400 g
4	paarse artisjokken
250 g	venkel
250 g	tomaten
2 tenen	knoflook
2	ansjovisfilets
70 g	broodkruimels
200 ml	olijfolie, extra vierge
250 ml	witte wijn
400 ml	water
½ bosje	gladde peterselie
10 g	koriander
2	laurierbladen
1 takje	tijm
	zout en witte peper

Goudbrasem, door de Fransen 'daurade royale' genoemd, is de parel onder de zeebrasems. Hij wordt vaak in open zee met diepzee-sleepnetten gevangen. De vis is te herkennen aan de gouden halve maan tussen de ogen. Het zachte, fijne vlees maakt van deze 30 tot 50 cm lange vis een van de best eetbare vissen van de Middellandse Zee. De vis heeft bovendien weinig graten en is gemakkelijk te bereiden. Daarom zou het ook jammer zijn hem door andere soorten zoals grijze zeebrasem ('daurade grise') of rode zeebrasem ('daurade rose') te vervangen, die lang niet dezelfde kwaliteiten hebben.

Onze kok beveelt ons aan, de goudbrasem droog te deppen, met olijfolie te bestrijken en te grillen, alvorens hem in de oven verder gaar laten worden. De juiste gaartijd mag daarbij natuurlijk niet overschreden worden, anders wordt de vis hard. Onze saus is een lichte groentesaus. Ze kan de dag tevoren worden bereid en kort voor het serveren met olie opgeklopt worden. Ze wordt daardoor zelfs nog interessanter, omdat de afzonderlijke smaaknuances dan tijd hebben gehad, zich met elkaar te verbinden.

De in Zuid-Frankrijk bekende paarse artisjok wordt rauw of gekookt gegeten. Het feit dat ze in veel gerechten de kroon op het werk is, is een revanche voor deze distelsoort, die lange tijd versmaad werd, omdat ze moeilijk te eten leek en snel oxideerde. Afgedekt gekookt blijven lila artisjokken zacht en stevig, de bodems kan men goed vullen met een farce gekruid met tijm, knoflook en laurier. Vergeet vooral niet de olijfolie, waarvan ze de fijne smaak opnemen en die met zijn veelzijdige smaaknuances bijdraagt tot het succes van dit kostelijke zomergerecht, dat overigens zeer heet geserveerd wordt.

1. De tomaten ontvellen, ontpitten en pureren. Samen met de kleingesneden venkel, peper, koriander, witte wijn en 400 ml water in 2 uur voorzichtig gaar laten worden.

2. Vervolgens het geheel pureren, laten inkoken en met olijfolie monteren. De artisjokken bijsnijden.

met Grieks groentesap

3. De artisjokken met tijm, laurier en knoflook afgedekt in wat olijfolie garen. De broodkruimels met peterselie, wat knoflook en ansjovis vermengen.

4. De artisjokken in olijfolie verhitten en met de broodfarce vullen. De goudbrasems grillen en in de oven gaar maken. De saus en de gevulde artisjokbodems op het bord schikken. De goudbaarzen op de saus leggen en met gladde peterselie versieren.

Zeebaars met

Voorbereidingstijd 1 uur 15 minuten
Kooktijd 40 minuten
Moeilijkheidsgraad ★★

Voor 4 personen

1		zeebaars van 1½ kg
600 g		snijbiet
200 g		gerookt spek
80 g		sjalotten
2 tenen		knoflook
60 g		parmezaan
300 g		boter
200 ml		olijfolie
600 ml		heldere gevogeltefond
6 takjes		gladde peterselie
		fleur de sel

Zeebaars wordt vaak te vet gevonden, maar bevat wel een heleboel eiwitten, jodium, ijzer en fosfor. Hij komt zowel in de Middellandse Zee als in de Atlantische Oceaan voor en deze vraatzuchtige roofvis wordt door andere zeebewoners wegens zijn wreedheid gevreesd. Hij heeft wit, schilferig en zacht vlees, dat uiterst vers bereid moet worden. De versheid is te herkennen aan een glanzende huid en heldere ogen. De vis mag niet te lang garen, anders wordt hij flauw en papperig.

In plaats van alle recepten die er met venkel zijn, neemt Dominique Le Stanc snijbiet en helpt daarmee deze tweejarige groente met glanzend uiterlijk aan een mooi optreden. De snijbiet wordt eerst gewassen en dan geschild, om de vezels te verwijderen en de witte nerven van de groene bladeren te scheiden.

Dan wordt hij in zout water gaargekookt: bladeren 2 minuten en witte delen 10 minuten. Het snijbietgroen laat men onder koud water schrikken. Met dit praktische maar wat moeilijk te hanteren verpakkingsmateriaal worden kleine pakketjes gemaakt. Het beste kan men ze de dag tevoren maken want deze behandeling kost wat geduld.

Kort voor het serveren bestrooit men de zeebaarsfilets met fleur de sel. Dit zout komt van het eiland Batz in Het Kanaal en is van andere soorten zeezout te onderscheiden, omdat het op het wateroppervlak wordt gewonnen en veel fijner is dan de kristallen van grof zout. Doordat de smaak ervan enigszins doet denken aan viooltjes, noemen kenners het wel de 'kaviaar onder de zouten'.

1. De sjalotten fruiten. Het kleingesneden gerookte spek erbij doen, de gevogeltefond erbij gieten en 20 tot 30 minuten bij laag vuur laten trekken.

2. De snijbiet in kokend water gaar laten worden. 200 g snijbietnerven en -bladeren klein hakken. Vermengen met gehakte knoflook, parmezaan en wat olijfolie. Op smaak brengen met zout en peper.

snijbiet en fleur de sel

3. De farce in de overgebleven snijbietbladeren wikkelen en kleine driehoekige pakketjes ervan maken. De zeebaars fileren en de filets halveren. Op de huidkant in een pan kort in hete olijfolie aanbakken. In de oven verder gaar laten worden.

4. De gevogelte-spekfond inkoken en met boter monteren. De snijbietpakketjes kort in een pan opwarmen. De saus op de borden doen. De zeebaars erop leggen en met fleur de sel bestrooien. De snijbietpakketjes eromheen schikken en peterselieblaadjes ertussen leggen.

Zalmfilet met kruiden

Voorbereidingstijd 30 minuten
Kooktijd 20 minuten
Moeilijkheidsgraad ★★

Voor 4 personen

1	zalmfilet van 1 kg
½	knolselderij
1	aardappel
30 g	truffelsnippers
60 g	boter
200 ml	room
150 ml	runderbouillon
150 ml	bruine kalfsjus
150 ml	olijfolie
	bloem
20 g	bieslook
1 snufje	nootmuskaat
10 g	grof zeezout
	zout en peper

Selderij is een van de soorten groenten, waarvan alle delen eetbaar zijn. Stengels, bladeren, nerven, zaden en wortels zijn rijk aan vitaminen en mineralen en bovendien bekend om hun zenuwversterkende werking.

Knolselderij is een dikke knol die in verhouding tot zijn omvang erg zwaar is. Als de knol hol klinkt moet men een andere kiezen. Voor dit recept maken we er een mooie romige puree van, die niet te dik is en die we met aardappel binden. De boter en room moeten op het laatste moment toegevoegd worden om de consistentie te verbeteren, vooral als de puree al de dag tevoren is gemaakt.

Maar nu de zalm. Kies een mooi exemplaar van 4 tot 5 kilo uit Schotland, want die levert dikke, vlezige filets; houd ze goed in de gaten tijdens het garen. Als de zalm op te hoge temperatuur wordt gegaard, droogt hij uit en daar is geen kruid tegen gewassen. Voor de velkant zijn 3-4 minuten bakken voldoende, voor de andere kant zijn een paar seconden genoeg, om de vis even te kleuren. Tussen huid en vlees ligt een bittere vetlaag. Verwijder het vel en het vet en leg vervolgens het vel weer terug.

Met in boter opgewarmde bieslook, die op het bord gestrooid wordt, worden de smaaknuances van dit gerecht nog fijner. Bieslook hoort met de ui tot de familie der lelie-achtigen. Kies bij voorkeur de smadelijker variant met dunne sprieten. Bieslook moet men trouwens op het laatste moment pas fijnhakken om de krachtige smaak te behouden.

1. De knolselderij en de aardappel schillen, in grote blokken snijden en 20 minuten in zout water gaar koken. Laten uitlekken en door een zeef wrijven.

2. De selderij en aardappel weer opwarmen, 40 g boter, room, nootmuskaat, zout en peper toevoegen. Het geheel goed mengen en warm houden. De zalmfilet van graten ontdoen, overtollig vel verwijderen en 4 mooie vierkanten van het vlees snijden. De velkant met bloem bestuiven.

en jus uit de Périgord

3. De truffelsnippers klein snijden en in boter smoren. Afblussen met truffelvocht, de kalfsjus erbij doen en licht laten inkoken. Met boter opkloppen en warmhouden. De stukken zalm aan de huidkant 3-4 minuten in hete olie bakken en een paar seconden aan de andere kant. Warm houden.

4. Het vel van de stukken zalm aftrekken en de vetlaag verwijderen. Een paar korrels zeezout en tevoren opgewarmd bieslookstrooisel erop leggen. Het vel er weer opleggen. Een rondje van selderijpuree op het bord leggen, de zalm met de velkant naar boven op de puree leggen en de saus om de puree heen gieten.

Versgerookte zalm

Voorbereidingstijd 30 minuten
Kooktijd 12 minuten
Moeilijkheidsgraad ★★

Voor 4 personen

500 g	zalmfilet van de dikste kant
2	schijven gerookt buikspek
250 g	Ratte-aardappelen
	zeezout

Voor het roken:
1	rookkast
	zaagsel

Voor de vinaigrette:
1	prei
1	sjalot
2	tomaten
20 ml	wijnazijn
50 ml	arachide-olie
1 tl	mosterd
20 g	kappertjes
	dragon, gehakt
	zout en peper

Voor de garnering:
bieslook, gehakt

Het gaat hier niet om de traditionele gerookte zalm, die eerst gezouten en dan gerookt wordt. Léa Linster wijst er nadrukkelijk op dat het bij haar recept om verse zalm gaat, die kort in de rookkast gedaan wordt en de smakelijke herinneringen aan wild water oproept. De rookkast die op de tweede foto hieronder staat, is een eenvoudig exemplaar dat wordt gevuld met zaagsel en wordt verhit. Zo gauw de rook ontstaat, legt men de zalm op het bovenste rooster en sluit de kast. De hitte onder de rookkast mag niet te groot zijn en het zaagsel moet gloeien en niet branden. Overmatige hitte zal de zalm een aangebrande smaak geven. Kenners gebruiken zaagsel van verschillende houtsoorten, hetgeen de zalm een navenante smaak geeft: fruitbomen, wijnstokken, oude wijnvaten etc.

Op aanraden van een Finse visser beveelt onze kokkin aan, een stuk van het dikste van de vis, direct na de nek, te kiezen. Deze tip geldt zowel voor Schotse als voor Noorse zalm, die zich qua uiterlijk niet van elkaar onderscheiden. Om het verblijf in de rookkast onder goede omstandigheden te beginnen, moeten de stukken zalm van tevoren heel licht gezouten en met wat olijfolie bestreken worden. Na het gaar maken kan men de vis nog met fleur de sel en bieslook bestrooien.

Het resultaat is een subtiele kleurencombinatie, waarbij de gegaarde zalm mooi op een aardappelbedje ligt, waarvoor Léa Linster Ratte-aardappelen prefereert. Deze zijn klein, vastkokend en zeer geschikt voor dit doel.

1. Kies het dikste deel van de zalm. De vis fileren, in stukken snijden, op smaak brengen met zout en peper. De aardappelen in de schil koken.

2. De filets 3 minuten in een met zaagsel gevulde rookkast roken, aansluitend eruit halen en in een schaal ca. 8 minuten bij 150 °C in de oven verder laten garen.

met prei-vinaigrette

3. Voor de vinaigrette: prei, sjalot en tomaten in kleine blokjes snijden en de dragon fijnhakken. De mosterd met azijn, zout en peper met een garde goed doorroeren. Olie en tenslotte kappertjes, groenteblokjes en dragon toevoegen. De aardappelen pellen en in schijven snijden.

4. De aardappelen op het midden van het bord leggen en de gerookte zalm erop leggen. De vinaigrette erover gieten en met gehakte bieslook garneren.

Zalmforel met blauwe

Voorbereidingstijd	*30 minuten*
Kooktijd	*30 minuten*
Moeilijkheidsgraad	★

Voor 4 personen

4	Zalmforellen van 500 g elk
30 g	Bleu de Trizac (of andere blauwe schimmelkaas)
200 g	bleekselderij
½	kool
5	eieren
50 g	spek
250 ml	gevogeltebouillon
100 ml	room
40 g	boter
20 g	peterselie
	zout en peper

In tegenstelling tot de Amerikaanse beekforel, die meer thuis is in stromend water, leeft de zalmforel of meerzalm in de koude wateren van onze bergmeren. Deze steeds zeldzamer wordende zalmachtige onderscheidt zich door zeer fijn, zacht en kwetsbaar vlees.

Na het schoonmaken moet de vis zorgvuldig drooggedept worden en hij mag in geen geval onder stromend water schoongemaakt worden. Ook moet de gaartijd beperkt worden tot het hoogst nodige omdat anders de consistentie van de filets in gevaar komt en het vlees kan uitdrogen. Deze moeilijkheid is te omzeilen door de zalmforel in zijn geheel gaar te laten worden en hem pas later te fileren. Ter vervanging van zalmforel kan men tegenwoordig in kwekerijen ook zalmen of zelfs forellen kopen, waarvan de kwaliteit net zo goed is, maar die het transport, de behandeling en het gaar maken beter doorstaan.

De bleu de Trizac is een met rauwe koemelk bereidde blauwe schimmelkaas uit de Auvergne met een sterke smaak en daarom zeer geschikt om de altijd wat flauwe smaak van zoetwatervissen te versterken. De boter-blauwe-kaas-crème is niet moeilijk te bereiden, maar moet uit een volkomen homogene massa bestaan, opdat hij zonder problemen in de gevogeltesaus en de roereieren verwerkt kan worden. De beide laatst genoemde zaken behouden hun consistentie, als men zich precies aan de kookinstructies houdt.

1. De zalmforel schoonmaken en voorzichtig af deppen, fileren en van graten ontdoen. De wat zachte boter met tevoren in stukken gesneden Bleu de Trizac vermengen. De spek in blokjes snijden.

2. De visfilets kruiden en aan de huidkant 5 minuten in een pan bakken. In een ovenvaste schaal met wat botervlokken 8 minuten in een op 120°C voorverhitte oven zetten.

schimmelkaas en roerei

3. De gevoeltebouillon opkoken en van het vuur af met de helft van de kaasboter monteren. De helft van de peterselie toevoegen en warm zetten. De selderij in staafjes snijden, wassen en in zout water blancheren. Hetzelfde met de koolbladeren doen.

4. Wat boter bij laag vuur smelten, de eieren erop breken en zolang met de garde kloppen totdat een romige massa ontstaat. Door toevoegen van room het kookproces onderbreken. Met de rest van de gehakte peterselie bestrooien en de rest van de kaasboter erin verwerken. De kool en de selderij in wat boter smoren.

Gebakken roodbaars met

Voorbereidingstijd	45 minuten
Kooktijd	2 minuten
Moeilijkheidsgraad	✶✶

Voor 4 personen

4		roodbaarzen van 350 g
4	blaadjes	bleekselderij
4	blaadjes	basilicum
1		venkelknol
1		kleine aardappel
70 g		knolselderij
1		tomaat
1		aubergine
1		courgette
1		rode paprika
100 ml		olijfolie
1 snee		donker brood
		zout en peper
		grof zeezout

Van de roodbaars, een rotsvis die ook 'zeesnip' genoemd wordt, smaakt alles. In het hier door Guy Martin aanbevolen, kleurrijke en sterk Zuidfrans getinte recept wordt zelfs de lever gebruikt en als pasta op brood gesmeerd.

De roodbaars moet minstens zo breed zijn als een geopende hand. Hij wordt gevangen van februari tot juni aan de kusten van de Atlantische Oceaan en het Kanaal. In de Middellandse Zee komt ook zeebaars voor, die men als vervanging beter voor dit recept kan gebruiken dan goudbrasem. Zorg dat de vishandelaar de roodbaars niet schoonmaakt, want juist de ingewanden bepalen de originaliteit van dit recept.

Roodbaars heeft veel graten, die zorgvuldig verwijderd moeten worden. Ook heeft hij kwetsbaar vlees en hij wordt daarom heel snel in de pan gebakken, zodat het vel knapperig wordt. De venkel benadrukt en bewaart de eigen smaak van de vis. Men gebruikt ofwel een mooie stevige witte knol, die met een aardappel als bindmiddel tot een klassieke puree wordt verwerkt, of kleine stengels, die men smoort. In het laatste geval kan men beter wilde venkel gebruiken en de groenten in bundeltjes bereiden. De knol zelf wordt in repen gesneden, in boter gesauteerd en met zeezout geserveerd. Hierbij gaat het om een in de landen rond de Middellandse Zee veel voorkomende vezelige plant, die rijk is aan vitamine A en C en die goed schijnt te zijn voor de spijsvertering.

Tot slot beveelt Guy Martin nog aan, om als bijgerecht een mengsel van zuidelijke groenten te geven, die heel eenvoudig licht in olijfolie gefruit worden en mooi knapperig blijven.

1. De roodbaars van schubben ontdoen en fileren. De lever bewaren en door een zeef wrijven. Apart zetten.

2. Tomaten, aubergine, courgette en rode paprika in kleine blokjes snijden en in olijfolie licht fruiten. De venkel en de aardappel in water gaar koken en tot puree verwerken.

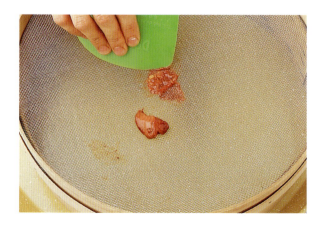

gefrituurde selderij en basilicum

3. De knolselderij in dunne schijven snijden en net als het basilicum en selderijblaadjes in olijfolie frituren. De roodbaarsfilets in de pan bakken.

4. Het donkere brood roosteren, 6 rondjes van 4 cm doorsnee eruit snijden en met roodbaarslever besmeren. De venkelpuree en de groenteblokjes opwarmen. De puree op de borden schikken en de roodbaarsfilets erop leggen. De groenteblokjes, de gefrituurde selderij, basilicum en het brood met lever eromheen schikken.

Portugese

Voorbereidingstijd	*40 minuten*
kooktijd	*30 minuten*
Moeilijkheidsgraad	★★

Voor 4 personen

400 g	zeeduivel
400 g	rog
400 g	zeepaling
400 g	paling
400 g	calamares

400 g		uien
800 g		goed rijpe tomaten
800 g		aardappelen
3	tenen	knoflook
2		groene paprika's
1		kleine chilipeper
1	bosje	peterselie
1		laurierblad
200 ml		witte wijn
200 ml		olijfolie

'Caldeirada a portuguesa' heet deze vissoep in Portugal, waar bijna net zoveel varianten van zijn als steden, die de herkomst claimen. Van de Costa Verde (in het noorden van het land) tot de punt van de Algarve (in het zuiden) wordt dit gerecht bereid met uiteenlopende, meer of minder scherpe sausen en de meest verschillende ingrediënten zoals pasta of aardappelen. Ondanks deze rijkdom aan varianten blijft de aard van het gerecht altijd dezelfde, namelijk een maaltijdsoep met verschillende vissoorten.

Volgens de traditie moet men de vissen met graat en al in stukken snijden. Onze kokkin adviseert echter hier de graten te verwijderen, om de gasten niet onaangenaam te verrassen. Afhankelijk van wat er op de vismarkt te krijgen is, kan het gerecht met goudbrasem, roodbaars, zonnevis of elke andere vissoort bereid worden, maar ook met garnalen, venusschelpen en andere zeevruchten. Bovendien bestaat de mogelijkheid, om de bouillabaisse slechts met één soort vis, bijvoorbeeld zaagbaars te bereiden. Tot de curiositeiten hoort tenslotte nog de 'caldeirada' uit Avero, waarin zee- en zoetwatervissen gecombineerd worden.

Doordat de lagen vis en groenten elkaar afwisselen kunnen beide ingrediënten tijdens het garen hun smaak aan elkaar overdragen. Bovendien neemt de groente hitte op, zodat de vis steviger blijft. Om het gerecht werkelijk tot een succes te maken, moeten de gasten een krachtige gekruide bouillon in ruime mate erbij geserveerd krijgen.

1. De vissen schoonmaken, in stukken snijden en op smaak brengen met peper en zout.

2. De uien met in schijven gesneden knoflook, ontvelde, ontpitte en in schijven gesneden tomaten, geschilde en in 1 cm dikke schijven gesneden aardappelen en in repen gesneden paprika in verschillende schaaltjes doen.

Maria Ligia Medeiros

bouillabaisse

3. In een pan eerst een laag groente en dan een laag vis leggen en steeds laag om laag afwisselen tot de ingrediënten op zijn. De peterseliestengels, het laurierblad en een geplette rode peper toevoegen.

4. De witte wijn en de olijfolie erbij gieten, op smaak brengen met peper en zout en afgedekt zo'n 30 minuten bij laag vuur gaar laten worden. Zo mogelijk in de pan serveren.

Kabeljauw

Voorbereidingstijd   15 minuten
Kooktijd   20-30 minuten
Moeilijkheidsgraad   ★

Voor 4 personen

1 kg	dikke gezouten stokvis
8	aardappelen
4 roosjes	broccoli
4 tenen	knoflook
1	citroen
2	eieren
30 g	boter
400 ml	olijfolie
200 ml	melk
2 takjes	peterselie
1	laurierblad
	broodkruimels
	zout en peper
	grof zout

'Lagareiro' komt van het Portugese 'lagar' (= oliepers), hetgeen ons doet denken aan de rijke olijfgaarden van Lusitanië, die de Romeinen bij de verovering van het land aantroffen. Onze kokkin had deze benaming oorspronkelijk voor de aardappelen gekozen en niet voor de stokvis ('Bacalhau' in het Portugees), die in Portugal zeker net zoveel bereidingswijzen heeft, als er dagen in het jaar zijn: in deeg gebakken ('pasteis'), à la Miquelina, gebakken, gesmoord enz.

Olie is een zeer geliefd ingrediënt in de Portugese keuken, waar men beweert veel aan de nakomelingen van de uil te danken te hebben: deze bekende roofvogel komt - al dan niet terecht - elke nacht om van de heilige olie van de Portugezen te drinken. Voor dit recept dat uit het oosten van het land komt, heeft men dikke stokvisfilets nodig, die men in veel olie bakt. Tevoren moet men ze echter nog aan de rituele handeling van het ontzouten blootstellen, hetgeen niet minder dan 30 uur duurt, maar waarbij niet al het zout uit de vis onttrokken mag worden, omdat daarmee ook veel van de smaak verloren zou gaan.

Op de aardappelen kan men zijn strijdlust uitleven. Controleer of ze gaar zijn en sla ze dan met de vuist open. Geen gereedschap zou ze zo open kunnen maken. Als passend bijgerecht bij stokvis beveelt Maria Medeiros het loof van witte raapjes aan, dat veel smakelijker is dan de raapjes zelf. Tenslotte een laatste opmerking over de vis: sluit geen compromis wat betreft de dikte van de filets, behalve als het volgende speekwoord u aanspreekt: 'Als u geen hond heeft, ga dan met een kat uit jagen'.

1. Trek het zout in ongeveer 30 uur uit de stokvis. De vis laten uitlekken, het vel eraf trekken en in 4 dikke stukken (8x15 cm) snijden. De stukken met gehakte knoflook, citroensap, peper en laurier in een schaal leggen, melk erop schenken en 3 uur laten marineren.

2. De stukken vis vervolgens in een keukendoek afdrogen. De 'amurro'- aardappelen in grof zout dopen, met wat olijfolie bedruipen en in 20 minuten in de oven gaar laten worden.

»Lagareiro«

3. De stukken vis door geklopt ei halen en in een ovenvaste schaal doen, waarin de vis ook geserveerd kan worden. Op elk stuk vis een vlok boter en de panade (broodkruimels) doen, olie erop gieten en bedruipen met de gehakte knoflook en 2 lepels melk van de marinade. 15 minuten bij 180°C in de oven bakken en voortdurend bedruipen.

4. De broccoli in water beetgaar koken. De aardappelen uit de schaal nemen als ze gaar zijn en zo gauw ze klaar zijn met een vuistslag openen. De schaal met de stokvis met aardappelen en broccoli garneren en over de groente kokende olie gieten.

Limandefilet met selderij

Voorbereidingstijd	45 minuten
Kooktijd	15 minuten
Moeilijkheidsgraad	★

Voor 4 personen

1	limande (aalbot) van 300 g
2	bleekselderijstengels
2	tomaten
100 g	boter
250 ml	visfond
	witte wijn
10 draadjes	saffraan
	citroensap
	dragon, tijm
	zout en witte peper

Voor de selderijmousse:

½	knolselderij
50 g	boter
30 ml	room
	zout en witte peper

Dieter Müller is altijd op zoek naar wat nieuws. In dit recept beveelt hij ons aan, visschubben te imiteren met groenten. Daarvoor heeft hij ten eerste bleekselderijstengels gekozen, omdat die door hun vorm zich daar goed voor lenen en ten tweede limande, een soort platvis zoals schol of schar, die dikkere filets geeft dan zeetong.

De limande of aalbot is een vis uit de orde van de platvissen en de familie der schollen. Wegens zijn schubben doet het vel denken aan grof schuurpapier of aan een vijl (Frans = 'lime'). Aan zijn bruine vlekken is de vis goed te herkennen en van andere, eerder grijs-roze soorten te onderscheiden. Meestal is in de winkel reeds gefileerde aalbot te koop, die goed geschikt zijn om te pocheren en doorgaans wel voldoen. Als de filets te dun zijn kan men ze dubbelklappen. Mocht er geen limande te krijgen zijn dan kan men ook griet, tarbot of zoetwatervis zoals snoekbaars nemen.

De beide andere selderijsoorten dienen als garnering. Van de knolselderij wordt een lichte mousse gemaakt, waarop de schubben kleven. De tevoren in kokend water geblancheerde bleekselderijstengels worden gebruikt voor de schubben. Als de selderijschubben erop gelegd zijn, moeten ze met een tweede laag selderijmousse vastgezet worden.

Voor de saffraansaus hebben we slechts een paar goede draadjes van de kostbare specerij saffraan nodig, waarvan ook de verfkracht overal ter wereld wordt toegepast. Niet alleen in de geneeskunde, maar ook in de textielbranche, waar men er wol, zijde en verschillende katoensoorten mee verft.

1. De selderijknol in zout water koken, in de mixer pureren en in een kom als soezendeeg laten drogen. De boter en de stijf geslagen room erbij doen en apart zetten. De bleekselderij enigszins schuin in dunne schijfjes snijden, een paar seconden in zout water blancheren en direct daarna laten schrikken.

2. De vis fileren en met zout en citroensap op smaak brengen. De filets met een dunne laag selderijmoes bedekken en de selderijschijven als schubben erop leggen.

op saffraantomatenfumet

3. De saus maken: de draadjes saffraan in de visfond roeren. Tot de helft inkoken, met boter monteren en in blokjes gesneden tomaten en gehakte kruiden toevoegen. Met zout en peper afronden.

4. De witte wijn en de visfond bij de visfilets doen. Ca. 8 minuten bij 190 °C in de oven gaar laten worden. De saus op de voorverwarmde borden gieten en de filets erop leggen. Dit gerecht kan met verse pasta, spinazie in boter of met een gekookte aardappel geserveerd worden.

Snoekbaarsfiletrolletjes

Voorbereidingstijd 1 uur
Kooktijd 15 minuten
Moeilijkheidsgraad ★★

Voor 4 personen

1		snoekbaars van 1½ kg
200 g		zalmfilet
2 rode		bieten
16		grote spinaziebladeren
120 g		wilde rijst (als bijgerecht)
		sap van ½ citroen
2 el		visfond
2 el		riesling

250 ml room
zout en vers gemalen peper

Voor de saus:

100 ml		riesling
250 ml		visfond
300 ml		volle room (48%)
80 g		boter
1 el		slagroom
		zout

Nog voordat de riesling een edele, geurige witte wijn wordt, is het vooral een bijzondere druif die door wijnboeren aan beide zijden van de Rijn verbouwd wordt. In dit recept geeft hij het snoekbaars-zalm-duo net dat beetje extra. Dieter Müller is voor deze saus met geen andere wijn tevreden.

Snoekbaars is een in de Germaanse landen veel voorkomende vis en volgens veel bronnen komt hij daar oorspronkelijk ook vandaan. Hij behoort tot de familie der baarzen, lijkt zowel op de baars als de snoek en leeft in rivieren en meren. Kies een zeer vers exemplaar van behoorlijke omvang met een gewicht van ca. 1½ kg. Wie deze kwetsbare vis liever niet bereidt, kan een zonnevis nemen, die ook bij onze kok zeer geliefd is.
Over de zalm en zijn trektochten tussen zoetwater en de zee weten we alles al. Voor ons recept wordt de farce met zalmsnippers verrijkt. Voor men die erbij doet, gaat er room door. Voorzichtigheid is geboden bij het pureren in de keukenmachine: als de messen te heet worden kan de zalm zijn kleur verliezen en moet men met wat rode-bietensap bijkleuren.

Spinazie en rijst zijn de gewone bijgerechten bij vis. Wilde rijst zorgt voor een beetje afwisseling: niet alleen wat vorm en kleur betreft, maar ook wat betreft de smaak. Deze rijst kan in een paar etappes gaar gekookt worden. Eerst moet hij 24 uur in koud water weken, daarna langzaam aan de kook gebracht worden, vervolgens afgespoeld en ten slotte gaargekookt. Hij is zeer goed te verteren en stamt uit de keuken van de oude indianenstammen.

1. De snoekbaars fileren en van vel en graten ontdoen. Dan in portiestukken van 200 g snijden. De rest van het snoekbaarsvlees en 150 g zalmfilet in blokjes snijden. Op smaak brengen met zout en peper en 40 minuten koud zetten. Vervolgens met de mixer tot een mousse pureren en door een zeef wrijven.

2. Het citroensap en de rest van de zalm bij de mousse doen. Zo nodig wat rode-bietensap als kleurversterker toevoegen en op smaak brengen. De spinaziebladen in zout water blancheren, laten schrikken, uitlekken en op een handdoek uitspreiden. De snoekbaarsfilets op smaak brengen met peper en zout en de vulling erop smeren.

met rieslingsaus

3. De snoekbaarsfilets met de farce op de spinazieblaadjes leggen en rolletjes maken. In een ovenvaste schaal leggen, de riesling en de visfond toevoegen en in 6 minuten in de oven gaar laten worden.

4. De visfond en de riesling tot de helft inkoken. Dan de room toevoegen en het geheel tot een romige saus inkoken. Van het vuur af met boter monteren en de slagroom erbij doen. Op smaak brengen. De visrolletjes in schijven snijden, de saus op de voorverwarmde borden gieten en de schijven en de wilde rijst erbij schikken.

Poon met in Serrano

Voorbereidingstijd	45 minuten
Kooktijd	15 minuten
Moeilijkheidsgraad	★★

Voor 4 personen

1½ kg	poon
2 kg	seizoengroenten (artisjokken, bonen, witte raapjes, groene asperges, wortelen, prei, bleekselderij, tomaten)
8	plakken serranoham met vet
1	prei
1 teen	knoflook
1	laurierblad
takjes	gladde peterselie
	olijfolie
400 ml	bruine kalfsjus
	zout en peper

Met zijn voortreffelijke smaak, zijn mooie gewicht (500 g tot 2 kg) en zijn sleutelfunctie in de bouillabaisse, heeft de poon of knorhaan ook de hoofdrol in ons fijnproeversrecept verdiend. Voor goede verse exemplaren gaat Jean-Louis Neichel altijd naar de kleine havens aan de Costa Brava en koopt ze daar direct van de vissers.

De naam knorhaan kreeg deze vis omdat hij een knorrend geluid maakt als men hem uit het water haalt. Voor dit recept kan men ook schorpioenvis gebruiken, zolang die mooi rood is en fijn, zacht vlees heeft.

Bij een smakelijke vis passen uitgelezen groenten: Neem de groenten van het seizoen die deze topper onder de vissen mooi begeleidt zonder hem te overvleugelen. Een lichte dominantie van de kleur groen is passend, maar ook witte raapjes en selderij mogen niet ontbreken. In plaats van de gewoonlijk erbij geserveerde repen spek, gebruiken we hier Serranoham, die de groenten het best op smaak brengt. Het geringe vetgehalte is makkelijk te verklaren, want de ham komt van witte varkens (met zwarte voeten) die met eikels gevoed worden en in de vrije natuur opgroeien. Na een droogtijd van twee jaar is de ham op zijn best. Het resultaat wordt door de makers op regelmatige tijden getest met behulp van de 'Calado', een instrument dat wordt gesneden uit paardenbot.

1. De groenten schoonmaken, schillen en naar soort gescheiden beetgaar koken. Laten afkoelen.

2. De vis fileren en in 4 stukken van 160 g snijden. Een laurierblad tussen het vel en het vlees leggen. De gekruide vis met de olijfolie en een teen knoflook in de oven in ca. 10 minuten gaar laten worden.

gesauteerde groenten

3. De helft van de ham in repen snijden en samen met de groenten en wat boter aanbakken, kalfsjus en gladde peterselie erbij doen en 2 minuten afgedekt zacht laten koken. De preirepen aanbakken.

4. De overige schijven ham in een pan bakken. Op de borden een nest van groenten schikken, de vis erop leggen en met de gebakken prei en ham afsluiten. Het geheel met wat olijfolie bedruipen.

Kleine calamares en

Voorbereidingstijd 50 minuten
Kooktijd 40 minuten
Moeilijkheidsgraad ★

Voor 4 personen

300 g	kleine calamares
300 g	kleine pijlinktvis (2-3 cm)
1 plak	serranoham met vet
200 g	witte 'ganxet'-bonen

1	rode paprika
1	groene paprika
1	gele paprika
1	tomaat
1	ui
3 tenen	knoflook
	gladde peterselie
	tijm
	olijfolie
	zout en peper

Veel van de mooiste Catalaanse gerechten worden bereid met 'ganxet'-bonen. Deze kleine witte bonen zijn makkelijk te koken en hebben een romige consistentie, waardoor sausen en soepen in volle pracht stralen. In een beroemd Catalaans recept, de 'butifarra con judias' worden de bonen in hamvet gesauteerd en dan op een grote worst geserveerd. Dit voedzame wintergerecht heeft onze kok geïnspireerd tot het volgende recept, waarin zee en land een interessante verbinding aangaan.

Tussen calamares en kleine pijlinktvis, die op verschillende plaatsen een andere naam hebben, is bijna geen verschil. Men legt ze ongewassen in het frituurvet - zo worden ze overigens ook bereid voor de beroemde 'tapas' die men in duizenden soorten in de bars aan de Ramblas van Barcelona vindt. Deze weekdieren, of ze nu met de inktvis of met de octopus verwant zijn, leven in dezelfde wateren en lijken zo op elkaar, dat het vaak moeilijk is, ze op het bord van elkaar te onderscheiden.

Het zijn de kleine exemplaren van een familie met een enorme hoeveelheid variëteiten, waarvan vele een lengte van tenminste 2 meter kunnen bereiken. De lezers van Jules Verne herinneren zich vast wel de strijd tussen kapitein Nemo en de reuzenoctopus in de roman *Twintigduizend mijlen onder zee*.

Maar afgezien van deze horrorverhalen zal men vooral de kleine pijlinktvis op waarde weten te schatten. Hij is wat zeldzamer en daarom ook wat duurder dan de andere soorten, maar hij is van binnen romiger. Ook moet men de gelegenheid aangrijpen, Serrano-ham te proberen, een typisch Spaans ingrediënt.

1. De paprika's ontvellen, van zaadlijsten ontdoen en in repen snijden. In een pan de kleingesneden uien, de paprikarepen, de tijm en een geplette teen knoflook in olijfolie licht fruiten en 15 minuten garen. De witte bonen in 40 minuten gaar laten worden.

2. De calamares en de pijlinktvisjes afzonderlijk met een ongeschilde, geplette teen knoflook in een hete pan in olie sauteren.

pijlinktvisjes met ganxetbonen

3. De witte bonen uit het kookwater nemen. De serranoham kleinsnijden, de tomaten zorgvuldig ontpitten en ontvellen en in kleine blokjes snijden. Het geheel in een pan in olijfolie sauteren.

4. Op elk bord een lepel paprikagroente en een lepel bonen scheppen en de calamares, pijlinktvisjes en gehakte peterselie erover verdelen.

Zonnevis met gefrituurde

Voorbereidingstijd   45 minuten
Kooktijd   15 minuten
Moeilijkheidsgraad   ✫✫

Voor 4 personen

1	zonnevis van 600 g
6	prei
50 g	zetmeel
1 l	frituurolie

Voor de saus:

4		rijpe Roma-tomaten
200	ml	tomatensap
20	ml	olijfolie
1	el	sherryazijn
1	el	dragonblaadjes, kleingesneden
		zout en vers gemalen peper

Als de haan driemaal kraait, zullen uw gasten dit gerecht zeker al opgegeten hebben. En de zonnevis - ook wel St. Petersvis genoemd - zal ondanks zijn onaangename uiterlijk met complimenten overladen worden. Zijn lelijke verschijning is vooral te wijten aan zijn kop met de enorme muil. Als men de vis fileert, blijft er fijn, kostelijk vlees over, dat ondanks de zwarte vlekken op de flanken, niet al te zeer geleden heeft van - naar men zegt en vandaar de naam - de vingerafdrukken van de heilige Petrus.

Deze vraatzuchtige vis, bekend onder de naam 'Zeus faber' leeft bij voorkeur aan rotsige kusten. Hij volgt ook altijd de haringscholen, zodat hij ook wel 'haringkoning' genoemd wordt. Kies een vers exemplaar van behoorlijke grootte en laat de vis langzaam en gelijkmatig in de oven gaar worden. Het frituren van de preirepen vraagt wat voorwerk. De julienne (Frans = in dunne reepjes gesneden) moet een dag tevoren gesneden worden, in ijswater gedompeld en goed uitlekken. Als ze tenslotte nog met wat zetmeel bestrooid worden, zodat al het water geabsorbeerd wordt, worden ze knapperiger.

Geurige tomaten zoals de Roma bereiken in september, oktober hun hoogtepunt. Ze moeten zongerijpt en veel smaak hebben, omdat ze lauw en vrijwel rauw geserveerd worden. Het vruchtvlees moet mooi zacht zijn. Als ze op smaak zijn, is het aan te raden ze voor de winter in te maken: gepureerd of gewoon op olijfolie gezet. Zo komt Jan Splinter door de winter.

1. De tomaten ontvellen, ontpitten en in blokjes snijden. In een zeef apart zetten en laten uit lekken. Het tomatensap met zout en peper in een pan doen. Tomaatblokjes, olijfolie en sherryazijn toevoegen. Het mengsel laten afkoelen totdat het lauwwarm is. Op het laatste moment een eetlepel kleingesneden dragon erbij doen. Op smaak brengen.

2. Het prei-wit in zeer kleine reepjes snijden en met ijsblokjes in het water laten liggen. Een kleine pan met frituurolie warm maken. De prei-julienne afdrogen en laten drogen.

Pierre Orsi

prei en dragontomaten

3. De prei-julienne met aardappelzetmeel bestrooien en vervolgens portie voor portie in het frituurvet doen. Als er een kring ontstaat de porties keren. Vervolgens op keukenpapier leggen, licht zouten en warm houden. Deze handeling zo vaak herhalen dat er voor iedere gast een gefrituurd nestje prei is.

4. De zonnevis met vel in filets van 150 g verdelen en ontgraten. Een paar druppels olijfolie in een pan met anti-aanbaklaag doen. De filets met de velkant onder in de pan leggen, langzaam bakken en keren. Het resultaat moet rosé zijn. De filets op voorverwarmde borden schikken, de lauwwarme tomaten eromheen leggen met een prei-nestje ernaast.

Gebakken snoekbaars met merg

Voorbereidingstijd 30 minuten
Kooktijd 1 uur
Moeilijkheidsgraad ✶

Voor 4 personen

1		grote snoekbaars van 1½ kg
16		rundermergpijpjes
4		sjalotten
1	teen	knoflook
1	bouquet	garni
50	g	gerookt spek
500	ml	rode Gigondas
250	ml	kalfsfond

100	ml	olijfolie
50	g	boter
	takjes	kervel
		zeezout
		peper

Voor de uien-cassismarmelade:

1		ui
1	el	cassismarmelade
100	ml	wijnazijn
200	ml	rode wijn
10	g	suiker

Omdat het oosten van Frankrijk niet aan zee ligt, wordt er in deze streek overwegend riviervis gegeten. Zo is het ook te verklaren, dat de hier traditionele, met witte wijn en uien gekruide 'marinière de poisson' met karper, meerval en grondel wordt bereid. Ons recept is gebaseerd op hetzelfde principe, maar bevat maar één vissoort. Vanwege de zachtheid van de vis, heeft onze kok voor snoekbaars gekozen.

De beste snoekbaars is er in het voorjaar, als de waterspiegel van de rivieren en stromen naar beneden gaat. De uit het Donaubekken afkomstige roofvis kan tot 5 kilo zwaar worden. Voor ons doel is een kleinere snoekbaars van 1½ kg voldoende. Nadat de vis gefileerd is wordt hij niet te heet en niet te lang in de pan gebakken. Voor dikkere filets kan een verblijf in de oven bevorderlijk zijn.

Het rundermerg moet tot het tijdstip van verwerken in de botten blijven, opdat het niet uitdroogt. Het moet minstens 24 uur in ijskoud water geweekt worden. Men moet het ook koud zetten en het water regelmatig verversen. Na het uitlekken blijven er ongeveer 4 cm grote stukken merg over, die een paar minuten gepocheerd worden.

De wijnsaus lijkt op die van matelot, die men overigens ook van paling maakt. De hier gebruikte Gigondas is een krachtige rode wijn uit de Provence, waarvan het alcoholgehalte iets boven het gemiddelde ligt. Deze wijn verdraagt daarom goed het sterke inkoken dat noodzakelijk is, voordat men de kalfsfond toevoegt. De zowel zoete als ook licht zure cassis- (zwarte bessen-) marmelade contrasteert heerlijk met de iets friszure saus.

1. De snoekbaars van schubben ontdoen, in filets van 150 g verdelen en de graten verwijderen. Het gerookte spek in een pan even smoren. De gehakte sjalotten en gehakte knoflook goudgeel bakken. Het vet afschuimen, het geheel met Gigondas overgieten en inkoken tot het stroperig is.

2. De kalfsfond en het bouquet garni toevoegen. Inkoken, op smaak brengen en door een zeef halen. Au bain-marie weg zetten. Op het laatste moment 50 g boter erin verwerken.

en Gigondas-saus

3. Het merg een paar minuten bij 90 °C in zout water pocheren. Een paar druppels olijfolie in een pan met anti-aanbaklaag doen en de filets aan beide kanten goudgeel bakken en eruit halen zodra ze gaar zijn.

4. Het merg laten uitlekken en op de snoekbaarsfilets leggen. De hete Gigondas-saus eromheen schenken. Het merg met zeezout bestrooien. Voor de uien-cassismarmelade: de gehakte uien fruiten, alle ingrediënten erbij doen en op laag vuur 40 minuten afgedekt smoren.

Grietfilets gestoomd

Voorbereidingstijd	35 minuten
Kooktijd	55 minuten
Moeilijkheidsgraad	✯✯✯

Voor 4 personen

1	griet van 2 kg
2 l	Champigny (rode wijn)
6	sjalotten
1	ui
6	wortels
40 g	bloem
50 g	glace de viande (ingekookt vleesextract)
200 g	boter
takje	peterselie
	tijm
	peperkorrels
	peper, geplette
	kruidnagel
	fijn zout, grof zout

Voor de garnering:
1 bosje	gladde peterselie

De lichte, frisse rode wijnen Champigny en Saumur-Champigny worden gemaakt in het Loire-dal, in de omgeving van Saumur. Deze streek grenst aan de wijnbergen van de Tourraine en de Anjou, waar nog de geesten van de schrijvers Du Bellay, Ronsard en Rabelais rondwaren. Ze worden zeer koel gedronken, rijpen niet, maar schijnen de eeuwige kracht van de dichters en literatoren geërfd te hebben. De Champigny is rijk aan tannine en zeer geschikt voor sausen, omdat hij bij het koken zijn zure smaak wel verliest maar zijn bouquet niet.

De griet is een grote platvis en leeft in het Kanaal en de Atlantische Oceaan. Omdat hij erg schuw is, komt hij niet vaak in de buurt van de kust. Hij ontloopt dan wel de haken, maar aan de netten kan hij nog niet ontkomen. In tegenstelling tot de tarbot, waarmee hij enige gelijkenis vertoont, bezit hij een gladde huid. Zijn fijne en zeer voedzame vlees is in mei en juni het best.

Kies bij voorkeur een exemplaar van behoorlijke grootte. Want bij de kleinere heeft men veel verlies en ze hebben een beetje flauwe smaak. Ook zijn dikke, in porties verdeelde filets zijn beter. De gaartijd moet kort gehouden worden, opdat de Champigny-stoom de smaak van de vis niet overvleugelt.

De glace de viande is niet zo makkelijk te maken, maar wel belangrijk voor de consistentie van de saus. De saus moet goed gebonden zijn, maar niet te dik en haar aroma moet zo teryghoudend zijn, dat de griet volledig tot zijn recht komt en niet wordt overvleugeld.

1. Fileer de griet en verdeel hem in 4 porties. Verwijder het vel aan beide kanten, spoel de kop en de graten zorgvuldig af. De graten en de kop kleinsnijden en met 80 g boter smoren, de sjalotten en 3 wortelen erbij doen.

2. Het resultaat van de vorige stap met bloem bestuiven. Goed omroeren en twee derde van de Champigny erbij gieten. Op laag vuur 45 minuten inkoken. De rest van de Champigny in het onderste, afgesloten deel van een stoompan doen, met 3 geschilde wortels, takjes peterselie, met kruidnagel bestoken uien en tijm.

in Champigny

3. De 4 stukken vis met grof zout en geplette peper bestrooien en bovenin de stoompan leggen. De delen van de stoompan op elkaar zetten en de vis ca. tien minuten stomen.

4. De saus passeren. Inkoken, met boter monteren en de glace de viande toevoegen. De saus opnieuw door een fijne zeef halen en over de borden verdelen. De griet in het midden leggen en met gladde peterselie garneren.

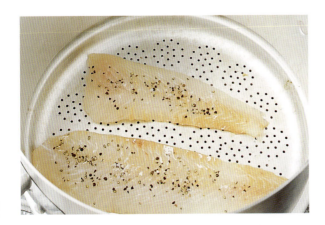

Gestoofde zeeduivel

Voorbereidingstijd 55 minuten
Kooktijd 35 minuten
Moeilijkheidsgraad ★★★

Voor 4 personen

1	staartstuk van een zeeduivel van 1½ kg
500 g	peultjes
12	zilveruitjes
2	citroenen
50 g	bloem
300 g	sneetjes witbrood
50 ml	witte wijn
500 ml	room
200 g	boter
	zout, peper en suiker

Zo afstotelijk als zijn uiterlijk is, zo voortreffelijk is het staartstuk van de zeeduivel. Deze vis is een vreemde gast die men luiheid en traagheid verwijt, omdat hij de meeste tijd met zijn bruine schubloze lichaam op de rotsen ligt en met zijn enorme muil grimassen lijkt te maken. Met zijn hengelorgaan dat hem ook de naam hengelaarsvis gegeven heeft, lokt hij zijn buit. Hij wordt gevangen op meer dan duizend meter diepte met diepzeenetten, tenminste de soortgenoten die zich niet tussen de rotsen weten te verstoppen.

Maar zoals vaak bedriegt de schijn. Achter dit nogal ontmoedigende uiterlijk gaat een zacht, stevig en bijna graatloos vlees schuil. Men hoeft alleen de zenuwen te verwijderen, opdat ze bij het gaar maken niet samentrekken. Dat zou de kwaliteit van de vis niet ten goede komen en hem onterecht een koppig uiterlijk geven. Zolang als men deze maatregelen in acht neemt, komt er een heerlijk zachte zeeduivel op tafel, die de gasten met zijn smakelijke, witte vlees zal verrukken.

Als bijgerecht bij de zeeduivel zijn peultjes aan te bevelen; de oorsprong van deze groente is onbekend maar reeds in de 17de eeuw maakten ze furore aan het Franse hof. In tegenstelling tot andere erwten, die gedopt worden, hebben peulen kleine platte doppen met nauwelijks ontwikkelde zaden, die men altijd in hun geheel eet. Ze mogen niet te lang gekookt worden.

De julienne van citroenschil moet lang genoeg blancheren om alle bitterheid te verwijderen. Het knapperige witte brood moet met de witte vis contrasteren en dus pas op het laatste moment bereid worden. Zorg ervoor dat het zich niet met teveel gesmolten boter volzuigt.

1. De vis fileren en de peesjes geheel verwijderen, de schillen van 2 citroenen in fijne reepjes (julienne) snijden, 5 minuten blancheren en laten uitlekken. De peultjes schoonmaken.

2. De visfilets zodanig verdelen dat er per persoon 3 grote stukken zijn. De stukken vis door de bloem wentelen en in een smoorpan in 60 g hete boter bakken. Het vet afgieten. De peulen in een pan snel in 60 g boter garen.

met peultjes

3. De inhoud van de smoorpan met witte wijn blussen, room toevoegen en ca. 5 minuten zachtjes laten koken. Door een zeef halen en met wat boter monteren. Het witbrood zonder korsten hartvormig uitsnijden en in boter bakken. De zilveruitjes onder toevoeging van wat water, suiker in boter glaceren

4. De peulen waaiervormig op het bord schikken. De zeeduivel in het midden leggen en de saus erover gieten. Met geglaceerde zilveruitjes garneren. Het brood en de citroen-julienne erover verdelen.

Frankrijk 201

Zeeduivelmedaillon met

Voorbereidingstijd 15 minuten
Kooktijd 15 minuten
Moeilijkheidsgraad ★★

Voor 4 personen

1	zeeduivel van 1½ kg
300 g	ganzenlever
150 g	boter
	bloem
500 ml	Bonnezeaux wijn
1 el	cognac
500 ml	room
	zout en peper

Waaraan herkennen we de versheid van zeeduivel? Meestal wordt hij toch zonder kop verkocht - en heet bij de Fransen dan 'lotte' en niet meer 'baudroie' -, zodat ogen noch kieuwen uitkomst kunnen geven. Aan de andere kant zou de hele vis door zijn uiterlijk de eetlust kunnen bederven. Controleer of de vis stevig, glanzend en licht parelmoerkleurig vlees heeft zonder gelige vezels. Paul Pauvert vindt dat eerder de gewone zeeduivel met het witte vlees voor dit recept geschikt is en niet de zwarthuidige variëteit, de zogenaamde 'lotte rousse'.

De bereiding van zeeduivel is aangenaam: hij heeft geen graten en heeft als hij goed gaar is mooi zacht vlees. Voor dit recept snijden we medaillons, die aan elke kant licht in boter aangebakken worden. De hoofdzaak is hier echter niet de eenvoudige bereiding, maar de saus waarvoor onze kok op meesterlijke wijze cognac en Bonnezeaux wijn samenbrengt.

De geflambeerde cognac geeft de zeeduivelmedaillons nog meer pracht en aroma. Door het blussen met Bonnezeaux behoudt men de zachte en tegelijk zurige levendigheid van deze weinig bekende Anjouwijn, die over het algemeen een elegante begeleider van ganzenlever is. Als deze beide ingrediënten achtereenvolgens gebruikt worden, ontvouwt zich een subtiel en onnavolgbaar effect. Gebruik ze spaarzaam, want teveel cognac zou de smaak van de vis onherroepelijk overvleugelen.

Serveer dit gerecht goed heet en maak u geen zorgen over eventuele resten: uw gasten zullen niets overlaten.

1. De vis fileren en in 4 even grote medaillons snijden. Even plat drukken, op smaak brengen met zout en peper en met wat bloem bestuiven.

2. De stukken filet op laag vuur ca. 10 minuten in boter bakken. Na driekwart van de baktijd met cognac flamberen en met Bonnezeaux afblussen. Tot driekwart laten inkoken en de room toevoegen. De medaillons eruit nemen en warm houden.

Bonnezeaux en ganzenlever

3. Voor de ganzenleverboter: 150 g ganzenlever en 50 g boter in de mixer mengen. De Bonnezeauxsaus tot de helft inkoken. Met een dunschiller van de rest van de ganzenlever dunne krullen maken.

4. De saus met de ganzenleverboter monteren. Met zout en peper op smaak brengen en door een zeef wrijven. De vismedaillons op het bord leggen, met saus overgieten en de ganzenleverkrullen erover verdelen. Garneren en heet serveren.

Snoekbaars met witlofrepen

Voorbereidingstijd	30 minuten
Kooktijd	5 minuten
Moeilijkheidsgraad	✶

Voor 4 personen

1	snoekbaars van 1 kg
4	dikke struikjes witlof
750 ml	Saumur-Champigny (rode Loirewijn)
100 ml	sherryazijn
30 g	suiker
1 tl	maïzena
30 g	boter
	zout en peper

Voor de garnering:

2 takjes	kervel

Snoekbaars is een baarsachtige en komt uit het Donaubekken. Hij kan vrij groot en zwaar worden (tot 1 m lang en 15 kilo zwaar). Hij wordt vooral vanwege zijn zachte vlees en gebrek aan graten gewaardeerd. De gemakkelijk te ontgraten vis wordt gefileerd en van het vel ontdaan, kort voordat men hem een beetje plat drukt om het vlees nog zachter te maken.

De Saumur-Champigny is een van de lichtste rode wijnen uit het Loire-dal, waar men hem in de omgeving van Anjou koel drinkt. Hij is fris en krachtig en zijn bouquet wint in de loop der jaren aan intensiteit. Maar hij kan niet lang bewaard worden. Bij de saus is voorzichtigheid geboden: hij moet heel langzaam inkoken, opdat de wijn zijn ziel noch zijn aroma verliest.

Witlof heeft zijn bestaan te danken aan de onachtzaamheid van een Belgische botanicus, bij wie hij toevallig in de kelder groeide. Vooral 's winters is witlof bijzonder smakelijk. Deze gezonde groente is tegenwoordig in vrijwel ieder jaargetijde te krijgen. Men kan het best dikke struikjes (categorie 2 of 3) nemen, die mooi stevig en zonder bruine vlekken zijn. Voor dit recept worden ze in fijne repen gesneden.

De snoekbaars moet uit de oven worden genomen voordat hij helemaal gaar is. Men legt hem dan op een voorverwarmd bord waar de filets langzaam verder gaar worden en gelijktijdig hun welverdiende rust krijgen, waardoor ze mooi zacht worden.

1. Het witlof van de buitenste bladeren ontdoen en in de lengte in taugé grote reepjes snijden.

2. Het witlof in een pan met wat boter licht smoren. Met wat suiker bestrooien en licht laten karameliseren. Op smaak brengen met zout en peper.

in Champigny

3. Voor de saus: karamel maken en met de azijn oplossen. De Saumur-Champigny toevoegen en tot tweederde inkoken en licht met maïzena binden.

4. De snoekbaars helemaal ontgraten en fileren. De filets plat drukken en 5 minuten bij 150°C in de oven gaar laten worden. De vis op de borden schikken. De saus om de snoekbaars filets heen gieten en met een paar takjes kervel garneren.

Filets van jonge baars

Voorbereidingstijd	45 minuten
Kooktijd	15 minuten
Moeilijkheidsgraad	★★

Voor 4 personen

350 g	jonge baarsfilets
50 g	broodkruim
2	eieren
	boter
	bloem
4	courgettebloemen met vrucht
	olijfolie om te frituren
50 ml	room
1 tl	tijm, gehakt

zout en versgemalen peper

Voor de tomaten-confit:

8		vlezige tomaten
½	teen	knoflook, gehakt
1	snufje	suiker
		een paar druppels balsamicoazijn
		wat druppels rode wijnazijn
100	ml	olijfolie extra vierge
1	tl	rozemarijn
		zout en vers gemalen peper

Baars is in Zwitserland een veel voorkomende zoetwatervis. Aan het meer van Zürich serveert men hem gefrituurd en met tartaarsaus. Het vlees is zacht en terecht geliefd. De vis kan tot 35 cm lang en 2 kg zwaar worden en is te herkennen aan zijn groenbruine kleur met donkere strepen. Nog kleurrijker echter is zijn Amerikaanse verwant, de regenboogbaars. Deze vis die men net als karpers in gefrituurde vorm eet, is een gevaarlijke roofvis die genadeloos op kleinere vissen en vooral palingbroed jaagt en deze verslindt.

Er is dus echt geen reden om medelijden te hebben met de jonge, zachte baarsen, die voor dit recept gepaneerd worden. De filets zijn heel snel gaar. Om de heerlijke smaak te behouden mag men ze niet langer dan 1 of 2 minuten bakken. Onze kok heeft er geen bezwaar tegen als deze tomaten-confit een keer met andere vissoorten geserveerd wordt, zoals zeetong of roodbaars, die op dezelfde manier behandeld moeten worden als de jonge baars.

Tomaten zijn tegenwoordig weliswaar het hele jaar te krijgen, toch smaken ze in de winter niet best en men moet tot de zomer wachten, voor ze weer een behoorlijke smaak hebben. Voor de confit nemen we het liefst stevige, vlezige tomaten, die worden verwerkt met geurige olijfolie. Voor de bereiding moet men een voorbeeld aan de Italiaanse mamma's nemen en de tomaten langzaam en onder regelmatig toevoegen van kruiden gaarstoven. Het smakelijke resultaat zal uw geduld belonen, vooral als echte 'aceto balsamico di modena' gebruikt wordt met zijn uiterst subtiele smaak.

1. De baarsfilets op smaak brengen met zout en peper en door bloem en geklopt ei halen. Alleen de vleeskant met broodkruimels bedekken. De tomaten blancheren. In ijswater dompelen, ontvellen en de zaden verwijderen. Laten uitlekken op keukenpapier.

2. In een grote pan wat suiker strooien, de tomaten erin leggen, op smaak maken met zout en peper en fijngehakte rozemarijn en knoflook erover strooien. De pan verhitten, opdat de suiker oplost. Een paar druppels balsamico- en rode wijnazijn en olie over de tomaten gieten. Op middelhoog vuur gaar laten worden. De courgettebloemen grondig wassen en op keukenpapier laten drogen.

met tomaten-confit

3. De courgettes wassen en in plakjes snijden. De olijfolie in een pan verhitten, de plakjes courgette op smaak brengen met peper, zout en tijm en op middelhoog vuur zachtjes laten garen tot ze zacht zijn. De room erover gieten, de pan heen en weer bewegen tot de courgettes de room opgenomen hebben.

4. De visfilets in het boter-olie mengsel goudgeel bakken en daarbij aan de gepaneerde kant beginnen. De tomaten in een halve cirkel op voorverwarmde, platte borden schikken. De courgettes in het midden leggen met de visfilets erop. Versieren met gefrituurde courgettebloemen.

Tarbot met anijsaardappelen

Voorbereidingstijd 1 uur
Kooktijd 30 minuten
Moeilijkheidsgraad ✲✲

Voor 4 personen

1	tarbot van 2 kg
10 g	peperkorrels
10 g	mosterdzaadjes
10 g	jeneverbes
	olijfolie
2	citroenen
	zeezout

Voor de anijsaardappelen:

300 g	aardappelen
	karwijzaad
	olijfolie
	anijsazijn
	zout en versgemalen peper

Voor de witte saus:

1	eidooier
	mosterd
	volle room (48%)
	zout en versgemalen peper
	azijn

Voor de groene saus:

2	sjalotten
2 bosjes	basilicum
1 bosje	kervel
1 bosje	peterselie
2 tl	pijnboompitten
100 ml	olijfolie
	rode wijnazijn
	zout en versgemalen peper

Tarbot behoort tot de platvissen en leeft in de koude wateren van het Kanaal en de Atlantische Oceaan. Het fijne vlees van deze vis wordt zeer gewaardeerd. Volgens de legende riep de Romeinse keizer Domitianus de senaat bijeen om het recept ervan te krijgen. in werkelijkheid is de smaak van de tarbot zo zacht, dat er meestal bijgerechten nodig zijn om hem tot zijn recht te laten komen zonder hem echter te domineren.

Kies voor dit recept een grote tarbot, die mooie filets geeft en waarbij men weinig verlies heeft. De filets worden voor dit gerecht licht gerookt en wel op de manier, die de bewoners van de Caraïben en Oceanië overgeleverd hebben. Intussen weet men overigens ook dat dit een van de eerste methoden van de mens was om zijn voedsel houdbaar te maken en dat de methode ook voor vlees te gebruiken is.

Voor de behandeling die onze kok de aardappelen laat ondergaan, is de soort Charlotte, een fijne winteraardappel met een dunne, gladde schil, heel geschikt. Van het stevige gele vlees kan men een lichte, zachte puree maken, vooral als men nieuwe aardappelen van deze soort kan krijgen, die te preferen zijn boven de langer te bewaren soorten. Deze aardappelsoort bestaat nog niet zo lang, maar vindt steeds meer liefhebbers, zowel onder producenten als onder consumenten.

Zijn luister ontleent dit gerecht aan de kruiden en specerijen, die echter wel in de juiste dosering gebruikt moeten worden. De tarbot, die men trouwens niet kan bewaren, wordt heet en op een bed van mooie sla, zoals radicchio, rucola of pissenlit geserveerd.

1. De tarbot fileren. Voor de marinade: peperkorrels pletten, jeneverbessen en mosterdzaadjes in een vijzel fijn maken en alles goed mengen. Geraspte citroenschil, wat citroensap en olijfolie toevoegen en goed doorroeren.

2. Voor de witte saus: van eidooier, mosterd, zout en azijn een mayonaise maken en een gelijke hoeveelheid volle room toevoegen. Voor de groene saus: van olijfolie en azijn een vinaigrette maken en basilicum, kervel, peterselie, kleingesneden sjalotten en pijnboompitten toevoegen.

op twee sauzen

3. De vis met zeezout zouten en insmeren met de voorbereidde marinade. De aardappelen wassen en met karwijzaad in de schil in zout water gaar laten worden. De aardappelen in plakjes snijden en met anijsazijn en olijfolie op smaak brengen.

4. De vis bij flinke hitte in een rookpan roken. In een pan met anti-aanbaklaag in olie verder gaar bakken. De aardappelen in een halve cirkel op het bord schikken en de witte saus erover gieten. De getrancheerde vis erop leggen, de groene saus over de witte schenken en de slabladen erbij leggen.

Kokkel- en mosselpannetje

Voorbereidingstijd   1 uur
Kooktijd   45 minuten
Moeilijkheidsgraad   ★

Voor 4 personen

650 g	boormosselen
650 g	kokkels
100 g	bladspinazie
2	kleine tomaten
2	sjalotten
70 g	kervel
200 ml	witte wijn
1 el	room
70 g	boter
	zout en versgemalen peper

Voor de garnering:

1	aardappel

Dit voorgerecht wordt afgedekt geserveerd en het geheim van het potje wordt pas voor de ogen van de gasten onthuld. Van alle mosselsoorten geven de kokkels de beste fond. En de erbij geserveerde kervelboter is ook een streling voor de tong.

Zoals bij mosselen gebruikelijk, moeten we ze eerst van zand ontdoen. Kokkels openen zich alleen als het lukt hun natuurlijke zeewateromgeving na te bootsen en hun filters te vervangen. Dat kan men bereiken door een pan met zout water en een ei op te zetten. Zodra het ei komt bovendrijven, doet men de kokkels in het water. Kenners eten deze mosselen het liefst gekookt. Er zijn verschillende soorten kokkels - waarbij die uit Normandië het meest geliefd zijn - zoals de grote kokkel of de beroemde, vruchtbare en massaal voorkomende gewone kokkel (*Cardium edule*), die zich als hij zich in het zand ingraaft, door kleine zandhoopjes verraadt.

De boormossel, die de kokkel in ons pannetje vergezelt, komt bij voorkeur uit de Baai van l'Aiguillon of uit Bouzigues. Kies middelgrote exemplaren, want de kleine zijn te snel gaar en de grote niet zo goed van smaak.

Het contrast dat onze kok hier creëert, hebben we te danken aan de kleuren en de ingrediënten. Behalve de mosselen hebben we hier kervel en spinazie, die vers en liefst knapperig moeten zijn en de jodiumsmaak van de kokkels en mossels met gepaste terughoudendheid ondersteunen. Dit grote feest met zijn zeegeuren en vitaminen (vooral in de spinazie) kan echter aan de lucht aan glans verliezen, zodat het potje zo lang mogelijk gesloten moet blijven.

1. Voor de kervelboter: 70 g zachte boter en 70 g gewassen kervelblaadjes (zonder stengels) in de mixer pureren en door een zeef halen. Koel wegzetten. De mosselen onder stromend water wassen en de spinazie in zout water blancheren.

2. De tomaten kruisvormig insnijden en blancheren, ontvellen en halveren, zaden en sap verwijderen en in 5 mm brede repen snijden.

met kervel

3. De sjalotten fijnhakken en de helft met de mosselen en de helft van de wijn licht smoren, totdat de mosselen opengaan. Voor de kokkels dit herhalen. Het kookvocht zeven. De mosselen uit de schalen halen en in hun eigen kookvocht bewaren. De spinazie in boter opwarmen en de mosselen laten uitlekken. Snijd een aardappel in fijne staafjes, vorm daarmee een netje en bak deze mooi bruin.

4. Vervolgens 300 ml van het kookvocht opkoken, de room toevoegen en de koude kervelboter met een garde erdoorheen kloppen. De mosselen en de kokkels in deze saus opwarmen, zonder ze te koken. Schik de spinazie in diepe borden of in een decoratief saus- of groentepannetje, verdeel de mosselen en kokkels en doe de saus eroverheen, en versier ze met tomaten, kervelblaadjes en een aardappelnetje.

Kleine scampi-

Voorbereidingstijd 1 uur
Kooktijd 30 minuten
Moeilijkheidsgraad ★★

Voor 4 personen

1	roodbaars van 200 g
1	zeebaars
4	scampistaarten (formaat 18/24)
200 g	mosselen
200 g	kokkels
1	preiwit

1		tomaat
½		wortel
4	tenen	knoflook
4		sjalotten
1	el	tomatenpuree
1	el	kurkuma
300	ml	witte wijn
50	ml	olijfolie
		gladde peterselie
		zout
		croûtons
		rouille
		vers gemalen peper

De combinatie van mosselen en schaaldieren is zoals bekend een groot succes. Onze soep is geïnspireerd op de traditionele vissoepen en laat de mosselen goed tot hun recht komen, evenals de kokkels en de scampistaarten. Onze keuze is geen definitieve en men kan de kokkels heel goed door venusschelpen vervangen of de scampi door kreeft.

Om de scampi hun zachte vlees en hun bijzondere geur te laten behouden, moet men er alleen voor zorgen ze niet te lang te koken. Om deze reden heeft Roland Pierroz besloten ze te stomen. Deze behandeling toont het dier het nodige respect en geeft de kok de gelegenheid de behandeling onder controle te houden. Om alle kansen op succes zeker te stellen, is het aan te bevelen, de scampi van te voren op ijs te bewaren, opdat hun vlees stevig blijft.

Mosselen die voor dit recept gebruikt worden moeten glanzend, vochtig en levend zijn. Wees streng en haal elke open mossel eruit. Het gevaar van vergiftiging is gewoon te groot. De beste garantie voor de kwaliteit van de soep blijft de versheid van de mosselen.

De verdere bereiding heeft als doel om een mooi homogene substantie met niet te veel zwevende deeltjes te krijgen (daarom bekleden we de zeef met een zeefdoek), die door inkoken voldoende geconcentreerd is, maar niet te sterk van smaak mag zijn. De smaak wordt met knoflook, sjalot en kurkuma wat opgehaald. De genoemde kurkuma (geelwortel) behoort tot de familie der gembergewassen en wordt soms zelfs 'Indiase saffraan' genoemd. Ze is een van de bestanddelen van de traditionele Indiase curry's en is vers in de meeste toko's verkrijgbaar.

1. De scampi openbreken, de scampistaarten samen met de stukken vis koud wegzetten. Voor de garnering 6 scampipantsers bewaren. De mosselen en vervolgens de kokkels afzonderlijk in 100 ml witte wijn en met de helft van de gehakte sjalotten afgedekt koken tot ze opengaan. Laten uitlekken en het kookvocht door een zeef halen.

2. Sjalotten fijnhakken, knoflook schillen en pletten en preiwit en de halve wortel zeer fijn snijden. De olie verhitten, alle ingrediënten en de tomatenpuree onder voortdurend roeren smoren. Vervolgens 100 ml witte wijn, mosselkookvocht, kurkuma en 1 liter water erbij doen en verder laten garen.

mosselsoep

3. Opkoken en 20 minuten zonder deksel laten koken. Door een zeef wrijven en de vloeistof tot 600-700 ml inkoken. Op smaak brengen en apart zetten, de twee soorten visvlees in kleine blokjes snijden.

4. In een stoompan water tot koken brengen en de scampi en de visblokjes 2 minuten stomen. de mosselen en kokkels ook 30 seconden verwarmen. Dan de soep, scampistaarten en de vis in diepe borden verdelen en met tomaten, peterselie, scampipantsers versieren. De croûtons en de rouille apart serveren.

Gebakken tarbotfilet

Voorbereidingstijd	*45 minuten*
Kooktijd	*10 minuten*
Moeilijkheidsgraad	*✶*

Voor 4 personen

1	tarbot van 2 kg
650 g	pijlinktvisjes
2	rode paprika's
2	tomaten
	sap van 1 citroen
½ bol	knoflook
35 g	boter
200 ml	olijfolie
½ bosje	peterselie
	zout en vers gemalen peper

Dit gerecht is een typische combinatie uit de landen rond de Middellandse Zee: paprika, knoflook, pijlinktvisjes of calamares en natuurlijk olijfolie. De kok heeft voor dit gerecht de Italiaanse, en wel de minst sterke soort gekozen, omdat de fruitige smaak daarvan mits goed gedoseerd, uitstekend past bij de visfilets.

De kleine calamares worden vooral in Spanje gewaardeerd en zijn het hele jaar op de markt. Eerst worden de calamares in zeer hete en zogeheten 'rokende olie', in de pan gebakken tot ze een behoorlijke kleur hebben. Daarbij komt het vocht vrij, dat karameliseert en knapperig wordt, waardoor de smaak nog sterker wordt. De calamares krimpen tijdens het bakken en als ze ongeveer even groot zijn als een knoflookteen, gaan de paprika, de knoflook en de peterselie erbij. De knoflook moet ongeschild gebruikt worden, opdat hij niet uit elkaar valt en op het bord een betere figuur slaat.

Omdat de gezamenlijke ingrediënten vrij kwetsbaar zijn, mogen ze niet te lang gegaard worden. Een pan met anti-aanbaklaag is aan te bevelen.

De gebroeders Pourcel zijn grote liefhebbers van de edele vis uit de Middellandse Zee. Voor dit recept kozen ze tarbot, maar men kan ook zeetong en zeebaars gebruiken. Een grote tarbot van 5-6 kilo met hele dikke filets kan voldoende zijn om een groot aantal gasten te bedienen. Als de filets mooi wit zijn is dat een teken dat de vissers de tarbot gelijk na de vangst hebben laten uitbloeden. Deze vis is overigens zeer kwetsbaar en om niet voor een vervelende verrassing te komen, moet men hem heel voorzichtig gaar laten worden.

Om dit gerecht een nog duidelijkere zuidelijke smaak te geven, kan men andere kruiden erbij gebruiken zoals tijm. basilicum, herbes de Provence etc.

1 De knoflookbol in tenen verdelen en de ongeschilde tenen in een kleine pan met 100 ml water en 200 ml olie zo lang laten koken totdat ze van binnen zacht zijn en men ze makkelijk kan pletten.

2. De rode paprika's schillen en in ringen snijden. De tomaten ontvellen, schoonmaken, het tomaatvlees in kleine blokjes snijden en opzij zetten. De peterselie grof hakken. De calamares sorteren, zorgvuldig wassen en schoonmaken en vervolgens de inktzak verwijderen en de inktvisjes op keukenpapier laten uit lekken.

Jacques & Laurent Pourcel

met gebakken pijlinktvisjes

3. De calamares op hoog vuur in een pan met olijfolie sauteren. Halverwege de gaartijd de paprikaringen en wat boter toevoegen. Het geheel bakken totdat het een mooie kleur heeft. De peterselie en de gekookte knoflooktenen toevoegen. Op smaak brengen en uit de pan nemen.

4. De tarbot fileren, het vel eraf trekken en de vis in porties van 160 g verdelen. De filets in de pan bakken en met peper en zout op smaak brengen. De tomaten, het citroensap en 200 ml van de olie, waarin de knoflook gaar gemaakt is, bij de calamares doen. Het geheel op de borden schikken en de tarbot erop leggen. Het kookvocht van de calamares erover verdelen.

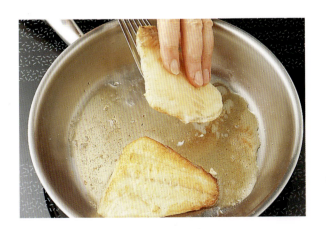

Kabeljauw in

Voorbereidingstijd 1 uur 30 minuten
Kooktijd 30 minuten
Moeilijkheidsgraad ★★

Voor 4 personen

1½ kg	kabeljauw of koolvis
200 g	zeezout
150 ml	visfond
	olijfolie, sap van 2 citroenen

Voor de ratatouille-korst:

120 g	champignons
120 g	kleine uien
120 g	courgette
100 g	rode paprika
100 g	gele paprika
1 el	gladde peterselie

Voor de saus:

250 g	coulis van rauwe tomaten
2 tl	rode paprika, gekookt
40 ml	citroensap, 40 ml sherryazijn
50 ml	olijfolie extra vierge, zout, witte peper, cayennepeper

Voor de garnering:

16	zwarte olijven uit Nice
16	kleine groene olijven
12 tenen	knoflook, uit een potje
12	kerstomaten
	dragon, basilicum, kervel gefrituurde tijm, boeketje van verschillende slasoorten en bieslook overgoten met wat olijfolie extra vierge en bestrooid met fleur de sel, olijfolie om te frituren

Ratatouille is inderdaad het meest complete en beroemdste voorbeeld van de Provençaalse keuken en in het bijzonder voor de keuken van Nice. Er zijn dan wel verschillende versies van dit groentegerecht, maar ze vertegenwoordigen allemaal Zuid-Frankrijk in de grootste eendracht. Voor dit recept beveelt Stéphane Raimbault niet alleen de ratatouille aan, maar ook een andere zuidelijke traditie, namelijk 'aïoli', de Provençaalse knoflookmayonaise, die hij hier een beetje aangepast heeft.

De grondgedachte van dit recept is om de in zout ingelegde kabeljauw, in gedroogde stokvis te veranderen. Deze vis levert veel vlees en is wat vet. Bij het kopen moet men erop letten dat hij een witte, gladde buik heeft, stevig vlees en absoluut vers is. Het inleggen gebeurt droog, alleen met zout en duurt ca. 15 minuten, afhankelijk van de dikte van de rauw gefileerde vis. Deze behandeling maakt niet alleen het schilferige visvlees steviger, maar zorgt er ook voor dat het goed gekruid wordt.

Omdat de ratatouille uit zeer kleine groenteblokjes bestaat, is de gaartijd niet lang. De groenten moeten beetgaar blijven, zodat ze niet uit elkaar vallen en een genot voor het oog blijven.

Zoals de naam van het recept al zegt, omhult deze ratatouille de kabeljauwfilets en zorgt zo niet alleen voor een mooie versiering van de vis, maar ook voor een duidelijk aroma. Door de saus met paprika, knoflook en olijven krijgt dit voedzame gerecht zijn Provençaalse smaak.

1. De kabeljauw fileren en achtergebleven graten verwijderen. De filets ongeveer een kwartier in zeezout leggen, afspoelen en in porties verdelen.

2. De ingrediënten voor de ratatouille in kleine blokjes snijden. Vervolgens uien en paprika, champignons en courgette licht in olijfolie fruiten. De peterselie toevoegen en op smaak brengen. In ijskoud water snel laten afkoelen.

ratatouille-korst

3. De gekruide kabeljauwfilets met deze ratatouille bedekken en in een ovenvaste schaal leggen. Met visfond en citroensap begieten tot ze voor de helft onderstaan en in 5-6 minuten bij 180 °C in de oven gaar laten worden.

4. De rode paprika pureren en met de andere ingrediënten van de saus vermengen. De garnering toevoegen en op de borden doen. Op elk bord een kabeljauwfilet leggen en met verschillende soorten bladsla, die met een stengel bieslook samengebonden zijn, garneren.

Frankrijk

Gefrituurde koolvis met

Voorbereidingstijd 45 minuten
Kooktijd 10 minuten
Moeilijkheidsgraad ★

Voor 4 personen

800 g	koolvisfilet
4 el	bloem
1 el	room
1 el	eiwit

Voor de garnering:

125 g	champignons
¼	savooiekool
½ tl	knoflook, gehakt
½ tl	verse gember
1 el	plantaardige olie

Voor de vinaigrette:

15 g	verse gember
2 el	wijnazijn
1 el	sojasaus met paddestoelen of donkere sojasaus
1 el	chilisaus
2 el	plantaardige olie
1 el	sesamolie
½ bosje	koriander
	zout en witte peper

Koolvis is net als wijting en haring een in de Noordelijke Atlantische Oceaan en in de Ierse Zee veel voorkomende vis. Daarom is het niet vreemd dat hij in de gastronomie van de Britse Eilanden een bijzondere plaats inneemt.

Voor dit recept nemen we een mooi vers exemplaar van 3-4 kg, dat zwaar in de hand ligt. Een grotere, dus dikkere vis zou moeilijker gelijkmatig gaar zijn te krijgen. Kleinere filets daarentegen lijden van het garen en worden wat smaak betreft overvleugeld door de knapperige huid, die overigens niet verwijderd mag worden. Zo is ook hier de middenweg de juiste weg.

De garnering bestaat uit in Ierland graag gegeten groentesoorten, zoals savooiekool en champignons. Blijkbaar staat eekhoorntjesbrood op dit eiland niet zeer hoog aangeschreven, hoewel Paul Rankin zich met enthousiasme een ongelofelijke vondst van paddestoelen herinnert, (wel 30 kilo eekhoorntjesbrood in slechts twee uur!). Maar ook een andere groene groente zoals snijbiet of spinazie zouden hier goed passen.

Het gebruik van gember in de bijgerechten kan een verrassing zijn. Schil de gemberwortel eerst en gebruik er niet teveel van, want zijn krachtige smaak zou alle aandacht naar zich toe kunnen trekken. Gebruik de gember met het nodige gevoel in de verschillende exotische sausen (soja, chilisaus etc.) en in de sesamolie, waarmee de bereiding overigens aan luchtigheid wint.

Er komen echter ook nog andere specerijen in aanmerking om de kruidenmix af te ronden, zoals cayennepeper, zwarte en witte sesam, knoflookpoeder of curry. Gebruik ze echter met mate, want de hoofdrol in dit gerecht speelt uitsluitend de vis, wiens zachte aroma herkenbaar moet blijven.

1. Voor de vinaigrette: fijngehakte gember, grofgehakte koriander en alle andere ingrediënten behalve de olie in een schoteltje zo lang kloppen totdat het zout opgelost is. De olie langzaam erbij doen en goed blijven kloppen. Op smaak brengen met peper en zout.

2. De in repen gesneden savooiekool 1 minuut in kokend zout water blancheren en aansluitend in koud water afkoelen tot hij lauw is. De knoflook en de gember bij hoog vuur in 1 el plantaardige olie roerbakken, de kool en de in plakjes gesneden champignons toevoegen en 1 minuut laten bakken. Op smaak brengen met zout en peper en warm houden.

sesam en gembervinaigrette

3. De koolvis in stukken van 150 g snijden en ter versiering het vel insnijden. Het eiwit en de room in een bakje vermengen, de visfilets erin leggen, laten intrekken en door bloem halen.

4. Bij 180°C in hete olie 3 minuten aan elke kant frituren en op keukenpapier laten uitlekken. De bijgerechten als een bedje op de voorverwarmde borden schikken, daarop de vis leggen en de vinaigrette eromheen gieten.

Gesauteerde snoekfilets

Voorbereidingstijd	50 minuten	
Kooktijd	30 minuten	
Moeilijkheidsgraad	★	

Voor 4 personen

4		snoekfilets van 180 g
1 kg		levende rivierkreeftjes
2 el		olie
2 el		boter
		zout en witte peper

Voor de saus:

2 el	wortels
2 el	uien
2 tenen	knoflook

3 el	olie
1 el	tomatenpuree
2 el	cognac
100 ml	witte wijn
300 ml	volle room (48%)

Voor de vinaigrette:

200 ml	vinaigrette
2	tomaten
1 tl	knoflook, geplet
1 tl	dragon, gehakt
1 el	peterselie
	zout en peper

Voor de garnering:

takjes	dragon en kervel

In Canada, het geboorteland van Jenny Rankin, de vrouw van onze kok, is snoek zeer geliefd, maar ook in Ierland komt hij veel voor en is daar een vis voor de armen. Daarom combineert Paul Rankin hem met rivierkreeftjes en biedt ons een vers en smakelijk gerecht, dat door een fijne vinaigrette en een mediterraan aandoende saus wordt begeleid.

De snoek herkent men aan zijn groene rug en de lange, bijna spitse kaken. Het is een van de zachtste zoetwatervissen en heeft wit, stevig, zeer fijn vlees. Men moet de donkere snoeken uit stilstaand water echter mijden, aangezien ze zich in de modder ingraven en dus ook erg gronderig smaken, evenals de zeesnoek of barracuda van de Middellandse Zee, die een slechte reputatie heeft.

Snoekvlees is dan wel zacht, maar kan wat flauw zijn. Daarom geeft men er gewoonlijk een goed gekruide saus bij, die de smaak van de vis moet versterken. Deze saus moet echter met grote zorgvuldigheid en met in achtneming van alle aanwijzingen van Paul Rankin bereid worden.

Enthousiaste rivierkreeftenkwekers zullen u de Australische variëteit van deze zoetwaterschaaldieren aanbevelen: de echt grote, bruine 'Cherax tenuimanus' heeft een heel fijne smaak. En anders kan men de uit Louisiana, VS, stammende *crayfish* gebruiken, die bijna overal in Europa te koop zijn.

Als er geen behoorlijke snoek te vinden is, kan men elke andere zoetwatervis nemen die behoorlijke filets oplevert.

1. De kreeften wassen, in kokend zout water doen, het water opnieuw aan de kook laten komen en 30 seconden laten koken. Van het vuur halen en 4 minuten laten rusten en laten uitlekken. De koppen apart leggen en in een kom fijnstampen. Het vlees uit de staarten halen en weg zetten.

2. De fijngestampte koppen 3 minuten licht smoren, de kleingeneden groente en de knoflook toevoegen en 2 minuten laten garen. De tomatenpuree, de cognac en de wijn toevoegen. Tot de helft inkoken, 1 liter water toevoegen en 20 minuten laten koken. Door een zeef wrijven en tot 250 ml vocht inkoken. De volle room toevoegen en tot een romige consistentie inkoken.

met rivierkreeftjes

3. Vervolgens 4 snoekfilets van 180 g fileren, op smaak maken met peper en zout en 3 minuten aan elke kant in olie en boter gaar maken. De tomaten ontvellen, zaden verwijderen en in kleine blokjes snijden. De vinaigrette met de knoflook en de kruiden in een kommetje met de garde opkloppen. Tot slot de tomatenblokjes erbij doen en goed mengen.

4. De kreeftenstaarten in de vinaigrette opwarmen. De vinaigrette, de kreeftenstaarten en de saus op voorverwarmde borden doen. De snoekfilet erop leggen en met dragon en kervel garneren.

Snoekrug gepikeerd

Voorbereidingstijd 45 minuten
Kooktijd 20 minuten
Moeilijkheidsgraad ★

Voor 4 personen

1	snoek van 1½ kg
1	paling van 800 g
2	sjalotten
120 g	boter
200 ml	witte Chinon-wijn
10 g	fleur de sel
	peper

Snoek wordt al eeuwen op de meest verscheidene manieren bereid. In de Middeleeuwen maakte hij indruk op de fijnproevers door zijn vraatzucht. In de 16de eeuw, toen hij steeds vaker op de dis van de Franse koning opdook was hij zeer in de mode.

Neem bij voorkeur riviersnoek, want meersnoek brengt de meeste tijd van zijn leven in de modder door en neemt de smaak daarvan aan. Snoekvlees is wel mooi wit maar vaak wat flauw; zodat men krachtige bijgerechten nodig heeft.

Vroeger werd er veel slechts over de paling verteld en men hield hem voor ongezond en inderdaad moet men oppassen voor te grote exemplaren. Het leven van een paling bestaat namelijk uit talrijke omzwervingen tussen zee en zoetwater, waarbij hij soms door moerassig en vervuild gebied komt. Maar tegenwoordig gebruiken de meester-koks de paling weer in de mooiste gerechten, zodat hij helemaal in de lift zit.

Niet alleen in de beroemde matelot 'Matelote tourangelle' maar ook in de combinatie met snoek is paling uiterst succesvol. Omdat hij niet lang houdbaar is, moet men hem tot op het laatste moment in leven houden en dan eigenhandig villen. Als hij eenmaal schoongemaakt is, snijdt men hem in kleine, zeer dunne repen, die in een pikeerpriem passen. Deze viscompositie wordt bereid met een mousserende Chinon, een heerlijke wijn uit het Loiredal, waar Rabelais al mee dweepte,

Let er bij de bereiding van de snoek op dat hij mooi zacht blijft en serveer hem op een bed van gestoomde prei.

1. De snoek fileren, het vel eraf trekken en de graten verwijderen. Verwijder het vel van de paling, fileer de vis en snijd hem in reepjes.

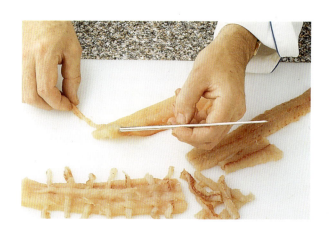

2. Verdeel de snoek in 4 stukken en pikeer hem met een pikeerpriem met palingreepjes.

Jean-Claude Rigollet

met paling

3. Fruit de fijngehakte sjalotten in een ovenvaste schaal in wat boter en giet wat witte Chinon erover. Leg de snoek erin, bestrooi hem met fleur de sel en peper en laat de vis in 6 minuten bij 180°C in de oven gaar worden en begiet hem daarbij veelvuldig.

4. Neem de snoek eruit en kook het kookvocht tot de helft in. Monteer het met de rest van de boter. Schik de gelardeerde snoekrug op de borden en giet de saus erover.

Langoestines

Voorbereidingstijd 30 minuten
Kooktijd 3 minuten
Moeilijkheidsgraad ★

Voor 4 personen

24	langoestines
2	courgettes
8	knoflooktenen
snufje	tijm
15 g	boter
	zout en peper

Voor de fond:

	langoestinekoppen
1	ui
1	wortel
1	bouquet garni
15 g	boter

Voor de marinade:

2 mespunt	Madraskerrie
50 ml	olijfolie

Voor de garnering:

5 g	bieslook

Kerrie is een mengsel van verschillende gemalen specerijen, dat door de Britten naar Europa werd meegenomen vanuit India. Het bestaat meestal uit kardemom, kurkuma (geelwortel), karweizaad, mosterdzaad, kruidnagel en flink wat cayennepeper. Met dit fijngemalen oranjegele poeder worden vlees en vis gekruid. Zo wordt in een van Sherlock Holmes verhalen een wachtpost in een paardenrenstal een slaapmiddel toegediend, dat werd verwerkt in een scherp lamscurrygerecht.

Welk doel men ook wil bereiken, Jean-Claude Rigollet beveelt de subtiele, maar sterke Madraskerrie aan, omdat de samenstelling van de kerriemengsels sterk afhankelijk is van de verschillende herkomst. Men moet dan ook goed overwegen welke kerrie men bij welk gerecht wil gebruiken. Heel belangrijk is bovendien de bereiding van de 'desmoiselles' zoals men de langoestines in Cherbourg pleegt te noemen.

Deze kleine schaaldieren moeten eigenlijk levend gekookt worden, maar als er geen levende te krijgen zijn, moeten ze in ieder geval absoluut vers en doorschijnend zijn, met heldere ogen. Een kilo moet ca. 15-20 langoestines bevatten, zodat de staarten behoorlijk van omvang zijn.

Als bijgerecht bij deze uiteenlopende smaakvariëteiten passen courgettes met hun zachte vlees en bescheiden smaak. Het gerecht heeft in zijn geheel nog iets pikants nodig. Onze chef-kok heeft daarom een knoflookjus bedacht, die zijn krachtige aroma ontleent aan de in de vijzel fijngewreven tenen. Als men de aanwijzingen trouw opvolgt zal de bereiding van dit lichte en aromatische gerecht weinig moeite kosten.

1. De langoestinekoppen van de staarten trekken. Ui en wortel fijnsnijden en met de koppen even in boter fruiten. Zoveel water erbij doen dat alles onder staat, het bouquet garni erbij doen en tot driekwart inkoken. Door een zeef halen en warm houden.

2. Intussen het vlees uit de langoestinestaarten halen. Een courgette wassen en overlangs in dunne repen snijden. Iedere staart in een reep courgette rollen en met een houten prikker vastzetten.

224 Jean-Claude Rigollet

met kerrie en knoflookjus

3. De spiesjes op smaak brengen met peper en zout, 15 minuten in de marinade van kerrie en olie leggen. De geplette knoflooktenen in 15 g boter even fruiten en de langoestinefond erbij doen. De jus 10 minuten op laag vuur laten koken.

4. De tweede courgette in dunne reepjes snijden en met de tijm in olijfolie sauteren. De langoestines op hoog vuur in olijfolie aanbakken. De courgettereepjes in het midden van het bord leggen met de langoestinespiesjes eromheen. Knoflookjus erover gieten en met bieslook garneren.

Frankrijk **225**

Bourride met zeetong en

Voorbereidingstijd 1 uur
Kooktijd 2 uur
Moeilijkheidsgraad ★★

Voor 4 personen

| 1½ kg | zeetongfilet |
| 12 | langoestines |

Voor de visfond:

	ui, wortel, prei (van elk 1)
½	venkelknol
1 stengel	selderij
1 bol	knoflook
50 g	boter
50 ml	olijfolie

Voor de saus:

2 tenen	knoflook
100 g	boter
50 ml	room, 50 ml olijfolie

Voor de groenten:

| 200 g | wortel, bleekselderij, courgette |
| 400 g | aardappelen |

Voor de honingkaramel:

20 g	honing
40 g	boter
20 ml	sherryazijn

Voor de garnering:

| | bieslook |
| takjes | kervel |

Waarom zou iemand als Michel Rochedy, die uit de Ardèche komt en vroeger niets van olijfolie moest weten, hier toch olijfolie gebruiken? Samen met de boter versterkt de olie in bescheiden mate de zoetige smaak van de langoestines en heeft in dit recept, waaraan de olie het zuidelijke aroma geeft, een vaste plaats verworven. Zoals altijd hangt ook hier het succes van het gerecht sterk af van de kwaliteit van de ingrediënten. Onze kok bereidt deze bourride altijd met zeetong, die vers door de visserskotters aangevoerd worden en met de door hem hoog geprezen langoestines uit het bassin van Arcachon. Als men zijn opvatting verder volgt, dan scheidt men de koppen direct van de staarten en wikkelt de staarten in folie om ze vervolgens drie dagen in het vriesvak te leggen. Op deze wijze wordt voorkomen dat het vlees van de langoestines oxideert en begint te stinken als men het niet direct verwerkt.

Om de langoestinesstaarten te karameliseren, wordt de boter langzaam in een pan met anti-aanbaklaag gesmolten. Vervolgens worden de schaaldieren daarin op hoog vuur aangebakken. Tenslotte wordt de honing snel toegevoegd en het geheel afgeblust met sherryazijn.

De zeetongfilets zijn in een handomdraai klaar. Ze worden alleen beetgaar gemaakt, opdat de vis mooi zacht blijft en zijn reputatie eer aan doet, volgens welke hij in de oudheid al 'sandaal van Jupiter' genoemd werd. De fond verdient de nodige zorgvuldige aandacht, opdat het kruidenmengsel de afzonderlijke ingrediënten volledig tot hun recht laat komen, zonder te domineren. Vergeet de knoflook niet, die dit recept zijn Provençaalse smaak geeft.

1. De zeetong fileren en de langoestines openbreken. Koppen, schalen en visgraten samen met de kleingesneden ingrediënten van de fond in olie en boter licht smoren. Zoveel water erbij doen dat het voor de helft onderstaat en op laag vuur 2 uur laten trekken. Door een zeef wrijven. De wortel, courgette, selderij en aardappelen bijsnijden.

2. De zeetongfilets in een met boter ingevette schaal leggen en op smaak brengen. De helft van de fond erover gieten en pocheren (de vis moet rosé blijven).

Michel Rochedy

gekarameliseerde langoestines

3. Voor de saus: de rest van de fond inkoken, 2 tenen knoflook en de room toevoegen, 1 minuut opkoken, boter en olijfolie erbij doen. Pureren, door een zeef halen en op smaak brengen.

4. De langoestines in boter bakken tot ze kleur hebben. De honing toevoegen en met 1 el sherryazijn blussen. De zeetong en de langoestines in diepe borden schikken en de groente erbij doen. De saus erover gieten en tenslotte met wat bieslook en blaadjes kervel garneren.

Zonnevisfilet

Voorbereidingstijd   10 minuten
Kooktijd   10 minuten
Moeilijkheidsgraad   ★

Voor 4 personen

2	zonnevissen van 800 g
4	artisjokken
4	grote aardappelen (naar keuze)
60 g	boter
60 ml	room
50 ml	cognac
500 ml	olie
10 g	witte peperkorrels
	zout en peper
takjes	kervel

De vanwege het witte, smakelijke vlees gewilde zonnevis uit de familie der *Zeidae* prefereert niet alleen in onze streken, maar ook in Afrika rotsige kusten en wordt met trawlers gevangen. Daardoor is deze vreemd uitziende vis bijna overal te krijgen. Hij is te herkennen aan zijn afgeplatte lichaam met een zwarte vlek op elke flank. Zijn ogen puilen uit en zijn sneeuwwitte filets zijn zacht en stevig tegelijk.

Van alle gekleurde soorten peper geldt de witte peper als de zuiverste. In tegenstelling tot zwarte peper wordt hij na de oogst geschild en is daarom duidelijk scherper van smaak. In de Oudheid werd hij onder grote geheimhouding uit Malabar gehaald en tegen goud afgewogen. In de late Middeleeuwen kende hij zijn bloeitijd, nadat de Portugese zeevaarders nieuwe verbouwgebieden in Sumatra hadden ontdekt. Koning Johannes III van Portugal gebruikte hem zelfs als bruidsschat voor zijn zuster Isabella, toen die met Karel V trouwde.

De artisjok die lang geleden in de geneeskunde een glansrijke carrière begon, zet deze tegenwoordig voort in de gastronomie. In ons recept verwerken we de kleine paarse artisjokken die vooral in de Provence verbouwd en gewoonlijk rauw gegeten worden. Maar de grote 'Camus' uit Bretagne zouden ook heel goed erbij passen. Ze hebben een brede bodem, waarvan men mooie chips kan maken. Met de wonderlijke vormen die deze bij het frituren aannemen, zullen uw gasten zich zeker vermaken.

1. De zonnevis fileren. Bij gebruik van aardappelen, deze schillen en in grote frites snijden. In de friteuse of de oven in olie frituren.

2. De peperkorrels grof pletten. De visfilets erop leggen en stevig aandrukken, de behandeling aan de andere kant herhalen en de filets zouten.

Joël Roy

met peper

3. De visfilets in een pan 4 tot 5 minuten aan elke kant in geklaarde boter bakken, uit de pan nemen en warm houden. De artisjokbladeren blancheren en laten afkoelen. De artisjokbodems met de groenteschaaf in zo dun mogelijke plakjes snijden.

4. De bakboter blussen met cognac, de room en boter toevoegen en laten binden. Deze saus door een zeef halen en op smaak brengen. De artisjokplakjes een paar minuten in olie pocheren. De borden voorverwarmen, met saus overgieten en de visfilets erop leggen. Met artisjokchips, artisjokblaadjes en takjes kervel garneren.

Snoekbaarspakketjes met

Voorbereidingstijd 15 minuten
Kooktijd 20 minuten
Moeilijkheidsgraad ★★

Voor 4 personen

1	snoekbaars
20 paar	kikkerbillen
60 g	verse geitenkaas (charolais)
1	sjalot
12	spinaziebladeren
30 g	boter
4 l	room
1 l	slagroom
50 ml	witte wijn
	zout en peper

Deze bereidingswijze in pakketjes ofwel buideltjes is een specialiteit uit Marseille: 'Pieds et paquets'. Het traditionele, in het Rhônedal geliefde gerecht, bestaat uit lamsvoetjes en kleine pakketjes van ingewanden. De hele kunst bestaat daaruit, deze pakketjes zo te sluiten, dat ze tijdens het gaar maken in witte wijn en bouillon niet open gaan.

De gelijkenis van dit gerecht met het traditionele gerecht wordt al duidelijk door de uiterlijkheden. Voor ons recept nemen we snoekbaars, die in de wateren van Zuid-Frankrijk volop voorkomt. Hij behoort tot de familie der baarsen, geldt als vraatzuchtig en heeft enige gelijkenis met baars en snoek. Kies een mooi stevig exemplaar met een dunne, glibberige huidlaag, waaraan men de versheid herkent. Omdat hij relatief weinig graten heeft, is het fileren niet moeilijk.

Als tweede vervreemdend element van dit typische gerecht nemen we kikkerbillen, die als vulling dienen. Kies zeer stevige, vaste exemplaren, want dat is een versheidsgarantie, zodat er niets fout kan gaan. Omdat de kikkers in de snoekbaarspakketjes een tweede maal garen, mogen ze de eerste keer niet te lang gekookt worden, maar net zo lang tot het vlees loslaat van de botjes.

De gevulde en met een houten prikker vastgezette snoekbaarsfilets, zullen voor de gasten een boeiende verrassing zijn. Dit effect zal door een pregnante roomsaus met geitenkaas nog vergroot worden. De saus moet een goede verbinding tussen vorm en inhoud bewerkstelligen. Onze kok beveelt de geitenkaas uit de landstreek Charolais aan, die om zijn geitenhouderij bekend staat.

1. De kleingesneden sjalot in een smoorpan in gesmolten boter glazig fruiten. De kikkerbillen daarin aanbakken. De witte wijn en de helft van de room toevoegen. Zonder deksel 4-5 minuten gaar laten worden. De kikkerbillen eruit nemen, ontbenen en het vlees apart zetten.

2. De snoekbaars fileren en in dunne filets verdelen. De spinaziebladeren slechts 2 minuten in boter smoren, opdat ze mooi groen blijven.

230 Joël Roy

kikkerbilletjes en geitenkaas

3. De snoekbaarsfilets plat op het werkvlak leggen, op smaak brengen met zout en peper. Een lepel kikkervlees op elke stuk snoekbaars doen. De pakketjes zorgvuldig sluiten en met de rest van de room in een ovenschaal, 4-5 minuten in de oven zetten en vervolgens 1 liter slagroom kloppen.

4. De pakketjes uit de oven halen en warm houden. De geitenkaas en de geklopte room bij de room doen, waarin de pakketjes gaar gemaakt zijn en goed mengen. Op elk bord 3 bladen spinazie vlak uitspreiden en er de pakketjes op leggen. De roomsaus over de borden verdelen en in de salamander nog even bruinen om een mooie goudgele kleur te krijgen.

Frankrijk

Goudbrasem met zout

Voorbereidingstijd	*35 minuten*
Kooktijd	*20 minuten*
Moeilijkheidsgraad	★★

Voor 4 personen

1	goudbrasem van 1 kg
800 g	grof zout
4 takjes	tijm

Voor de saus:

100 g	kabeljauwingewanden, gekookt en in 1 cm grote stukken gesneden
4 stukken	bloedworst
1 el	sofritosaus (tomaten, uien, olie, tijm)

200 ml	kookwater voor de ingewanden
200 ml	water

Voor de Picada:

	witte amandelen
1 teen	knoflook
	peterselieblaadjes

Voor de 'sanfaina':

1	ui
1	groene paprika
1	aubergine
1	courgette
2	rijpe tomaten

De enige streek waar men kabeljauwingewanden bereidt en eet is Catalonië. Daar heten ze ' tripas de bacalao'. De visdarmen worden ontzout en gekookt. Hun geleiachtige structuur levert samen met het gaarwater een weliswaar ongewone, maar smakelijke substantie. Maar dat is nog niet alles. Nadat men de voordelen van kabeljauwingewanden ontdekt heeft, komt er het genot van de Picada en de 'sanfaina' bij, twee specialiteiten die in andere Europese landen nagenoeg onbekend zijn.

Het snelle garen van de goudbrasem is in principe echt makkelijk: de filets worden met de huidkant op een laag grof zout gelegd en zo geleidelijk aan met een een smakelijke hitte doordrongen, terwijl hun eigen kookvocht het zout deels oplost. Deze manier van gaar maken is alleen geschikt voor bepaalde vissen, met een relatief stevige huid hebben, omdat ze anders bitter worden. Als men geen goudbrasem kan krijgen, is zeebaars of roodbaars ook goed. Maar vergeet in geen geval de tak tijm, waarvan het aroma zich in de afgedekte pan bijzonder goed ontvouwt.

De picada heeft een paar zaken gemeen met de sofrito, maar bevat bovendien nog gemalen, geroosterde amandelen en pijnboompitten, zodat een compositie van ongewone smaaknuances ontstaat. Sanfaina wordt door iedere Catalaan wel eens op de ramblas of in welke wijk dan ook, gegeten en is een variant van de ratatouille uit Nice. Het is een onnavolgbare getuigenis van de smaaktradities en de bereiding is routine voor onze koks, maar wordt hier wel aan de omstandigheden aangepast. Uit deze verstandige manier van omgaan met het gastronomisch erfgoed kan vervolgens culinaire kunst ontstaan.

1. De goudbrasem fileren en in porties van 200 g verdelen. Een laag licht vochtig, grof zout in een schaal doen. De goudbrasemfilets daarop leggen. De kabeljauwingewanden 10 tot 12 uur in een zeef ontzouten. Laten uitlekken, het lekvocht met evenveel water aanvullen en de visingewanden erin opkoken.

2. Een takje tijm op elke filet leggen, de schaal afdekken en op hoog vuur 7 minuten koken. Van het vuur halen, 3 minuten laten rusten en dan de deksel eraf halen.

en Catalaanse 'Sanfaina'

3. Voor de sanfaina: de uien klein snijden en in olie goudgeel bakken, de ontvelde en ontpitte tomaten toevoegen. De paprika's roosteren, ontvellen en in fijne repen snijden. Courgette en aubergine fijnsnijden, het geheel op smaak brengen en bij laag vuur gaar laten worden. Voor de picada: de gepelde en geroosterde amandelen met knoflook en peterselie in de vijzel fijnwrijven.

4. Voor de sofrito: uien, hele tomaten en tijm in olie fruiten, laten inkoken en pureren. Het pocheervocht (de helft van het kookvocht van de ingewanden en de picada) en de bloedworstblokjes erbij doen. De goudbrasemfilets in de bakvorm serveren. De sainfana-ratatouille en de saus apart als bijgerechten serveren.

Poon met kummel

Voorbereidingstijd 15 minuten
Kooktijd 8 minuten
Moeilijkheidsgraad ✷

Voor 4 personen

1	rode poon van 2 kg
4	artisjokken
1	grote courgette
	olijfolie extra vierge
	zout en gemalen kummel

Voor de peterseliesaus:

500 ml olijfolie extra vierge
peterselietakjes

Poon, de vis die een geknor laat horen als men hem uit het water haalt, hoort tot de familie van de *Triglidae*. De naam hebben ze te danken aan hun driehoekige kop en de hele familie omvat minstens 8-10 variëteiten. De bekendste daarvan is de roodbuikige rode poon die men bijvoorbeeld op zijn Catalaans kan bereiden en met een 'Sofrito' van knoflook, uien en tomaten serveert. Voor een kok is deze vis makkelijk te verwerken.

Onze kok stelt hier een heel eenvoudig recept voor, zodat er helemaal geen reden meer is, de poon links te laten liggen. De vis wordt in de oven gaar gemaakt en de artisjokken worden gesauteerd. Het meest bijzondere van dit recept is eigenlijk de gemalen kummel (karwijzaad), waarmee de visfilets licht worden bestrooid. Volgens de Spaanse overlevering hebben we het aan de Moren te danken, die zich tot het einde van de 14de eeuw op het Iberische schiereiland bevonden, dat dit kruid met zijn heel eigen smaak in Europa verbreid werd. Men gebruikt het veel in de Indiase en de Noord-Afrikaanse keuken, maar het is zelden in visgerechten te vinden. In Nederland en de Duitstalige landen is kummel ook gewild; denk maar aan münster-kaas of kummel-schnaps.

Kummel heeft een sterk aroma en moet daarom zeer spaarzaam gebruikt worden als men de smaak van de vis niet wil bederven. De kummel wordt kort voor het einde van de gaartijd over de vis gestrooid, zodat deze er licht naar smaakt. Om de kleur van de saus wat krachtiger te krijgen, kan men er wat peterselie of eventueel dragon aan toevoegen.

1. De vis van schubben ontdoen, schoonmaken, fileren en in porties van 250 g verdelen. De artisjokken voorbereiden, in citroenwater al dente garen en laten uitlekken. De artisjokharten in kleine stukken snijden en in olijfolie sauteren.

2. Het maken van de saus: peterselie van de stengels ritsen, wassen, drogen en met een halve liter olijfolie tot een emulsie verwerken.

en artisjokken

3. De visfilets zouten, in een gloeiende grilpan roosteren en vervolgens 8 minuten in de oven verder gaar laten worden. Kort voor het einde van de gaartijd de gemalen kummel op het vel strooien.

4. De courgettes schuin in dunne plakken snijden. De plakken op het laatste moment door frituurdeeg halen en licht in olie frituren. Op elk bord een stukje artisjok en een visfilet schikken en omgeven met peterseliesaus. Garneren met gefrituurde courgetteschijven.

Burrida di

Voorbereidingstijd 25 minuten
Kooktijd 40 minuten
Moeilijkheidsgraad ★★

Voor 4 personen

4	zeebaarsfilets
4	tarbotfilets
4	zonnevisfilets
4	rivierkreeften
4	langoestines
500 g	mosselen
2 grote	aardappelen
2 tenen	knoflook
2 grote	uien
2	ansjovisfilets in zout
6 el	olijfolie extra vierge
250 ml	water
2 el	witte wijn
1 bosje	peterselie
1	tomaat, in blokjes
	knoflookcroûtons
	zout en peper

Een vis alleen is niet voldoende om de hele oceaan te bevolken. Daarom heeft onze kok er ook geen bezwaar tegen om de verschillende soorten te combineren, vooral niet als het erom gaat onze tong te strelen en de zegeningen van de zee op de beste manier te vieren. Zijn burrida bevat vissen, schaaldieren en weekdieren en laat op briljante wijze de oude tradities van Ligurische en Sardijnse vissers herleven, wiens eerbiedwaardige beroep tot in de Romeinse Oudheid teruggaat.

De burrida was vroeger het voedsel van de vissers en bestond uit de vissen die van de verkoop overbleven en waarmee het gezin werd gevoed. Men kan zich dus voorstellen dat het gerecht steeds anders uitpakte. Later bevatte de Provençaalse 'bourride ' bijna altijd zeeduivel, maar ook een heleboel andere ingrediënten, die we aan de Zuideuropese koks te danken hebben.

Mosselen kwamen in de oorspronkelijke recepten niet voor. Bij Ezio Santin spelen ze echter een heel eigen rol, want in hun kookvocht wordt de rest van het gerecht bereid. De hier aanbevolen werkwijze heeft het voordeel, dat elk bestanddeel zijn eigen smaak en vocht bewaart en zich pas in de uiteindelijke combinatie met de andere vermengt. Men moet de vissen dus gescheiden verwerken, hetgeen gezien hun eigen structuur alleen maar logisch is. Zorg ervoor, dat de ansjovisfilets goed afgespoeld zijn, zodat ze in vergelijking tot de fijne smaak van de andere vissen niet te zoutig zijn.

Ook al is de combinatie van tarbot, zeebaars en zonnevis (volgens onze kok de 'kip van de zee') niet bijzonder exclusief, de samenstelling is wat smaak betreft zeer harmonieus, maar kan naar wens ook met wat vettere vis als makreel bereid worden.

1. De filets in 40 g zware stukken verdelen, de graten verwijderen en schoonspoelen. De kreeften en langoestines in kokend water met zout garen, het vlees eruithalen en het kookwater bewaren.

2. De in kleine stukjes verdeelde ansjovisfilets met een geplette knoflookteen 2-3 minuten op laag vuur licht smoren. De gehakte uien en in blokjes gesneden aardappelen toevoegen, even aanbakken, water erbij gieten en in 5-6 minuten gaar laten worden.

236 Ezio Santin

pesce misto

3. Dan 2 el olijfolie met een teen knoflook en de peterselie in een andere pan verhitten. De mosselen en de witte wijn toevoegen. Afdekken totdat de mosselen gaar zijn. Het mosselvocht op de aardappelen en uien gieten en het geheel op smaak brengen. De filets in de rest van de olie aanbakken.

4. Alle ingrediënten, behalve de mosselen, in het kookvocht van kreeft en langoestines doen, het vuur hoger zetten en verder gaar laten worden. Broodcroûtons met knoflook inwrijven. Met de knoflookcroûtons, de mosselen en kleine tomaatblokjes in diepe borden serveren.

Italië

Goudbrasem met

Voorbereidingstijd 15 minuten
Kooktijd 4-6 minuten, al naar gelang de dikte
Moeilijkheidsgraad ★

Voor 4 personen

4	goudbrasemfilets van 250 g
20	cherrytomaten (of kleine tomaten)
2	courgettes
50 ml	olijfolie extra vierge
2 tl	boter
1 takje	rozemarijn, gehakt
1 teen	knoflook
1	limoen
1	citroen
	oregano en munt
	zout en peper

De beste cocktails zijn niet die met de meeste ingrediënten. Veel meer komt het aan op de juiste en goed gekozen ingrediënten, die pas in combinatie met de andere een bijzonder effect ontvouwen en een onvergetelijk gerecht doen ontstaan. Daarom gebruikt Nadia Santini hier bij de goudbrasem maar heel weinig bijgerechten.

De Romeinse fijnproever Apicius waardeerde de goudbrasem al en gebruikte hem in talrijke recepten. Deze in de Middellandse Zee zeer veel voorkomende vis wordt door de inheemse vissers geprezen wegens zijn uitgesproken smaak en het zachte, witte vlees. Maar wel dient gezegd dat de vis erg kwetsbaar is. Bij het garen moet men er dus voor zorgen, dat hij niet uit elkaar valt en zijn smaak behoudt.

Kappertjes, dit zuidelijke product par excellence, zullen het met goudbrasem en trouwens met alle witte vis, goed kunnen vinden.

Neem bij voorkeur in zout en niet in azijn ingelegde kappertjes, opdat er geen conflict met de boter ontstaat. De combinatie tussen de zachte smaak van de vis en het zurige aroma van de kappertjes wordt op aangename wijze bevestigd door een paar verse rozemarijnbladeren, die men fijngehakt over de garende visfilets strooit.

De limoen moet mooi stevig en klein zijn. Ze is rijk aan vitamine C en zorgt voor optimale frisheid. Een bijrol is toegedacht aan de cherrytomaten: ze moeten het gerecht niet alleen wat kleur betreft, maar ook wat smaak betreft afronden. Deze tomaten zijn pas sinds 1985 op de markt, maar zo gewild, dat er intussen zelfs oranje en gele soorten aangeboden worden.

In plaats van goudbrasem kan dit gerecht ook met andere witte vis, zoals een kleine zeebaars bereid worden.

1. De cherrytomaten van de stelen ontdoen, met oregano en zout bestrooien, wat olijfolie erover doen en 5 minuten in de oven zetten.

2. De courgettes in de lengte in schijven snijden, in een pan in olijfolie bakken, oprollen en op elk rolletje een blaadje munt zetten. Warm houden.

238 Nadia Santini

limoenschil en kappertjes

3. Boter in een pan met anti-aanbaklaag laten smelten. Gehakte rozemarijn, geraspte citroenschil, knoflook en goudbrasemfilets erin doen en op smaak brengen met zout en peper.

4. De visfilets omdraaien en 3 minuten gaar laten worden. Op de borden leggen en rondom de vis 5 cherrytomaten en een paar rolletjes courgette schikken. Tot slot een paar reepjes limoenschil en de kappertjes erop leggen.

Stokvis met koriander

Voorbereidingstijd 15 minuten
Kooktijd 45 minuten
Moeilijkheidsgraad ★★

Voor 4 personen

4	moten gezouten stokvis van 300 g (48 uur ontzouten)
200 g	kleine aardappelen
30 g	boter
600 ml	olijfolie
250 ml	melk
100 g	grof zout
	zout en peper

Voor de panade:

2 tenen	knoflook
2	kleine uien
3	rijpe tomaten
1 bosje	koriander
1 bosje	peterselie
	zout en peper

Wie voor het eerst op het idee kwam om kabeljauw in zout in te leggen, is al jaren een groot twistpunt. (In Portugal noemt men het resultaat 'bacalhau'). We zullen ons niet in deze discussie mengen, maar gezegd moet worden, dat de Spaanse en Portugese wijnboeren deze behandeling misschien wel niet uitgevonden hebben, ze gebruikten hem wel al heel vroeg om deze kostbare vis door drogen en inzouten houdbaar te maken.

Het is onze taak om een voor dit gerecht geschikte stokvis aan te schaffen. Ook al is het anders gebruikelijk, vis van bescheiden grootte te serveren, voor dit gerecht moet hij zo groot mogelijk zijn, want hoe dikker de vis, des te beter smaakt hij. In Portugal zijn er talloze bereidingswijzen voor stokvis. Het hier gepresenteerde recept behoort net als de in de oven met maïsbrood gegaarde 'bacalhau con miga de broa' tot de meer voedzame varianten.

Hoe kan men het best uitleggen hoe de Portugezen de 'a murro' aardappel maken. Eerst wordt hij met grof zout in de oven gaar gemaakt. Tot zo ver geen probleem, maar als hij uit de oven komt, krijgt elke aardappel een flinke klap met de vuist. Wat zou Sigmund Freud daarover te zeggen hebben? In eufemistisch keukenlatijn noemt men deze behandeling tamponneren, wat zowel afdeppen als ook afstempelen kan betekenen. Voor dit ritueel zijn de kleine soorten Charlotte of Roseval geschikt, die kunnen een krachtige behandeling het best doorstaan.

Tot slot moeten we nog iets zeggen over de speciale groentepanade, waarmee men de vis omhult. Ze moet duidelijk naar knoflook en koriander smaken, opdat de vis goed tot zijn recht komt. De samenstelling ervan mag echter niet aan het toeval overgelaten worden, maar moet zorgvuldig precies gedoseerd worden.

1. De stokvis 48 uur ontzouten, daarbij het water meerdere malen verversen. Vervolgens in een schaal doen, met melk bedekken en 1 uur laten rusten.

2. De stukken stokvis uit de melk nemen en met een handdoek droogdeppen. De olijfolie en de vis in een ovenvaste schaal leggen. De aardappelen 30 minuten in grof zout in de oven gaar maken. Het grove zout afvegen zodra ze uit de oven komen en de aardappelen met een vuistslag pletten.

en 'a murro' aardappelen

3. Voor de panade: knoflook, koriander, peterselie, ui en tomaten fijnhakken en op smaak brengen.

4. De schijven vis met de panade bedekken en 2-3 el boter toevoegen. Bij 200°C 45 minuten in de oven gaar maken. De vis en de aardappelen op de borden schikken.

Zeetongfilet

Voorbereidingstijd 30 minuten
Kooktijd 35 minuten
Moeilijkheidsgraad ★★

Voor 4 personen

3	zeetongen
300 g	venusschelpen
200 g	middelgrote roze garnalen
100 g	rijst
150 ml	crème fraîche

Voor de saus:

1	ui
1	tomaat
100 g	Noordzeegarnalen
50 g	boter
	zout en peper

Zelfs bij de Portugezen, die bekend staan als grote visliefhebbers, geldt de zeetong als een eerste klasse vis. Deze in de Atlantische Oceaan veel voorkomende vissoort verrijkt de regionale keuken en wordt in de eenvoudige traditionele recepten meestal gefrituurd of boven houtskoolvuur gegrild. Maria Santos Gomes beveelt echter een andere bereidingswijze aan, die eenvoudig en lekker is en met zekerheid een geslaagd maal oplevert, dat de gasten zal verheugen.

Zeetongfilet is smeuïg en kan wegens zijn structuur heel anders verwerkt worden dan bijvoorbeeld tarbot. In dezelfde categorie hoort volgens onze kokkin ook de zeebaars die dezelfde voordelen biedt. De zeetong wordt eerst gefileerd en de filets worden met roze garnalen bedekt, opgerold en met houten prikkers vastgezet. Op die manier krijgt men kleine rolletjes, die het gaar maken uitstekend doorstaan.

De juiste combinatie tussen deze visrolletjes en de bijbehorende saus komt door de Noordzeegarnalen, die men in de Portugese havens overigens ongepeld eet. De saus moet lang zachtjes koken, want het resultaat is afhankelijk van een goed samengaan van de afzonderlijke smaaknuances. Neem dus ruim de tijd en voeg de crème fraîche pas op het laatste moment toe. Deze moet de saus lichter maken en verbeteren. De puristen onder ons vinden misschien dat de zeetong betere schaaldieren verdient. Kreeft en langoestines zijn in dit gerecht ook welkom, maar dan moet men ervoor zorgen, dat de saus niet te krachtig wordt en mogelijk in smaak overheerst.

1. Voor de saus: de uien klein snijden en in een pan goudgeel fruiten. De tomaat en de Noordzeegarnalen toevoegen. Afgedekt 15 minuten smoren.

2. De venusschelpen 3-4 maal wassen. In een pan doen en bij hoog vuur koken tot ze open gaan. Het kookvocht in de pan met de saus gieten. Opkoken, in de mixer doen en door een zeef wrijven.

met schaaldierensaus

3. De roze garnalen pellen, de zeetong fileren en op smaak brengen. De filets met garnalen beleggen en oprollen. Met een houten spiesje vastzetten.

4. De rolletjes in een smoorpan leggen, saus, crème fraîche en venusschelpen toevoegen en bij laag vuur 10 minuten smoren. Op de borden schikken en met saus overgieten. Als apart bijgerecht Creoolse rijst serveren.

Portugal

Goudbrasemfricassée

Voorbereidingstijd   30 minuten
Kooktijd   20 minuten
Moeilijkheidsgraad   ★★

Voor 4 personen

4	goudbrasems
400 g	bleekselderij
4	kleine tomaten
3	wortelen
3	uien
1	citroen
2	eidooiers
100 ml	olijfolie
100 ml	witte wijn
1 snufje	maïzena
200 ml	crème fraîche
1 bosje	peterselie
	verse koriander
	saffraandraadjes
	zout en peper
	boter

Deze compositie is een excuus om een klassiek gerecht uit de Griekse keuken voor te stellen: de 'Aghvolemonosaus', letterlijk: saus met ei en citroen. Op deze wijze wordt vooral lamsvlees bereidt, want de bestanddelen van de saus nemen het vet op en laten zo de mooiste combinaties goed tot hun recht komen. Om de saus goed te laten lukken, zijn verse eieren en de onmisbare maïzena nodig.

Na uitgebreid overwegen geeft onze kok de goudbrasem een hoofdrol. De verliezers zijn zeeduivel en zaagbaars, die echter wel een eervolle vermelding van de juryleden verdienen. De puristen onder ons moeten het op de koop toe nemen, dat deze beroemde saus eens anders dan met lamsfricassée geserveerd wordt. Een troost is wellicht dat onze saus door de toevoeging van saffraan - al sinds de Oudheid een hoog gewaardeerde kostbare kruid - enigszins veranderd werd. In de mythologie heette het zelfs dat Jupiter die zeker niet om geld verlegen zat, weddenschappen afsloot voor saffraan. Onze kok verstaat als een meester de kunst om deze saus de juiste gouden schijn te geven, waarschijnlijk omdat hij elke saffraan-imitatie en in het bijzonder saffloerpoeder mijdt als de duivel het wijwater.

De typisch mediterrane olijfolie viert zijn grootste triomfen in Griekenland en beroept zich op feeërieke herkomst: Lesbos, Kreta, Kalamata. De Griekse kinderen - al dan niet met blauwe ogen - eten het al jong op schijven brood, die ze met zout bestrooien. Als ze dan groot worden en bovendien kok, achtervolgt deze heerlijke herinnering hem zo zeer, dat ze hun lievelingsgerechten steevast er mee bereiden.

1. De goudbrasem fileren en de graten verwijderen. Peterselie, wortelen en uien in een smoorpan in wat boter licht fruiten. De visgraten erbij doen, met witte wijn overgieten en laten garen. Door een zeef wrijven.

2. De saus weer laten inkoken en de crème fraîche toevoegen. De selderij wassen, in staafjes snijden, blancheren en laten schrikken. De kleine tomaten onder de gril zetten, de visfilets met peper en zout op smaak brengen en opzij zetten.

244 Nikolaos Sarantos

op Griekse wijze

3. De saus af maken: met eidooiers, een snufje maïzena en saffraan binden en op smaak brengen met citroensap. De selderij-julienne frituren.

4. De goudbrasemfilets 4 tot 5 minuten stomen. De saus op het bord doen, de filets daarop leggen en selderij-julienne, tomaten en een paar blaadjes koriander eromheen schikken. De bordrand met een paar draadjes saffraan versieren.

Zaagbaars met Naoussa-wijn

Voorbereidingstijd	1 uur
Kooktijd	15 minuten
Moeilijkheidsgraad	✯✯

Voor 4 personen

4	aubergines
250 g	zaagbaars
150 g	courgette en aardappelen
80 g	wortels
80 g	rode paprika
4	tomaten
2 tenen	knoflook
	olijfolie
	frituurolie
	zout en peper
	dille toppen om te garneren

Voor de saus:

200 ml	Naoussa Boutari (rode wijn)
200 ml	visfond
	boter

Voor wie de rode Naoussa nog niet kent, wordt het tijd deze nectar te leren kennen, die met name door Dionysos, de god van de wijn en vruchtbaarheid, werd gewaardeerd. Op grond van zijn krachtige aroma gedraagt hij zich - vooral als hij tijd heeft gehad om ouder te worden - zeer goed in dit gerecht, waarin vis op matrozenmanier bereid wordt. Let op de Frans-Griekse combinatie van de typisch Griekse gevulde aubergines enerzijds en een zeer Frans aandoende rode wijnsaus anderzijds.

De zaagbaars is bekend om zijn vraatzucht. Levend is hij een lastige soortgenoot, op de visafslag echter des te meer gewild. Hij heeft veel vlees en weinig afval, waaruit men kan afleiden dat de eenzaamheid en de vraatzucht hem geenszins schade berokkend hebben. Hij heeft weliswaar een licht bittere smaak, beslist door zijn aangeboren zwartgalligheid te verklaren, maar levert goede filets. Het bouquet van de rode wijn haalt echter alle zwakheden weg en zorgt samen met de aubergine ervoor dat de smaaknuances goed tot hun recht komen.

Opdat de schuitjes mooi stevig blijven, moeten de uitgeholde auberginehelften een nacht in grof zout gelegd om het vocht te onttrekken en vervolgens gefrituurd worden. Zorg ervoor dat in de mooie paarse huid van deze delicate groente een voldoende dikke laag vruchtvlees overblijft. En als ordentelijke reder zorgt men verder natuurlijk ervoor, dat het schuitje met kunstig in kleine blokjes gesneden nieuwe aardappelen beladen wordt.

Dit gerecht kan ook uitstekend met zeebaars worden bereid en - voor de ware Griekse fijnproever - zelfs met zuiglam.

1. De aubergines uithollen en een centimeter vruchtvlees aan de schil laten. De schuitjes in veel olie frituren en op een rooster laten uitlekken.

2. De zaagbaars wassen, van schubben en graten ontdoen. De filets in blokjes snijden en in een pan met olijfolie sauteren en met zout en peper op smaak brengen.

in aubergineschuitjes

3. Met rode wijn afblussen en ca. 10 minuten gaar laten worden. Voor de saus: de wijn en de visfond tot tweederde inkoken, door een zeef wrijven en met boter monteren. Alle groenten in grote blokken snijden en naar soort gescheiden blancheren.

4. De groenten in boter sauteren, de aubergine afwisselend met vis en groente vullen, met saus begieten en met groenteblokjes en dilletoppen versieren.

Griekenland

Zeeduivel in mosselvleeskorst

Voorbereidingstijd 2 uur
Kooktijd 30 Minuten
Moeilijkheidsgraad ★★★

Voor 4 personen

1	zeeduivel van 1½ kg
50 g	snoekbaarsvlees
400 g	boormosselen
400 g	venusschelpen
½	eiwit
20 ml	volle room (48%)
250 g	boter
1	witbrood
60 ml	olijfolie
2 tenen	knoflook
1 bosje	dragon
1 bosje	peterselie
1 takje	tijm en rozemarijn
	zout, peper en citroen

Voor de mirepoix:

2	sjalotten, knoflook, ½ prei, ½ venkel, 2 stengels bleekselderij schil van 1 sinaasappel, 1 tomaat
100 ml	witte wijn, 10 ml pastis

Voor de wortelsaus:

500 g	wortelen
	suiker
100 ml	room
100 ml	gevogeltefond
	verse koriander, dragon
40 g	boter
	sinaasappelschil

Voor de dragoncoulis:

30 g	boter, 50 ml mosselfond

Deze 'lotte', zoals de zeeduivel in het Frans heet, is natuurlijk niet dezelfde als de dame die lachte om het verdriet van de jonge Werther uit de onsterfelijke roman van Goethe. Toen Fritz Schilling voor deze bereidingswijze koos, was dat uit een behoefte aan helderheid ('meer licht', zoals Goethe zelf zei) en omdat hij een zwak voor de Middellandse Zee heeft, waar licht en levensvreugde in de aroma's en smaaknuances van de gerechten het best tot uiting komen. Laat ons dit principe testen en het zoetige van de wortelen, het knapperige van de korst en de zachtheid van het zeeduivelvlees op een bed van smakelijke vulling leggen, die zo bescheiden is, dat de vis volledig tot zijn recht komt.

De korst maakt men van 2 dagen oud witbrood, dat zich makkelijk in dunne sneetjes laat snijden, zonder te verkruimelen. De grootte van de visfilets is afhankelijk van de maat van de sneetjes brood. Ze worden meestal wat geplet en als een sigaret opgerold. Daarbij komt het goed uit dat de zeeduivel goed sappig is; vrijwel geen enkele andere vis kan dit evenaren. Voor de farce kan men het best mosselen nemen, in plaats van andere schaaldieren, waar men wellicht het oog al op liet vallen. Mosselvlees is afwisselender van smaak, knapperiger en mosselen leveren in verhouding meer vlees.

De wortelsaus moet de helderheid en gelijkmatigheid van het mediterrane licht hebben. Als de wortelen licht gekarameliseerd worden, krijgen ze een vollere smaak. Uit de puree wint men een heldere vloeistof met een diepe kleur en een sterk, zoet aroma. Gekruid met koriander, dragon en sinaasappelschil en zorgvuldig door een zeef gehaald, maakt deze saus dit zonnige gerecht tot een ware vreugdekreet.

1. Voor de saus: wortel in fijne repen snijden en frituren. De rest van de wortelen op laag vuur met boter, zout, suiker en gevogeltefond afgedekt garen. Koriander, dragon en sinaasappelschil erbij doen. 4 wortelen in kookvocht apart zetten. De room bij de rest van de wortelen doen, pureren en door een zeef wrijven.

2. Voor de dragoncoulis: een derde van de hoeveelheid peterselie, twee derde van de dragon met wat water pureren, door een zeef wrijven en opkoken. De mosselen in de mirepoix koken tot ze opengaan en laten uitlekken. Het kookvocht met bloem en boter binden en bij de coulis doen, met 20 g boter monteren en op smaak brengen.

met wortelsaus

3. Met de snoekbaarsfilet een klassieke mousse maken. Een paar mooie mosselen voor de versiering apart leggen, de rest grof hakken en met de snoekbaarsmousse mengen. Het witbrood van de korst ontdoen, in 3mm dikke sneden snijden en op vershoudfolie leggen.

4. De sneden brood met mousse bestrijken, de zeeduivelfilets erop leggen, op smaak brengen en met vershoudfolie stevig oprollen. De folie verwijderen en de filets in olie met wat boter, knoflook en tijm 8-10 minuten gaar laten worden. De saus op het midden van het bord gieten en met de dragoncoulis garneren. De mosselen en de wortelen op het bord schikken en de zeeduivelfilets in de saus zetten.

Snoekbaars met mayonaise

Voorbereidingstijd   1 uur 30 minuten
Kooktijd   30 minuten
Moeilijkheidsgraad   ★★

Voor 4 personen

1		snoekbaars van 2 kg
4	tenen	knoflook
400	ml	Hermitagewijn
		maïzena
1	tak	wilde venkel
2		basilicumblaadjes
1	takje	tijm
1	takje	rozemarijn

Voor de ratatouille:

1	rode en 1 zoete gele paprika
1	kleine aubergine
1	courgette
4	kleine uien

Voor de mayonaise:

2		eidooiers
20	ml	visfond
60	ml	olijfolie
		ingekookte Hermitage
		zout, peper en citroen

Voor het tempuradeeg:

30	g	bloem
30	g	maïzena
5	ml	olie
		water en witte wijn

Met behulp van de in Midden-Europa zeer gewilde snoekbaars - die daar overigens misschien zelfs oorspronkelijk vandaan komt - laat Fritz Schilling zijn vakmanschap voor de bereiding van vis zien. Deze zoetwaterroofvis is te vraatzuchtig om ook nog slim te zijn: hij beweegt zich in scholen voort en wordt zo een makkelijke buit. Daarvoor wreekt hij zich weer door zijn geringe houdbaarheid die slechts 38 uur bedraagt. Zijn thuis vindt hij in wateren van verschillende aard, in meren, rivieren en vijvers.

Vermijd snoekbaars die niet een beetje stijf is en geen uitgesproken vers vlees oplevert. Kies dan liever een andere vis met vergelijkbare eigenschappen, desnoods een zeevis als tarbot of zeebaars. De aanbevolen gaarmethode, namelijk in kruiden in de pan gebakken, is het meest geschikt voor deze met mayonaise geserveerde filets.

Voor de ratatouille heeft men middelgrote groenten nodig, die naar soort gescheiden gegaard moeten worden. Ze moeten nog beetgaar zijn voor ze gefrituurd worden, opdat ze met een goede consistentie en een mooie kleur op het bord komen. Door hier rode en gele paprika's aan te bevelen streeft onze kok naar één doel: hij wil met een knipoog aan de kleuren van de Duitse vlag herinneren.

Voor het frituren worden de groenten door tempuradeeg gehaald, dat onze kok vooral waardeert, omdat de groenten niet alleen mooi blijven, maar ook knapperig. Het gaat makkelijker als men de stukken groente op een houten prikkertje spiest: dan gaan ze niet open en kunnen niet in de olie uit elkaar vallen.

1. De Hermitagewijn tot 100 ml inkoken, met de maïzena binden en basilicum en venkel toevoegen. 5 minuten laten trekken en door een zeef wrijven. De snoekbaars voorbereiden en fileren.

2. Met de eidooiers, olijfolie, visfond, zout en peper en wat citroensap een mayonaise maken en de ingekookte wijn erbij gieten. De paprika's grillen en ontvellen. De groenten in grove stukken snijden.

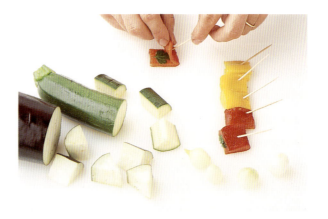

en knapperige ratatouille

3. Het tempuradeeg uit de ingrediënten samenstellen. De stukken paprika net als voor een ratatouille in olijfolie licht fruiten. De snoekbaarsfilets in een pan met een teen knoflook en takjes rozemarijn en tijm gaar maken. Alle gebakken groenten door de bloem en door het tempuradeeg halen en in olijfolie frituren.

4. Een beetje saus op het bord doen en met een prikkertje versieringen maken. Een stuk snoekbaars ernaast leggen en de gefrituurde groenten mooi eromheen schikken.

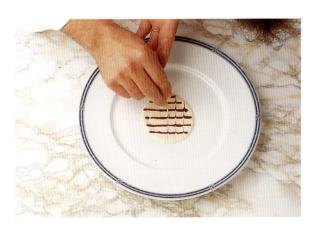

Duitsland 251

Roodbaarsfilet

Voorbereidingstijd 45 minuten
Kooktijd 20 minuten
Moeilijkheidsgraad ★★

Voor 4 personen

4	roodbaarsfilets
200 g	merg
1 takje	tijm
20 g	karwijzaad
100 ml	olijfolie
	zeezout
	zout en peper

Voor de saus:

1	sjalot
50 g	boter
300 ml	rode wijn (pinot noir)
100 ml	visfond
200 ml	demi-glace van kalfsvlees

Roodbaars heeft vele voordelen: de vis is mager, maar rijk aan proteïnen, jodium en fosfor. Dat zal wel de reden zijn dat ze in de Bouillabaisse onvervangbaar is.

Roodbaars is de smakelijkste vertegenwoordiger van de familie van de zeebaarzen. Men herkent hem aan de baarddraden aan de onderkaak, waar de vis zijn Franse naam 'rouget barbet' aan te danken heeft. Vissers ontschubben ze al op zee, om de zachtrode kleur beter uit te laten komen, en de kopers te lokken. Koop de vis in zijn geheel, want vooral de lever behoort tot de meest gewilde delen ervan. Als er geen roodbaars is, kan men het recept ook maken met stukken zeebaars.
Zorg voor een mooie mergpijp en maak deze zo nodig van tevoren goed schoon. In dat geval moet het merg in ijswater gewaterd en vervolgens in aluminiumfolie koel gezet worden. Het merg wordt niet gaar gemaakt, maar wordt alleen enkele seconden verwarmd, waarna het met een scherp en liefst verwarmd mes in plakken gesneden wordt.

Om deze bereiding de nodige zuidelijke noot te verlenen, wordt het gerecht met tijmbloesem bestrooid. In het voorjaar en in de zomer is dit een smakelijk kruid dat subtiel van smaak en uiterlijk is. Om de tijmbloemen te frituren, is het genoeg om ze enige seconden in zeer hete olie te doen. Een langer verblijf in de olie zou de fraaie kleur te niet doen. Deze handelingen moet men overigens helemaal aan het einde, dus kort voordat men de roodbaars zeer heet serveert, uitvoeren.

1. De roodbaars van schubben en graten ontdoen. De geprepareerde filets in olijfolie gaar maken. Aan de huidkant 1 minuut in de pan bakken, aan de vleeskant 30 seconden.

2. De mergplakken met een uitsteker uitsteken. De roodbaarsfilets op een bord leggen, de rauwe mergplakken op de filets leggen en het geheel een paar seconden in de oven verwarmen.

Jean & Jean-Yves Schillinger

met mergkorst

3. Het karwijzaad droog sauteren. De verse tijm licht in olijfolie frituren. Beide op de mergplakken leggen en met wat zeezout bestrooien.

4. De kleingesneden sjalot licht fruiten. Met rode wijn blussen en tot twee derde van de hoeveelheid inkoken. De visfond en de demiglace van kalfsvlees erbij doen en tot een mooie consistentie inkoken. Met boter monteren en op smaak brengen.

Frankrijk

Zeetongklaverblad met

Voorbereidingstijd	45 minuten
Kooktijd	10 minuten
Moeilijkheidsgraad	★

Voor 4 personen

4	zeetongen (uit Dover)
200 g	spinazie
1	wortel
2	prei
1	knolselderij
3	selderijstengels
1 l	visfond
	zout en peper

Voor de zalmmousse:

200 g	zalm
1	eiwit
250 ml	room
	zout en peper

Voor de witte vismousse:

100 g	kabeljauw
½	eiwit
500 ml	room
	zout en peper

Voor de vinaigrette:

3 el	kreeftglace (ingekookte bouillon)
100 ml	dragonazijn
200 ml	olijfolie
1 el	bieslook, gehakt
1 el	kervel, gehakt

Volgens onze kok is de zeetong uit Dover de koningin onder de zeetongen. Maar ze is ook zeer zeldzaam. De in het graafschap Kent gelegen haven is niet alleen vanwege zijn vaarverbinding Dover-Calais bekend, maar ook een beroemde vissershaven. De Britten zijn weliswaar grote fans van zeetong, maar voor dit recept moet men waarschijnlijk op exemplaren met een minder beroemde herkomst terugvallen. Want in de Noordzee en in Het Kanaal worden de zeetongen met diepzeesleepnetten gevangen en het gebruikelijke 'afharken' van de zeebodem door de onvermoeibare vissers brengt intussen de voortplanting van deze soort in gevaar.

Wie niet mee wil werken aan deze uitroeiing, kan tarbot-, zeebaars-, kabeljauw- of heilbotfilets nemen, die ten onrechte vaak gemeden worden. Dit recept heeft een sterk symbolisch component. Het werd namelijk gecreëerd tijdens een tussenstop in Cork toen de Ierse premier voor de lunch aan boord van de 'Queen Elisabeth II' verwacht werd. Als eerbetoon aan de Ierse vlag koos men groene spinazie, witte zeetongfilet en oranjekleurige zalm. Daaruit ontstond een harmonische compositie die in de vorm van een driebladig klaverblad ('shamrock'), het Ierse nationale symbool bij uitstek, opgediend werd.

Van tevoren moet gezegd worden, dat natuurlijk alles gescheiden bereid moet worden, waarbij de verschillende mousses dezelfde consistentie moeten hebben. Men kan ze tevoren bereiden en dan het geheel vlak voor het serveren gaar maken. Dan moet het resultaat nog enige minuten rusten, om het snijden te vergemakkelijken. Als men het geluk wil afdwingen, kan men aan het Ierse klaverblad natuurlijk nog een vierde blad toevoegen.

1. De zeetong fileren, de filets met een mesheft licht plat drukken. Op een met voldoende vershoudfolie belegd werkvlak leggen en op smaak brengen. De zalmmousse bereiden en op de filets strijken, in het midden de laag wat dikker maken. Voor de spinaziemousse: de spinazie in olie smoren en met wat boter door een zeef wrijven.

2. De witte vismousse bereiden en met de spinaziemousse op de filets smeren. De filets met behulp van de folie overlangs dichtklappen. Het geheel 10 tot 12 minuten in visfond pocheren of 8 minuten stomen.

254 Rudolf Sodamin & Jonathan Wicks

knapperige groente

3. De groente julienne (in fijne repen) snijden en in boter aanfruiten. Op smaak brengen. Voor de vinaigrette alle ingrediënten met de garde doorroeren.

4. De vis in 12 porties van verschillende grootte en dikte snijden. Met de garnering op de borden schikken en de vinaigrette eromheen doen.

Grietfilet met laurier

Voorbereidingstijd 1 uur
Kooktijd 1 uur
Moeilijkheidsgraad ★

Voor 4 personen

1	griet
8	laurierbladeren
400 g	linzen
80 g	gerookt spek, in kleine blokjes
250 ml	room
500 ml	melk

Voor de linzenpuree:

1	wortel
1	ui, met kruidnagels bestoken
500 ml	gevoeltebouillon
1	bouquet garni
	zout en peper

De griet onderscheidt zich van zijn neef, de tarbot, door zijn mooie gladde huid. Zijn versheid herkent men aan het feit dat hij stevig aanvoelt en mooie rode kieuwen heeft. Kies een groot exemplaar, opdat de filets bij het gaar maken niet uit elkaar vallen. Het witte, zeer fijne vlees vraagt om een zeer goed gecontroleerd gaar maken en de gedroogde laurierblaren geven het een sterk aroma. Om de laurierblaren te kunnen vastzetten, moet men de filets een paar keer insnijden.

Ook onze kok heeft lauweren verdiend. En wel voor zijn zachte linzenroomsaus die men trouwens zeker een paar dagen tevoren kan bereiden. Als basisbestanddeel komen alleen de groene linzen uit Le Puy-en-Velay in aanmerking, want alleen die hebben een herkomstgetuigenis met kwaliteitszegel. Ze groeien op vulkanische bodem en in een groeibevorderend microklimaat. De ook 'luxe de la lentille' dus Luxelins genoemde linzen zijn klein, elegant flessengroen en hun smaak is net zo teer als hun huid. Tegenwoordig is het gelukkig niet meer nodig linzen te lezen, dus de steentjes tussen de linzen vandaan te halen. Maar het kan geen kwaad even kort te denken aan de generaties huisvrouwen, die dit moeizame werk wel moesten doen.

Ook andere witte vissoorten, zoals tarbot, zonnevis en dergelijke kunnen dit recept tot een succes maken. In plaats van de linzen zijn een asperge-, sjalotten-, erwten- of zelfs schorsenerencrème geschikt.

1. Fileer de griet en verdeel hem in filets van 125 g. De filets wassen, elke filet drie keer even insnijden en de laurierbladen erin zetten. Op smaak brengen.

2. De linzen wassen en een keer opkoken. Met de gevoeltebouillon, de uien, de wortelen en het bouquet garni in 1 uur gaar koken. Laten uitlekken, de garnering eruit halen, 80 g linzen apart zetten en de rest met de melk en de kokend hete room in de keukenmachine pureren. Door een zeef wrijven. Op smaak brengen en warm houden.

en linzen-roomsaus

3. De grietfilets ongeveer 5 minuten stomen. De spekblokjes een paar seconden bij hoog vuur bakken en op keukenpapier leggen. De linzen in stoom opwarmen.

4. De grietfilet op de voorverwarmde borden leggen en de linzenroomsaus erbij doen. De hele linzen en de spekblokjes eromheen leggen.

België

Ananaskoekjes met

Voorbereidingstijd   1 uur
Kooktijd   20 minuten
Moeilijkheidsgraad   ★★

Voor 4 personen

350 g	ananas
250 g	levende rivierkreeftjes
20 g	duizendblad, gehakt
80 g	boter
50 g	bladerdeeg
500 ml	Sauternes (Franse dessertwijn)
100 g	dennenlikeur
	olijfolie
	zout en peper

De door de Zwitsers als digestief na een eerste klas maaltijd gewaardeerde dennenlikeur is bij ons nauwelijks bekend. Ons gerecht verleent het een onverwachte, licht bittere smaak, die goed met het zoete aroma van de ananas contrasteert.

Dit recept zal de vrienden van het zoetzure in de hoogste mate plezier doen, vooral door de combinatie van ananas en kreeftjes. Om volledig te zijn is te vermelden dat Roger Souvereyns dit gerecht oorspronkelijk niet met schaaldieren, maar met ganzenlever bereidde.

Het is niet altijd makkelijk rivierkreeftjes te krijgen. Men kan het beste een goede soort rivierkreeftjes met rode pootjes nemen, want die zijn smakelijker. De enige moeilijkheid bij de verwerking bestaat eruit dat men de darm moet verwijderen, en dat moet heel zorgvuldig gebeuren. De ananas moet liefst niet te groot zijn, goed stevig en zwaar. De meeste vruchten van het eiland Réunion hebben deze kenmerken. Alleen het buitenste vruchtvlees wordt in kleine blokjes gesneden. Het hart is meestal te houtig en wordt daarom niet gebruikt. De ogen en de schil moet men zorgvuldig verwijderen, voordat men de ananasblokjes een paar uren in eerste klas wijn en dennenlikeur inkookt. Sauternes is zeker niet de goedkoopste wijn, maar door de olieachtige consistentie en het zoete aroma het meest geschikt voor de combinatie met de licht zure vrucht.

Dit gerecht is misschien een goede gelegenheid om het duizendblad te leren kennen, een bijna vergeten plant, waarvan de bittere bijsmaak zeer gewaardeerd wordt. De sterk ingesneden bladeren van de algemeen voorkomende plant komen in de Latijnse naam '*Achillea millefolium*' en in de Nederlandse naam duizendblad tot uiting. Vroeger schreef men de plant overigens magische krachten en een zekere genezende werking toe.

1. De ananas schillen, de ogen verwijderen en het vruchtvlees in even grote blokjes snijden.

2. De ananasblokjes ongeveer 2 uur in Sauternes en dennenlikeur inkoken. Het bladerdeeg uitrollen(2 mm) en op een bakblik ca. 5 minuten bij 180 °C bakken.

rivierkreeftjes en dennenlikeur

3. De kreeftjes afgedekt 2 minuten in hete olijfolie sauteren, uit de pan nemen, laten afkoelen en pellen.

4. Het bladerdeeg rond uitsnijden, op de borden leggen en vullen met de ingekookte ananas. De boter met het gehakte duizendblad opwarmen, de kreeftjes toevoegen, op smaak brengen en zorgvuldig in de boter verwarmen. De rivierkreeftjes naast het ananastaartje leggen en met boter overgieten.

'Angulas'

Voorbereidingstijd	10 minuten
Kooktijd	Zeer kort
Moeilijkheidsgraad	★

Voor 4 personen

600 g	glasaaltjes (jonge paling), kant-en-klaar
4	kleine ' Guindilla' (gedroogde rode chilipepers zonder zaad)
4 tenen	knoflook, in plakjes gesneden
	olijfolie

'Angula' is de Spaanse naam voor de glasaal: in het Franse Baskenland heet hij 'pibale', in weer andere streken 'civelle'. Bij de Spaanse Basken is hij net zo gewild als kaviaar. De kleine, doorschijnende glasalen worden direct in de stenen schaal, waarin men ze klaar maakt, geserveerd. Om elke beschadiging te vermijden, is het aan te bevelen alleen houten bestek te gebruiken.

Onze kok, een vooraanstaand lid van de Angula-broederschap in Hendaye (dat als wapen een lantaarn heeft waarmee de vissers zich 's nachts oriënteren), beveelt aan, gekookte glasaal te kopen, die de langdurige voorbereiding al achter de rug hebben: eerst worden ze in de tabaksrook verstikt, dan van slijm ontdaan, gewassen en uiteindelijk geblancheerd en gedroogd. Deze uitgebreide behandeling, die grote zorgvuldigheid vraagt, rechtvaardigt ook de hoge prijs die voor kant-en-klare glasaal gevraagd wordt.

Daardoor vermijdt men echter het risico, dat dit bijzondere en volprezen gerecht mislukt. Veel anonieme vissers hebben weinig scrupules en gaan elke nacht de zee op om de arme glasalen met lampen aan de riviermonding op te zoeken.

De 'angula' wordt altijd wit gevangen en verdient een krachtige begeleiding, waarbij men het best de regionale rode peper, scherpe gedroogde 'guindilla', kan nemen.

Ten slotte moet men nog letten op de juiste dosering van de olijfolie die de aaltjes tijdens het garen bijna helemaal moeten opnemen. Teveel kan de evenwichtigheid van het recept te niet doen. Paling behoort tot de vetste vissen, maar dat wordt weer goed gemaakt door hun hoge vitamine A gehalte.

1. De glasalen in water ontwarren. Een paar keer goed wassen.

2. De olijfolie en de knoflook in een pan verhitten. Als het gerecht goed scherp moet worden, doet men de pepers aan het begin erbij, anders aan het einde van de kooktijd.

3. Als de knoflook mooi gekleurd is, de aaltjes erbij doen en snel in olie gaar maken.

4. De glasalen met een houten vork zorgvuldig omroeren, opdat ze geen kleur aannemen. Ze moeten zeer heet en glanzend op tafel gebracht worden. Het best kan men ze serveren in een aardewerken schaal en met een houten vork.

Zaagbaars met spinazie

Voorbereidingstijd	25 minuten
Kooktijd	20 minuten
Moeilijkheidsgraad	★

Voor 4 personen

600 g	dikke zaagbaarsfilet
150 g	eekhoorntjesbrood
50 g	bladspinazie
1	ui, gehakt
200 g	wortelen, julienne
10 ml	kervel
50 ml	cognac
100 ml	witte wijn
	olijfolie
	zout en peper

Omdat onze kok het voorrecht heeft, bijna het hele jaar over eekhoorntjesbrood te kunnen beschikken, geeft hij blijmoedig toe, er dol op te zijn. Dat willen we graag geloven, als we aan de fijne smaaknuances van de verschillende soorten van deze bospaddestoel denken. In ons recept worden de boleten in cognac geflambeerd, wat de puristen zal verbluffen. De ervaring leert, dat de cognac de smaak van de paddestoelen zeker niet overvleugelt, maar hem zelfs versterkt. De Fransen houden vooral vanwege zijn pittige, smakelijke vlees van deze paddestoel met zijn stevige steel en bruine hoed.

In Sevilla wordt spinazie al sinds de 6de eeuw verbouwd. Er wordt gezegd, dat de Moren hem vanwege zijn heilzame werking naar Europa gebracht hebben, want hun artsen kenden de werking van deze vezelrijke plant bij lever en maagstoornissen.

Neem kleine, zachte bladeren, en sauteer ze snel. De frisse smaak zal het gerecht iets lichter doen lijken.

De zaagbaars is een grote klassieker in de Spaanse keuken. Dat geldt vooral voor de Baskische variant uit de familie van de *Cernidae*, die men zowel in de Atlantische Oceaan als in de Middellandse Zee vindt. Het is een bijna 1 meter lange vis, die vooral bij liefhebbers van de onderwaterjacht zeer geliefd is. Als men eenmaal zijn niet onaanzienlijke weerstand overwonnen heeft, levert hij een heleboel stevig vlees, dat als tonijn gegrild kan worden. Pedro Subijana beveelt ons aan om de vis slechts aan een kant gaar te maken. Daarvoor heeft men een zeer verse filet met vel nodig. En opdat de hitte beter kan binnendringen, wordt het vel voor het bakken rastervormig ingesneden.

1. Het eekhoorntjesbrood schoonmaken en de stelen verwijderen. Een paar mooie hoeden apart leggen en later klein snijden. De helft van de hoeveelheid gehakte uien en het eekhoorntjesbrood in een smoorpan in olijfolie licht fruiten, licht kleur laten aannemen en met water bedekken. Bij laag vuur 15 minuten laten koken.

2. Het geheel in de mixer klein maken en dan door een zeef wrijven. Wat olijfolie toevoegen, om de smaak te verbeteren. Au bain-marie warm houden.

en eekhoorntjesbrood

3. De spinazie in olijfolie sauteren en eruit halen. In dezelfde olie de kleingesneden hoeden van het eekhoorntjesbrood sauteren. In een andere pan de fijngehakte uien fruiten, zonder dat ze kleur krijgen, en op de paddestoelenschijven leggen. De staafjes wortel frituren.

4. De zaagbaars schoonmaken (het vel eraan laten), van schubben en graten ontdoen en fileren. Met zout en peper op smaak maken, op hoog vuur ca. 4 minuten in een pan aan een kant bakken, met de velkant naar boven. Kort voor het serveren onder de grill verder gaar maken, zonder de filets te keren. Met groenten, saus en kervel serveren.

Griet en rivierkreeftjes

Voorbereidingstijd 45 minuten
Kooktijd 15 minuten
Moeilijkheidsgraad ✶

Voor 4 personen

4	grietfilets van 150 g
12	rivierkreeftjes van 80 g
500 g	spinazie
12	aspergepunten
1 teen	knoflook
100 g	boter

Voor de bieslookroomsaus:

150 ml	crème fraîche
½	citroen

½ bosje	bieslook
	zout en peper

Voor de vinaigrette:

50 ml	olijfolie
	sap van 1 citroen
60 g	sjalotten, gehakt
1 el	bieslook
100 g	tomatenblokjes
50 g	Hoorn des overvloeds (paddestoelen)
	korianderzaad, geplet
	zout en peper

In de zomer behoort het tot de goede smaak, lichte en innovatieve gerechten zonder saus te serveren. Hiervoor is deze bereiding van griet zeer geschikt. De griet is een in de koude wateren levende grote vis die voor velen als de arme verwant van de tarbot geldt. Hij heeft kostelijk, zeer stevig, sneeuwwit vlees en verdraagt alleen snelle gaarmethodes die het vlees ontzien zoals stomen of in ovenfolie gaar maken.

Voor dit recept is een behoorlijk exemplaar van 3 tot 4 kilo nodig. Alleen als de filets een bepaalde grootte hebben komen ze samen met de bijgerechten zoals rivierkreeftjes en spinazie goed tot hun recht. De kreeftjes moeten flink groot zijn (80 tot 100 g per stuk). Om ze op hun samenkomst met de mooi groene spinazie voor te bereiden, worden ze in olijfolie gebakken. Beide smaken vormen een prachtig geheel. De spinaziebladeren moeten middelgroot zijn en voor de verwerking van hun stelen ontdaan worden.

Wat de asperges betreft, is het voor onze kok onbelangrijk of men witte of groene kiest. De hoofdzaak is dat ze uit de Provence komen. Want alleen in Zuid-Frankrijk bereikt deze groente zijn perfectie. De stengels moeten stijf en breekbaar zijn, want de smaak is sterk afhankelijk van de versheid. De grijsbruine Hoorn des overvloeds is een kruidige paddestoel, die het gerecht een landelijke smaak geeft.

De zeer lichte en matig met citroen gekruide bieslookroomsaus mag pas op het laatst bereid worden en het bieslook moet helemaal aan het einde toegevoegd worden. De consistentie moet zodanig zijn, dat ze de grietfilets mooi afdekt, zonder eraf te lopen.

1. De stelen van de spinaziebladeren verwijderen, een paar keer wassen en met een knoflookteen sauteren. De rivierkreeftjes schoon maken en in boter gaar maken. De asperges schillen, wassen en in kokend zout water gaar maken en laten uitlekken.

2. Water in een stoompan aan de kook brengen en de griet 2 tot 3 minuten op aluminiumfolie stomen.

met bieslook

3. De crème fraîche in een pan inkoken, op smaak brengen met zout en peper, het sap van een halve citroen en een half bosje kleingesneden bieslook en kruiden. De vinaigrette met de genoemde ingrediënten bereiden.

4. De spinazie en de aspergepunten op het bord schikken, de goed uitgelekte grietfilet daarop leggen en met bieslookroom overgieten. De kreeftjes tussen de asperges leggen en met vinaigrette overgieten.

Frankrijk

Gemarineerde paling

Voorbereidingstijd 40 minuten
Kooktijd 15 minuten
Moeilijkheidsgraad ★★

Voor 4 personen

2	kleine palingen
8	courgettes
80 g	boter
	bakpoeder

knoflook, majoraan, rozemarijn
salie
tijm
olijfolie
zout

Net als de kikker leeft ook de kleine paling in onvervuilde wateren zoals de rijstvelden van de Povlakte. Omdat hij ook boven water kan ademen is hij niet alleen in beken, maar ook in vochtige weilanden te vinden. Zoals bekend is hij uitermate glibberig en ontkomt zo aan menige visser. Om zich voort te planten zoekt hij zelfs de Atlantische Oceaan op. Kenners zijn zeer te spreken over de glasaal die in het Baskenland onder de naam 'civelle' of 'pibale' voor een hoge prijs verkocht wordt.

Een verse paling is altijd een levende en glibberige aal. Als men niet - zoals de hoofdfiguur uit de roman *L'Ecume des jours* van Boris Vian - het geluk heeft dat er een paling uit de kraan komt gekropen, dan moet men hem zelf naar de keuken brengen en hem daar met een stok of ander slagwapen doodslaan. Nadat deze misdaad ongestraft begaan is, moet de paling ontveld worden. Dat gaat het makkelijkst, als men hem aan een haak hangt en het vel, dat bovenaan even ingesneden is, er met een krachtige ruk aftrekt.

Romano Tamani heeft het liefst kleine aal en niet de blanke aal, de dikkere en vraatzuchtiger soort, die vroeger ongezond heette te zijn. In elk geval moet men op tijd met de voorbereiding beginnen, omdat de palingfilets daarna met kruiden gevuld en aansluitend 24 uur lang in olie ingelegd moeten worden.

De courgettecompote is aangenaam gezelschap voor deze vis, want de zachte groente past prima bij de smaak van de palingfilets, die op hun beurt door de vulling met Provençaalse smaak tot hun recht komen.

1. De paling zeer zorgvuldig schoonmaken. Het vel er helemaal aftrekken en de vis fileren (2 filets per paling). Rozemarijn, salie, majoraan en tijm met twee tenen knoflook hakken. De filets met de kruiden bestrooien, met wat olie overgieten en zouten.

2. De 4 filets bij voorkeur in een aardewerken schaal leggen, met olijfolie bedekken en 24 uur in de koelkast laten marineren.

in courgettesaus

3. De filets oprollen en met een houten spiesje vastzetten. De filets in wat olie bakken.

4. De courgettes wassen en in stukken snijden. Met wat boter en bakpoeder sauteren. Met water bedekken en 10 minuten koken. Laten uitlekken en het geheel in de mixer doen, totdat een compote is ontstaan. De palingfilets op een laag courgettecompote serveren.

Italië

Kabeljauwbrandade

Voorbereidingstijd   1 uur
Kooktijd   1 uur
Moeilijkheidsgraad   ★★

Voor 4 personen

1	kabeljauw van 2½ kg
1 kg	aardappelen
8	gepelde knoflooktenen
1 bosje	gladde peterselie
4 sneden	witbrood
400 ml	kalfsfond
200 ml	olijfolie
200 ml	room
100 g	boter
	grof zout
	zout en peper

'Brandade' is een Provençaals gerecht of op zijn minst een Provençaals woord dat van het werkwoord 'brandar' voor omroeren komt. Oorspronkelijk was het een zeer eenvoudig, misschien zelfs arm gerecht, waarmee zich in de loop van de tijd steeds weer andere koks bemoeid hebben, zodat het gerecht steeds rijker werd. Tegenwoordig wordt het kabeljauwvlees in olijfolie en melk geëmulgeerd en soms met knoflook verrijkt, voor het geval men een sterke smaak wenst.

In ons recept speelt de brandade de rol van een met braadvocht gebonden puree, die wordt geserveerd bij een naar alle regelen der kunst bereide kabeljauwfilet. Zonder op het fijne onderscheid tussen kabeljauw, gul en stokvis in te gaan, dat ook in Frankrijk, Spanje en Portugal bestaat (maar dan weer anders), gaan we liever gelijk over tot de kern van de zaak.

Kies dus een kabeljauw die goed stevig aanvoelt en een grijs, glimmend vel heeft.

Marineer de vis een tijdlang in grof zout (waardoor hij op stokvis gaat lijken). Bij het inzouten van de filets volgt men hun natuurlijke vorm, en de marineertijd is afhankelijk van de dikte en de grootte van het stuk vis. De filets worden later in stukken gesneden geserveerd. Eerst moeten ze echter gewassen en in olie worden ingelegd, opdat ze mooi zacht blijven. Omdat deze voorbereiding veel tijd vraagt, kan men het ook van tevoren al inleggen.

Als bijgerecht bij dit royale en verdraagzame gerecht zijn olijven, bieslook, en gehakte peterselie geschikt. Ze benadrukken niet alleen de afzonderlijke smaaknuances, maar geven er ook

1. De kabeljauw fileren en de filets aan beide kanten rijkelijk met grof zout inwrijven. 20 minuten laten marineren. Onder stromend water afwassen. De kabeljauw droog deppen en in vier porties van 120 g verdelen. In wat olijfolie leggen en apart zetten.

2. Vervolgens 8 gepelde knoflooktenen ongeveer 1 uur in olijfolie inkoken. De aardappelen wassen en met schil in de oven gaar maken. De sneden brood van de korst ontdoen, in blokjes snijden en frituren. De kalfsfond licht inkoken en met boter monteren.

met knoflookolie

3. De rest van de kabeljauw in grote blokken snijden en in water beetgaar pocheren. Laten uitlekken en vel en graten verwijderen. In de vijzel of de mixer pureren. De nog hete gepelde aardappelen toevoegen, dan langzaam en onder doorgaand roeren de lauwwarme olijfolie en de room toevoegen. Op smaak brengen.

4 De stukken kabeljauw 4 minuten aan elke kant in olijfolie bakken. Een lepel brandade op elk bord doen, een stuk kabeljauw, enkele gefrituurde broodblokjes en de ingemaakte knoflooktenen schikken. Een lepel braadvocht erom heen doen en met blaadjes gladde peterselie garneren. Goed heet serveren.

Zonnevis met

Voorbereidingstijd	1 uur
Kooktijd	15 minuten
Moeilijkheidsgraad	★★

Voor 4 personen

1	zonnevis van 1½ kg
200 g	erwten
200 g	peultjes
4	bosuitjes
1	kleine galanga- of laoswortel (of gemberwortel)
20 g	sesamzaadjes
100 ml	arachide-olie
100 ml	sesamolie
100 ml	sojasaus
	zout en peper

Steeds weer ontdekken we nieuwe, vreemde grondstoffen uit de schatkist van Azië. Laos- of galangawortel is de wortelstok van het gemberachtige *Alpinia galanga* en *Kaemperia galanga*. Deze wortel is echter fijner en zoeter dan gember en kruidt de spijzen sterker. Laospoeder is gemalen galangawortel.

Laos of galanga heeft een mooie roodbruine kleur, is rijk aan eucalyptusolie en heeft een sterk aroma, reden waarom hij ook voorzichtig gebruikt moet worden. Het vermelden waard is ook zijn carrière als geneesmiddel, die naar men zegt met de ontdekking in de Bengalen door Marco Polo begon. Sedert de 16de eeuw vindt men hem al in de distillaten van de Bolognese Fioravanti, die zich vooral met de bestrijding van reuma bezig hielden.

Citroengras of sereh wordt in Azië heel veel gebruikt, zowel voor vlees als ook voor vismarinades. Onder deze benaming worden meerdere kruiden samengevat, die weliswaar zeer doordringend smaken, maar die met hun smaak de spijzen niet nadelig beïnvloeden.

Zonnevis of St.Petersvis is de naam voor de vis die ook wel haringkoning, Christusvis en Zeus faber genoemd wordt, een sterk afgeplatte vis met een enorme muil. Op elke flank heeft hij een ronde zwarte vlek. Volgens de legende zijn dat de vingerafdrukken van de heilige Petrus, die de vis uit het water gegrepen zou hebben, om een deel ervan als belasting af te staan. Zeker is dat de zonnevis zeer vraatzuchtig is. Het vlees kan flauw zijn en heeft daarom een sterke metgezel nodig, die men tevoren kan bereiden, zoals peultjes, die men na het pocheren moet laten schrikken in koud water.

1. De zonnevis fileren, ontvellen en in 4 porties snijden. Op smaak brengen met peper en zout. De laoswortel schillen, de schil bewaren en het vruchtvlees in julienne snijden. De bosuien wassen en fijnsnijden. De stukken vis in stoom gaar maken.

2. De erwten doppen en de peulen schoonmaken. Beetgaar koken, afgieten en wegzetten. De erwten en sesamzaadjes licht aanbakken in een paar druppels gemengde olie. De laosjulienne met fijngesneden bosuitjes eveneens licht in olie aanbakken.

galanga-olie

3. De zonnevis en het erwtenmengsel op 4 borden schikken, de laosjulienne en de kleingesneden uitjes op de zonnevis leggen en met een druppel sojasaus bedruipen.

4. De arachide- en de sesamolie in een pan doen en sterk verhitten. Een klein beetje kokende olie op de zonnevis gieten. Meteen serveren.

Goudbrasem in jus

Voorbereidingstijd	1 uur
Kooktijd	40 minuten
Moeilijkheidsgraad	★★

Voor 4 personen

2	goudbrasems van 800 g
10	rivierkreeftkoppen
2	kipkarkassen
500 g	aardappelen
28	zilveruitjes
20 g	sjalotten
10 g	tomatenpuree
10 g	dragon
50 ml	olijfolie
200 ml	visfond
500 ml	arachide-olie (om te frituren)
30 g	boter
50 g	suiker
12	kervelblaadjes
	zout en peper

De ui komt oorspronkelijk uit het Oosten, waar de schil werd gebruikt voor het verven van zijde, maar ze kwam al vroeg naar Europa. Bij de Grieken en Egyptenaren was ze zeer gewild, behoorde tot de voeding van alle sociale klassen en was al snel om haar spijsverteringsbevorderende werking bekend. In ons recept gebruiken we zilveruitjes, die zowel door hun smaak als ook door hun formaat een voortreffelijk bijgerecht vormen.

De goudbrasem is met zekerheid de smakelijkste zeebaars. Hij is te herkennen aan de gouden halve maan tussen de ogen die aan een kroon doen denken, vandaar zijn Franse naam 'daurade royale' (koningsbrasem). Men kiest bij voorkeur een vis met schubben, heldere ogen en mooi rode kieuwen.

De schubben van aardappelschijfjes maakt men van gewone aardappelen, die bij het blancheren in olie niet bruin worden. De soort Bf 15 is het meest geschikt, want die blijft mooi in vorm en stevig. Opdat het uiterlijk perfect wordt, snijd men ze in gelijkmatige plakken. Deze mantel bemoeilijkt natuurlijk wel de behandeling van de filets in de pan, maar met enige handigheid lukt het wel.

De goudbrasem kan door alle zuidelijke kruiden begeleid worden: Basilicum, rozemarijn, laurier, tijm. Wie bezwaar heeft tegen de uien kan ze door cantharellen vervangen. En de vis laat zich zeker ook door zeebaars, snoekbaars of tarbot vervangen.

1. De goudbrasem fileren. De aardappelen schillen en in plakjes snijden. De plakken met een uitsteker van 2 cm doorsnede uitsteken. Wassen, laten uitlekken en 1 minuut in 500 ml 130°C hete arachide-olie blancheren. De in water, suiker en zout geglaceerde uien gaar maken tot ze bruin zijn.

2. De aardappelplakjes laten uitlekken en afkoelen. Vervolgens schubvormig op de goudbrasem leggen. Ondertussen de kleingesneden kipkarkassen met de kapotgestoten kreeftenkoppen en de gehakte sjalotten licht fruiten.

Dominique Toulousy

met aardappelschubben

3. Het geheel 5 minuten fruiten en met de visfond blussen. De tomatenpuree en de gehakte dragon toevoegen. 30 minuten bij laag vuur gaar laten worden. Het verkregen sap door een zeef gieten en tot een derde inkoken. Op smaak brengen en dan met 30 g boter opkloppen.

4. De goudbrasemfilets kruiden en in een pan met olijfolie bakken. Op het midden van het bord leggen, uien en kip-kreeftvocht eromheen doen. Kort voor het serveren met een paar blaadjes kervel versieren.

Frankrijk

Zeeduiveltournedos

Voorbereidingstijd 1 uur
Kooktijd 30 minuten
Moeilijkheidsgraad ★★

Voor 4 personen

1 kg	zeeduivel
4	kleine sardienen
4	zoutige ansjovisfilets, in olie
2	sjalotten
3	dikke prei
2 tenen	knoflook
200 ml	rode wijn
200 ml	wijnazijn
50 g	tomatenpuree
1	bouquet garni
	witte wijn
	fond
100 g	boter
	zout en peper

Niemand kan u dwingen de zeeduivel mooi te vinden, alleen omdat u van zijn staartstuk wil genieten, dat op de markt in Frankrijk overigens onder de naam 'lotte' wordt aangeboden.

Wat het uiterlijk betreft hoort deze onaantrekkelijke vis eerder in een horrorfilm thuis dan in een recept voor fijnproevers. Wat het vlees betreft dat hij zo verborgen houdt, daarover spreken we alleen in superlatieven. Het is mager, van een oneindige fijnheid, volkomen graatvrij en kan op talloze manieren worden bereid. Voor ons recept moet aan de kopkant 4 tournedos uit de bovenkant van de filet worden gesneden.

Om de tournedos te pikeren, is het makkelijker om de ansjovis van tevoren schuin te snijden en in te vriezen. Met een pikeernaald gaat dit eenvoudiger.

Sardienen zijn slanke blauwe vissen met halfvet vlees. Ze moeten absoluut vers en niet schoon zijn gemaakt. Volgens Dominique Toulousy zijn de kleine, smakelijke sardienen uit de Middellandse Zee de beste. Ze worden overigens 's nachts gevangen met een 'lamparo' (een grote lamp die de visscholen beschijnt). Op grond van de naam zou men kunnen denken dat sardienen vooral uit Sardinië komen. Dat is echter niet zo: de grote exporteurs van sardienen blijven de Italianen en Portugezen.

De azijn voor de verjus (zure wijn) moet in ieder geval spaarzaam bemeten en zorgvuldig ingekookt worden, want de sterke smaak moet het gerecht niet overvleugelen, maar meer tot uiting laten komen. De natuurlijke zuren van de azijn zouden slechte gevolgen kunnen hebben. In plaats van prei als bijgerecht, beveelt onze kok een met sinaasappel gekruide uiencompote aan, die zeer goed past bij zeeduivel.

1. Eerst 4 tournedos uit de zeeduivel snijden. 3 Mooie preien uitzoeken en goed wassen. Het preiwit in 1 cm dikke ringen snijden. De ansjovisfilets in het vriesvak leggen zodat ze hard worden.

2. De tournedos met een pikeernaald met de ansjovis pikeren. (Op dezelfde manier als bij vlees en wild.)

Dominique Toulousy

met ansjovis en verjus

3. De 4 sardienen met kop en al fijnmalen. Met sjalotten, bouquet garni en knoflook fruiten. De tomatenpuree en de azijn toevoegen. Inkoken, totdat er geen vloeistof meer voorhanden is. De rode wijn erbij doen en tot op de helft inkoken. Door een zeef wrijven en op smaak brengen.

4. De preiringen in een smoorpan afgedekt in wat boter fruiten, wat witte wijn en fond erbij doen en even stoven. De tournedos van zeeduivel in de pan bakken. Op de borden leggen, naar believen met saus overgieten en de gestoofde preiwit eromheen schikken.

Wijting met aardappelen

Voorbereidingstijd   35 minuten
Kooktijd   20 minuten
Moeilijkheidsgraad   ✶

Voor 4 personen

4	grote wijtingen
400 g	grenaille aardappelen
1 bosje	veldzuring
1 bosje	waterkers
150 g	boter
300 ml	mosselvocht
200 ml	blanke fond (in geleivorm)
	citroensap
	olijfolie
	zout en peper

Ondanks zijn naam die in het Frans voor metaalkorrels of schroot staat, is de grenaille-aardappel een smakelijke knol die met succes in de betere keuken voorkomt. De naam dankt zij vooral aan haar omvang die in dit geval echter niet tot uiting komt, want we verwerken de aardappelen tot een soort grove puree met boter.

Gilles Tournadre heeft besloten zijn gerecht om de wijting heen te componeren, de weinig spectaculaire vis uit de familie van de schelvissen (waartoe ook de kabeljauw behoort). Het gaat er in de eerste plaats om, hem een bepaalde dikte te geven, waartoe men de ontgrate en ongewassen filets op elkaar legt en strak in folie inpakt. Door het natuurlijke eiwit van de wijting verbinden de twee filets zich en kleven aan elkaar. Als dat bereikt is hoeft men alleen de folie nog maar eraf te halen en de filets in geklaarde boter te bakken, waarbij ze natuurlijk voorzichtig gehanteerd moeten worden.

Wie nog niet heeft geprobeerd veldzuring en waterkers in een saus te combineren zou de kans moeten grijpen om deze verbluffende combinatie uit te proberen. Beide hebben een duidelijke smaak, zodat ze elkaar bestrijden en elkaar gelijktijdig aanvullen. De gebonden basisbouillon maakt de saus lichter, want ze werkt verzachtend en zorgt vooral ook dat het bladgroen niet oxideert. Neem waterkers, die dorstige plant, die overigens al ten tijde van Napoleon III - die de plant gebruikte voor kuren - in de omgeving van Parijs groeide.

1. De waterkers en veldzuringbladeren met de blanke fond in de mixer doen en grof pureren.

2. De aardappelen in de schil koken, pellen en onder toevoeging van boter met een vork fijnprakken.

in waterkersboter

3. De wijting fileren en de graten verwijderen. De vis weer opbouwen, waarbij men de twee filets weer op elkaar legt. Au meunière in een pan met anti-aanbaklaag in olijfolie gaar maken.

4. De waterkers-veldzuringpuree bij de aardappelen doen en op smaak brengen. Het mosselvocht opwarmen en een paar druppels citroen en olijfolie toevoegen. De wijting en de waterkersboter-aardappelen op het bord schikken en de mosseljus erover gieten.

Frankrijk

Goudbrasem in kruidenjus

Voorbereidingstijd	*45 minuten*
kooktijd	*35 minuten*
Moeilijkheidsgraad	★

Voor 4 personen

2	goudbrasems van 800 g
1	venkel
200 g	cantharellen
1	rode paprika
4	ingemaakte tomaten
1 bosje	dille

1 bosje	verse koriander
50 g	boter
2 blaadjes	sinaasappelbloesem
1 takje	citroenmelisse
50 ml	olijfolie
500 ml	rivierkreeftvocht
	honing
1	gemberwortel
50 g	boter
	zout en peper

Als men kijkt naar de grote bedrijvigheid in de haven van Rouaan, is het niet verwonderlijk, dat men hier al eeuwen in specerijen handelt. En deze invloed strekt zich natuurlijk ook uit tot de plaatselijke koks. Gilles Tournadre is niet alleen van nature nieuwsgierig, maar dankt ook een paar doordringende culinaire ervaringen aan een Chinese collega. Daarmee zou het ontstaan van onze kruidenjus wel eens voldoende verklaard kunnen zijn. Hier mengen zich zoet en zuur en ze kruiden de roemruchte goudbrasem die men herkent aan de gouden halve maan tussen de ogen. Deze magere vis is overigens in het voorjaar op zijn best.

Onze kok is echter niet erg streng en zou ook een ander soort baars kunnen nemen, zolang ze maar goed vers zijn. En men zou ook, hoewel dat wat ver gaat, kunnen terugvallen op roodbaars of zonnevis.

In ieder geval beveelt onze kok aan, de vis voorzichtig te stomen, opdat hij de kruidensaus goed opneemt. Zorg ervoor, dat de kruiden evenwichtig worden gebruikt, zodat hun sterke smaak de vis niet overvleugelt en ze elkaar niet in de weg zitten en een hinderlijke nasmaak achterlaten. Een ding is zeker: zou het om een geneesmiddel gaan dan zou de apotheker de waarschuwing 'voorgeschreven hoeveelheid niet overschrijden' aanbrengen.

Deze vergelijking is niet maar zomaar gemaakt, want Gilles Tournadre streeft door gebruik van gember, citroenmelisse en sinaasappelbloesem - bekend als geneeskruiden - ernaar de gezondheid van zijn gasten te bevorderen.

1. De groenten en kruiden schoonmaken. De goudbrasem schoonmaken, van schubben ontdoen en fileren. De graten en het overige afval bewaren.

2. Het rivierkreeftvocht samen met alle kruiden en de honing in een pan doen. Een kwartier laten sudderen. Het mengsel opkoken en tot tweederde inkoken. In de mixer pureren, door een zeef wrijven en met boter monteren.

met cantharellen

3. De goudbrasemfilets in grote stukken verdelen en snel in olijfolie gaar maken.

4. De venkel en de paprika klein snijden en de groenten met de cantharellen in boter sauteren. In diepe borden schikken, met de groenten in het midden en met gehakte dille bestrooid. De visfilets rondom leggen. Met jus overgieten en met verse dille garneren.

Komkommer gevuld met

Voorbereidingstijd 45 minuten
Kooktijd 15 minuten
Moeilijkheidsgraad *

Voor 4 personen

2	komkommers
100 g	boter
30 g	kruidenboter, losgekopt

Voor de vulling:

2	zeetongen van 400 g
2	eiwitten
200 ml	room
	visfond
20 g	groene pistachenoten
	zout, cayennepeper, paprika

Voor de kleurige garnering:

1	gele paprika
1	tomaat
1	wortel

Dit recept laat zich weliswaar ook met een langoestinevulling maken, maar de hier voorgestelde versie levert meer op en is decoratiever. De kleuren van de groentesoorten, waaruit de kleurige garnering bestaat, gaan zeer goed samen met de komkommer en bieden zo een aangenaam afwisselend kleurenspel.

De komkommer moet mooi stevig en regelmatig gevormd zijn. Eerst bestrooit men hem met grof zout en laat hem dan zo'n 10 minuten rusten. Dat trekt het overtollige water eruit en smaakt hij minder bitter. Rauwe komkommers zijn goed te verwerken, zodat het maken van de kleine kommetjes, die daarna gevuld worden geen problemen mag opleveren. Bovendien bevatten komkommers noch vet noch suikers en ze horen dus tot de gezondste groenten. De bereiding van komkommers in de oven is niet gebruikelijk - meestal gebruikt men hiervoor courgettes, maar de smaak past werkelijk zeer goed bij de hier door José Tourneur aanbevolen zeetongmousse.

Zeetongfilet valt op door zijn fijne smaak, maar ook door zijn buitengewone stevigheid; hij valt niet uit elkaar bij het gaar maken. De tongschar die er bijna net zo uit ziet, is niet zo fijn van smaak. Neem dus bij voorkeur echte zeetong, waarvan de borstvinnen duidelijk zwart gekleurd zijn. Als ze zeer vers zijn, hebben ze stevig, sneeuwwit vlees en zijn ze moeilijk te ontvellen. Daartoe snijdt men de huid boven de staart zorgvuldig in en trekt de huid er met een krachtige ruk af.

De bijbehorende ingrediënten moeten met zorg uitgekozen worden en van de beste kwaliteit zijn. Proef dus vooral hoe de pistachenoten smaken, de grootte is niet belangrijk. Als ook maar een ervan bedorven is, lijdt de farce daaronder en daardoor het hele gerecht.

1. De komkommers wassen, gedeeltelijk met een canneleermes schillen, in 3 cm hoge stukken snijden en uithollen tot er een bodem overblijft. In kokend zout water blancheren en daarna met ijswater laten schrikken. Op een doek laten uitlekken.

2. De zeetong in visfond pocheren en dan snel fileren en ontgraten. De filets hakken, de eiwitten en vervolgens zout, paprika en een snufje cayennepeper erbij doen. De room erin verwerken zodra de farce steviger wordt. Men krijgt dan een glanzend, mooi gebonden deeg. De gehakte pistachenoten toevoegen. Op smaak brengen.

zeetong en kleurrijk versierd

3. De gekruide komkommer in een met boter bestreken schaal zetten en licht tegen elkaar drukken. Op smaak brengen met zout en peper en met farce vullen. Met een met boter bestreken papier bedekken en 15 minuten bij 180 °C in de oven zetten. Het papier na de helft van de gaartijd verwijderen en de komkommers met wat boter bestrijken, opdat ze goudbruin worden.

4. Uit de groenten kleine balletjes snijden en in water koken. Daarna cirkelvormig op de borden schikken en met vloeibare kruidenboter begieten.

Zalmforelrolletjes

Voorbereidingstijd 1 uur 30 minuten
Kooktijd 20 minuten
Moeilijkheidsgraad ★★

Voor 4 personen

4	kleine zalmforellen
8 hartjes	spinazie
1 handvol	spinazie
1	ui
1	wortel
1 stronk	selderij
1 el	kappertjes, gehakt
100 g	tonijn in olie
100 ml	crème fraîche
	olijfolie
	droge vermout

groentebouillon, naar believen
zout, peper en milde cayennepeper

Voor de oliesaus:
(daags tevoren bereiden)

	zwarte olijvenpasta
1	laurierblad
1 tl	kervel, gehakt
1 blad	basilicum
	roze peperkorrels
	olie (naar wens)
	zout en peper

Voor de garnering:

takjes	kervel
blaadjes	basilicum
	zalmeitjes

Goudforel en meerzalm zijn beiden zeldzame en zeer begeerde vissen, hoewel ze wat grootte betreft nogal verschillen. De zalmforel kan wel bijna 1 meter lang en 8 kilo zwaar worden, maar de goudforel wordt maar half zo groot en weegt vaak niet meer dan 3 kilo. Ze leven in koude wateren en in bergmeren, waar ook de door onze kokkin aanbevolen vervanging te vinden is: de meerforel of marene. Deze met de zalm verwante vissen hebben zeer stevig vlees en zijn dus heel geschikt voor de bereiding van visrolletjes.

Luisa Valazza beveelt een niet te vette goudforel van bescheiden omvang aan, tussen 35 en 40 cm lengte. Goudforel behoort niet meer tot het dagelijks aanbod op de markt, zodat men vaak naar forel, een mooie baars of andere zoetwatervis moet uitwijken.

In deze bereiding domineert vooral de tonijnvulling en de oliesaus dient er alleen toe om deze beter tot zijn recht te laten komen. Oorspronkelijk bestond deze Piemontese vulling hoofdzakelijk uit kalfsvlees en werd op een mayonaise opgebouwd. De voor ons doel door Luisa Valazza bereidde farce is duidelijk lichter en zal ook door vegetariërs niet versmaad worden, want ze is met vele groenten samengesteld.

De oliesaus is zeer fijn gekruid, vooral dankzij de valselijk roze peper genoemde roze bessen met een opmerkelijk aroma. Ook de zwarte olijvenpasta zal zeer in de smaak vallen en is samengesteld uit de restanten van zwarte olijven na de persing.

1. De oliesaus de dag tevoren bereiden: alle passende ingrediënten in een glazen kom vermengen en het geheel laten marineren.

2. De vis fileren en van graten ontdoen. Van de rest een mousse maken: in de mixer doen en zout, peper, crème fraîche en een handjevol licht geblancheerde spinazie en een scheut droge vermouth toevoegen.

met tonijn

3. Voor de saus van groenten en tonijn: de groente snijden en in olijfolie licht fruiten, de kappertjes en de tonijn toevoegen. Licht smoren en met groentebouillon blussen. Laten garen, stevig opkloppen en warm houden. De spinaziehartjes blancheren.

4. De farce op de filets uitsmeren. De filets oprollen, met een houten prikkertje vastzetten en 8 minuten in groentebouillon pocheren. Op elk bord twee spinaziehartjes leggen, daarnaast 2 lepels tonijnsaus. Daarop de visrolletjes leggen en met oliesaus overgieten. Met kervel, basilicum en zalmeitjes versieren.

Italië 283

Kabeljauw

Voorbereidingstijd   *30 minuten*
Kooktijd   *40 minuten*
Moeilijkheidsgraad   ✶

Voor 4 personen

4 porties	kabeljauwfilet van 250 g (zonder graten en vel)
2	grote Spaanse uien
250 g	boter
250 ml	Hoegaarden witbier
1 el	Gentse mosterd
snufje	nootmuskaat
snufje	suiker
	fijn zout en versgemalen zwarte peper

Voor de panade:

100 g	broodkruim
takjes	peterselie
2	sjalotjes

De kabeljauw blijft niets bespaard. Het begint al bij zijn naam. Bij ons heet de volwassen vis kabeljauw, de jonge in de Noordzee zwemmende noemen we ook wel 'gul'. In Frankrijk en Duitsland is het weer anders, maar zelden consequent volgehouden. Voor velen is de kabeljauw vrijwel hetzelfde als schelvis, die de Britten op een speciale manier roken en als haddock verkopen. Hoe dan ook, het belangrijkste is om mooi verse filets te nemen die men uit de hele vis snijdt. De kabeljauw moet bij aankoop stevig zijn en een mooie witte buik hebben. Zo'n vis is niet te vergelijken met wat men in het algemeen opgediend krijgt in een of andere saus. Het vlees van deze vis is fijn en goed stevig en, op de juiste manier bereid, een ware delicatesse.

Peterselie is een kruid dat al bij de oude Romeinen populair was. Er is een gladde en een gekrulde soort, maar de laatste heeft minder smaak. Deze schermbloemige is het hele jaar door verkrijgbaar. Kies mooie, groene stengels, die stijf en breekbaar zijn met stevige blaadjes.

In België kookt men graag met bier en voor dit recept wordt het witbier van Hoegaarden gebruikt, dat gebrouwen wordt op basis van een brouwmethode uit 1445. Het heeft een lichte troebeling en een fijne smaak die de kabeljauw een elegante bittere smaak geeft en goed bij de uiencoulis past. Om de wat zure smaak af te zwakken, doet Guy Van Cauteren er een snufje suiker bij.

1. De kabeljauw schoonmaken, in de lengte doormidden delen en fileren. Iedere filet in drie stukken van ca. 80 g verdelen.

2. De stukken vis op smaak brengen met zout en peper en met mosterd insmeren. Een panade maken van broodkruim, peterselie en sjalotten en de vis ermee bedekken. Ongeveer 10 minuten in olie bakken en in de salamander verder gaar laten worden.

met peterselie

3. Vervolgens 2 grote uien schillen, in halve ringen snijden en in boter reduceren. Het bier erbij gieten en zout, peper, een snufje nootmuskaat en suiker toevoegen. Op het vuur aan de kook laten komen en vervolgens 20 minuten in een oven van 200°C zetten. De uien in de keukenmachine pureren.

4. De uienpuree met boter monteren. De uiencoulis over de voorverwarmde borden verdelen en de kabeljauw erop leggen.

België 285

Gesauteerde kreeft

Voorbereidingstijd	1 uur
Kooktijd	2 uur
Moeilijkheidsgraad	★★★

Voor 4 personen

2	Bretonse kreeften van 500 g (vrouwtjes)
100 g	paprika-cassonade (klaar gekocht)
2	rode paprika's
2 kg	tuinbonen

Voor de geroosterde groenten:

3	wortelen
2	uien
200 g	boter

100 ml	volle room (48%)
	olijfolie
1 bosje	koriander
	peterselie
	knoflook
	tijm
	laurier
	fijn en grof zout
	versgemalen zwarte peper

Voor het flensjesdeeg:

250 g	boekweitmeel
100 ml	volle melk
2	eieren

Wijlen Prosper Montagné moet ons maar vergeven dat we hem niet in de strijd volgen om de kreeft 'à l'armoricaine' en niet 'à l'américaine' te bereiden. Het recept daarvoor werd gecreëerd door een zekere Pierre Fraisse, een Franse chef-kok die net uit Amerika kwam en daar op de boulevards het Café Américaine dreef. De nationale trots van de Fransen is ook gered, want de sauce américaine is inderdaad een Franse uitvinding. In principe is het een recept voor haastige koks: de levende kreeft moet zeer snel opengesneden worden, met cognac geflambeerd en snel op een met witte wijn overgoten bedje van knoflook, sjalotten en tomaten gekookt worden, voordat de gasten hem voorgeschoteld krijgen.

Met flink wat zijsprongen neemt Guy Van Cauteren de tijd om dit recept naar eigen believen aan te passen.

Levende kreeften hebben nog wel eens de neiging in de keuken de benen te nemen, voordat men ze op gruwelijke wijze in stukken hakt. Maar ze moeten beslist levend gekocht worden, omdat ze alleen dan volkomen vers zijn. Het liefst nemen we de vrouwelijke exemplaren, omdat ze niet alleen meer corail hebben maar ook meer vlees.

Wat betreft de bijgerechten moet men ervoor zorgen dat de bonen, die overigens vroeger als vruchtbaarheidssymbool golden, beetgaar gekookt worden. De paprika-cassonade is kant-en-klaar te koop. Van het boekweitmeel worden smakelijke flensjes gebakken (ca. 3 per persoon), die kort voor het opdienen opgewarmd moeten worden.

1. Scharen, poten en de kreeft zelf halveren. De romige massa en de corail bewaren. De paprika's ontvellen en in blokjes snijden. De tuinbonen doppen. Het deeg voor de flensjes maken.

2. Het corail met het deeg vermengen. De flensjes in een blini-pan bakken. De geroosterde groenten met kruiden, zout en peper toebereiden.

met paprika-cassonade

3. De kreeftenhelften bestrooien met paprika-cassonade en snel in een braadpan in olie bakken. De geroosterde groenten toevoegen. Het vlees uit de kreeften halen, de koppen kapot stoten en in de braadpan doen, water erbij gieten en 20 minuten laten garen. Door een zeef halen.

4. De romige massa uit de kreeften met boter mengen en het kookvocht ermee binden. De blokjes paprika toevoegen. De kreeft en de flensjes in de oven opwarmen. De bonen in de volle room gaar laten worden. De bonen en de kreeft afwisselend in lagen in een ronde vorm schikken. Het geheel op voorverwarmde borden serveren.

Gegratineerde heilbot

Voorbereidingstijd	*20 minuten*
Kooktijd	*25 minuten*
Moeilijkheidsgraad	✲✲✲

Voor 4 personen

1	heilbot van 1½ kilo
2	kleine courgettes
100 g	verse spinazie
50 g	aardappel
200 g	knolselderij

100 ml	visfond
50 ml	droge witte wijn
80 g	boter
	zout en peper

Voor de visvulling:

200 g	schelvis
1	eiwit
200 ml	room
	zout en peper

Voor de garnering:

4	halve zwarte olijven

Een reis naar Japan inspireerde onze chef-kok tot dit prachtige gerecht van gegratineerde heilbot. Men bemerkt ook inderdaad de invloed van Azië met zijn onuitputtelijke bron aan visbereidingen. Heilbot lijkt op tarbot, maar heeft meer vlees en is bovendien rijk aan voedingsstoffen.

De samenstelling van de farce is afhankelijk van de vissoort die men wil vullen. Bij heilbot past schelvis of iedere andere magere witvis. De filets worden op smaak gebracht met zout en peper voordat de room erbij wordt gedaan, aangezien het zout vocht absorbeert zodat de farce dikker wordt. Men kan cayennepeper of gewone zwarte peper gebruiken.

De courgetteschubben vragen om opheldering. Freddy Van Decasserie adviseert om kleine courgettes te nemen, die men in gelijkmatige plakjes snijdt en vervolgens zo op de filet legt dat ze elkaar overlappen. Daarbij begint men aan de punt en werkt rij voor rij van links naar rechts naar het bredere deel van de filet. Het wordt steeds eenvoudiger om mooie courgettes te kopen, want ze worden tegenwoordig vrijwel overal gekweekt. De bereiding verloopt zonder problemen.

Voor de overige bijgerechten hebben we knolselderij nodig met een zware stevige knol die we dik afschillen. Om bruin worden te voorkomen wrijven we de geschilde knol in met citroensap. De aardappel wordt hier alleen gebruikt als bindmiddel voor de selderijpuree.

Ten slotte wordt de visfilet in de saus gelegd die van tevoren wordt ingekookt zodat hij romiger wordt. De borden worden met halve zwarte olijven als vissenoog gegarneerd.

1. Voor de farce: de schelvis in blokjes snijden en samen met het eiwit in de mixer pureren, intussen zout en peper toevoegen. Zodra de massa romig is, 200 ml room erbij doen. De mixer in totaal 1 minuut laten draaien en de massa door een fijne zeef halen.

2. De heilbot fileren, licht op smaak brengen en met visfarce bestrijken. De courgettes in plakjes snijden en even licht in olie aanbakken en schubvormig op de filets leggen. Witte wijn en visfond erover gieten en 10 minuten bij 180 °C in de oven zetten. Op smaak brengen met zout en peper. En tenslotte nog even gratineren in de salamanderoven of onder de grill.

met courgette-schubben

3. Vervolgens 200 g knolselderij met 50 g aardappel 15 tot 20 minuten op hoog vuur pocheren. Het geheel pureren en op smaak brengen met peper en zout. Een spuitzak vullen met selderijpuree en daarmee een visvorm op het bord spuiten.

4. De stelen van de spinazie verwijderen, de groente blancheren, met koud water afspoelen en door een zeef halen. Het kookvocht van de vis laten inkoken, van het vuur af met boter monteren en kloppen met een garde tot het afgekoeld is. Een eetlepel spinaziepuree erbij doen en op zacht vuur met de staafmixer emulgeren en zeven.

Jacobsmosselen op een

Voorbereidingstijd — 20 minuten
Kooktijd — 10 minuten
Moeilijkheidsgraad — ★★

Voor 4 personen

16	Jacobsschelpen
500 g	witlof
2	groene appels
1	ui
1	rode biet
10 g	kerrie
20 ml	room
150 g	boter
50 ml	sap van groene appels
500 ml	arachide-olie
40 ml	olijfolie
	zout en peper

Onze chef-kok uit Brussel is natuurlijk bezeten van witlof, in het Vlaams 'witloof', letterlijk vertaald 'wit blad'. In het Franssprekende deel van België lopen we gemakkelijk in de val, want daar noemt men de groente 'endive', wat dus niet andijvie betekent. Witlof is niet anders dan de in donker gekweekte spruiten van cichorei. De groente dook voor het eerst op in België in 1850 en ontstond per ongeluk in de botanische tuin van Brussel. Sindsdien geldt hij in fijnproeverskringen als lekkernij en gelukkig kunnen we deze groente tegenwoordig vrijwel het hele jaar door kopen.

Deze wintergroente bestaat voor ca. 95 % uit water en bevat vrijwel geen calorieën, zodat hij bij diëten de voorkeur geniet. Koop witte, stevige struikjes, verwijder zo nodig slappe buitenste bladeren en spoel ze goed onder koud stromend water. Snijd ze dan in dunne reepjes.

De weg van de heilige Jacobus ging ook door België en ettelijke pelgrims uit deze streek hebben zich met de beroemde schelp op weg begeven naar Santiago de Compostella. Deze zogenaamde pelgrimsschelp werd gebruikt om water op te scheppen en werd tenslotte een soort herkenningsteken. Desondanks kunnen we beter voor dit gerecht Jacobsschelpen nemen die niet gereisd hebben en nog leven en beslist goed gesloten zijn en zwaar aanvoelen. De schelpdieren van dit tweeschalige weekdier zijn heel kwetsbaar en moeten snel gaar gemaakt worden: ongeveer 10 seconden aan iedere kant, niet langer.

Gebruik de kerrie spaarzaam, want teveel zal het gerecht teniet doen. Kerrie heeft een uitgesproken smaak en men moet het voorzichtig aan het werk zetten. Serveer het gerecht heel heet. De gasten zullen niets overlaten en dat is maar des te beter want het kan niet bewaard worden.

1. De schelpdieren onder stromend water wassen en in een kom koel wegzetten. De rode biet schillen en in reepjes snijden en een paar minuten in hete olie frituren.

2. De gehakte ui inkoken en 1 tl kerrie erbij doen. Met 50 ml sap van groene appels afblussen. Tot de helft inkoken en de room erdoor roeren. Het geheel op hoog vuur in 5 minuten garen. Door een zeef halen en vervolgens met boter monteren.

bedje van witlof en appel

3. Het witlof wassen, in reepjes snijden en 2 tot 3 minuten in boter fruiten. Op smaak maken met peper en zout. De appels in dunne plakken schaven en wegzetten.

4. De Jacobsmosselen op smaak brengen met peper en zout en snel in olijfolie bakken. Het witlof op een bedje groene appelplakjes leggen en de Jacobsmosselen als een kroon erop zetten. De saus eromheen verdelen en de rode bietreepjes op de mosselenkroon leggen.

Tarbot op de graat gegaard

Voorbereidingstijd 45 minuten
Kooktijd 30 minuten
Moeilijkheidsgraad ★★

Voor 4 personen

1	tarbot
800 g	tuinbonen, gepeld
30	zilveruitjes
15	knoflooktenen
1	sjalot
200 g	gerookt buikspek
100 g	boter
200 ml	braadjus
	zout en versgemalen peper

Voor de beurre blanc:

2 el	witte wijn
50 ml	witte wijnazijn
1	sjalot
100 g	boter
100 ml	room
	dragon
snufje	geplette peper
	zout en versgemalen peper

De in de koude wateren levende tarbot heeft fijn licht vlees, dat voor iedere kok een genoegen is, omdat het bij het garen niet uit elkaar valt. De vissen worden meestal in hun geheel te koop aangeboden en komen dan uit zee of zijn gekweekt. Een glanzend vel, een goed stijf lijf en stevig aanvoelend vlees staan garant voor versheid. Het is alleen jammer dat men bij tarbot nogal veel verlies heeft en daarom een flink exemplaar nodig heeft om behoorlijke porties te krijgen. Gérard Vié adviseert om de vis reeds een dag tevoren in stukken te snijden. Tarbot wordt nog beter als men hem tevoren klaarmaakt. Men snijdt de vis dus in flink brede, dikke stukken, die men met wat olijfolie bedruipt en koud wegzet.

De tuinbonen worden als bijgerecht smakelijk opgeluisterd door de spekblokjes, waarvan het effect omgekeerd evenredig is met de grootte van de blokjes. Dat wil zeggen: hoe fijner ze gesneden zijn, hoe sterker ze smaken. Het spreekt vanzelf dat het voorbereiden van de tuinbonen - weken, uitlekken etc. - pijnlijk nauwkeurig moet gebeuren opdat ze licht verteerbaar worden. Als grote voorvechter voor het toenemend gebruik van peulvruchten raadt onze chef-kok aan om witte bonen, linzen of erwten te nemen als men geen tuinbonen lust.

Voor de bereiding van beurre blanc is het gemakkelijker als men boter met slechts 82% vet gebruikt met een iets hogere zuurgraad. Het is duidelijk dat in het onderzoek naar de beurre blanc sinds de ontdekking ervan door een zekere Madame Clémence, een kokkin uit Nantes, enige vorderingen zijn gemaakt.

1. De tarbot van kop tot staart doormidden snijden. De tuinbonen pellen, 2 minuten in kokend water blancheren en koud wegzetten.

2. De twee vishelften in stukken van 200 g verdelen en op smaak brengen met peper en zout. Onder voortdurend bedruipen ongeveer 12 minuten in olie en boter in de oven gaar laten worden.

met bonen-spekragout

3. Spekblokjes, fijngehakte sjalot en tuinbonen in wat boter even fruiten. Op smaak brengen met peper en zout, de braadjus erover gieten en tot de helft laten inkoken; de tuinbonen worden zo gaar. Zilveruitjes en 2 ongeschilde knoflooktenen op laag vuur even in boter fruiten en garen.

4. Voor de beurre blanc: de gehakte sjalot met wijn, geplette peper en azijn inkoken. Room en boter beetje bij beetje onder voortdurend kloppen met de garde toevoegen. Gehakte dragon erbij en op smaak brengen met peper en zout. De tarbot op de borden leggen, met tuinbonen, uitjes en knoflooktenen eromheen geschikt. De beurre blanc eromheen gieten.

Lichtgezouten kabeljauw

Voorbereidingstijd 1 uur 30 minuten
Kooktijd 20 minuten
Moeilijkheidsgraad ★★

Voor 4 personen

1	stuk kabeljauw van 1 kg
500 g	grof zout
40 g	boter
	zout en peper

Voor de brandade:

500 ml	melk
1 el	room
1	knoflookteen
100 g	aardappel
1 takje	tijm
1	laurierblad
	olijfolie

Voor de olijfoliejus:

2	sjalotten
½	groene peper
½	groene paprika
⅛	rode paprika
	gewone braadjus
	olijfolie

Voor de garnering:
blaadjes basilicum

Met kabeljauw bedoelen we in Nederland volwassen exemplaren van deze vissoort uit de Noordzee, jonge kabeljauw en Oostzeekabeljauw wordt ook wel 'gul' genoemd. Kabeljauw heeft fijn, zacht vlees, dat soms echter een beetje flauw is. Deze vissoort heeft dan ook de laatste decennia veel meegemaakt. Vroeger was de vis bij fijnproevers zeer gewild. Neem een goed vers, dik stuk vis: bij aankoop moet het vlees stevig zijn, anders valt het bij het garen uit elkaar. De filet moet even in zout worden ingelegd, dat verstevigt de structuur en benadrukt de natuurlijke smaak. Men mag natuurlijk de hoeveelheid zout niet overdrijven en beslist de voorgeschreven tijd niet overschrijden.

Als men de instructies van Jean-Pierre Vigato zeer precies volgt, krijgt men een vis die wat consistentie betreft veel op de verse vis lijkt en even zacht als de traditionele 'Brandade de morue', een van de populaire Zuidfranse standaard gerechten.

Heel zuidelijk is ook de met paprika's en pepers versterkte olijfoliejus, die bij dit kabeljauwduo wordt geserveerd. Over de pepers valt nog wel het een en ander te zeggen en met name het volgende: men moet ze heel nauwkeurig doseren, of men nu de lange Serrano's, de kleine Habaneno's of een ander soort gebruikt. Ze hebben allemaal een zeer sterk aroma dat voor leken gevaarlijk kan zijn. Pepers moeten altijd eerst van hun bijzonder scherpe zaden ontdaan worden. Daarna mag men ze pas beetje bij beetje in het gerecht verwerken, waarbij men steeds even moet proeven om het resultaat te keuren.

1. De kabeljauw fileren, vel en graten verwijderen. De filets 30 minuten in grof zout inleggen en vervolgens een uur in water ontzouten. In dikke filets van 180 g verdelen, op smaak brengen met peper en zout en in boter smoren.

2. Voor de brandade: 100 g geschilde aardappel met knoflook, laurier en tijm in de melk gaar koken. Laten uitlekken en de aardappel met de knoflookteen door een zeef wrijven. De resten vis voor de brandade in dezelfde melk gaar koken en laten uitlekken.

met scherpe brandade

3. De kabeljauwresten in een kom doen en met olijfolie en room monteren. De aardappel op het laatste moment erbij doen en au bain-marie warmhouden.

4. De gehakte sjalotten in boter fruiten. Het braadvocht erbij doen en tot de helft inkoken. Groene peper en ontvelde, goed geblancheerde en kleingesneden paprika's erbij doen. Garneren met gefrituurd basilicumblad.

Schotse zalm

Voorbereidingstijd	1 uur 30 minuten
Kooktijd	25 minuten
Moeilijkheidsgraad	★★★

Voor 4 personen

2	zalmruggen in vierkanten van 350 g gesneden
2	varkensblazen
60 g	boter
2	grote champignons
1	courgette
1	wortel
500 g	algen
½ bosje	kervel
½ bosje	bieslook
20 ml	visbouillon
80 ml	olijfolie extra vierge
	zeezout
	zout en peper

Lyon, rond de eerste eeuw na Chr. de hoofdstad van de provincie Gallia Ludgunensis, wordt ook tegenwoordig nog bezocht vanwege de herinneringen aan haar glansrijke verleden. Bovendien geldt de stad als regelrechte gastronomische hoofdstad. Gelegen midden tussen de aangrenzende regio's is ze het middelpunt geworden van de respectievelijke beroemde specialiteiten. Men hoeft maar te denken aan de Bresse-kip, de runderen uit Charolais en de bergmeren met hun rijkdom aan vis. Zo kon de stad Lyon een authentieke en fantasierijke keuken ontwikkelen, waarvan de klassieke poularde in varkensblaas een goed voorbeeld is. Dit gerecht inspireerde onze chef-kok tot dit recept.

Een varkensblaas is altijd al bekend geweest vanwege zijn ondoordringbaarheid. In de Middeleeuwen diende hij de pelgrims als waterkruik en de slagers als uithangbord. Ook in de keuken wordt hij gewaardeerd omdat hij niets doorlaat, zodat de smaaknuances zich als in een stoofpan concentreren. Meestal koopt men gedroogde varkensblaas, die 48 uur in koud water moet liggen, dat enkele keren ververst wordt. Omdat Jean-Pierre Vigato al vaker voor een onaangename verrassing kwam te staan, adviseert hij de blaas met water te vullen om te zien of er geen gat in zit. Vervolgens heeft men veel geduld nodig, want het sluiten van de blaas is geen makkelijk karwei. Zodra de blaas gaar en opgeblazen is, is hij niet zo stevig meer en moet hij gestut worden. Onze chef-kok gebruikt hiervoor algen, maar ook een diep bord van de juiste grote kan als steun dienen.

Voor Jean-Pierre Vigato is er geen betere zalm dan de Schotse. Zoals bekend worden de koude wateren van Schotland streng bewaakt, zodat het natuurlijke leefgebied van de vis als kwalitatief onberispelijk mag gelden. Of het om wilde of gekweekte zalm gaat, maakt daarbij niet uit. De stukken vis kan men het best van het vlezigste deel van de filet langs de ruggraat nemen,

1. De varkensblaas 48 uur in koud water leggen. Goed af- en uitspoelen en met water vullen om te zien of er geen gat in zit. De groenten schoonmaken, wassen en fijnsnijden. De wortel en de courgette blancheren. De champignons even aanbakken, alles laten uitlekken en de kruiden fijnsnijden. De varkensblaas ermee vullen.

2. Tevoren vel en graten van de zalm verwijderen en de stukken visfilet ook in de blaas doen, met boter en visbouillon.

Jean-Pierre Vigato

in varkensblaas

3. De varkensblaas licht opblazen en met een stukje keukentouw 4 tot 5 cm van de rand vandaan dichtbinden. Zorg ervoor dat de blaas goed dichtgebonden is, zodat de inhoud er niet uitloopt tijdens het kookproces.

4. In net kokend licht borrelend water 25 minuten gaar laten worden. De geblancheerde algen op twee borden leggen en op ieder een opgeblazen varkensblaas zetten. Serveren met twee sauskommetjes: een met olijfolie en de andere met zeezout. De inhoud van een blaas is bedoeld voor twee personen.

Frankreich 297

Snoekbaars met

Voorbereidingstijd   *15 minuten*
Kooktijd   *30 minuten*
Moeilijkheidsgraad   ★★

Voor 4 personen

600 g	zalmforel
20 g	zwarte truffel
500 g	spinazie
300 g	bloemkool
1	tomaat
3	knoflooktenen
100 ml	visfond
1 stukje	piment
50 g	parmezaan
	olijfolie
	zout en witte peper

Voor het capellini-deeg:

300 g	bloem
10	eidooiers
	zout

Weer een andere soort pasta voor dit gerecht, namelijk de op engelenhaar gelijkende capellini. Een goede gelegenheid om kort stil te staan bij de ongelooflijke creativiteit van onze Italiaanse zuiderburen die op dit gebied steeds nieuwe soorten uitvinden. Ze eten er per jaar zo'n 25 kilo per persoon van, in vergelijking met bijvoorbeeld de Fransen die slechts 7 kilo per persoon naar binnen werken. Italië is en blijft het pastaland bij uitstek. Dit recept is daarvan een goed bewijs.

De met veel eieren bereide capellini worden opgediend met kleine bloemkoolroosjes. De smaak en de consistentie van de beetgare bloemkool dragen bij aan de smaak van het geheel. De bloemkool moet natuurlijk mooi stevig zijn, de roosjes helder wit en vast. De Fransen slaan zich weliswaar niet ten onrechte op de borst vanwege de kwaliteit van hun bloemkoolsoorten, zoals de 'Prince de Bretagne', maar Italië is de grootste exporteur op dit gebied.

Deze gemakkelijk te verwerken groente is verstandig in elkaar gezet, omdat het mooie eetbare deel door de grote groene bladeren beschermd wordt tegen vorst en beschadiging. Mark Twain noemde het een ' kool met een goede opvoeding'. Zeurpieten vinden de groente bitter, maar eventuele bittere smaak kan men voorkomen door de groente gaar te stomen of het kookwater een keer te verversen tijdens het koken.

De zalmforel, op z'n Italiaans 'salmerino' leeft vooral in bergmeren. In het meer van Annecy komt deze op zalm lijkende vis veel voor. Het visvlees blijft mooi zacht als men het op laag vuur laat garen of stoomt.

1. De spinazie gaar koken en pureren. Bloem en eidooiers mengen en de spinaziepuree erdoor roeren. 1 Uur koud wegzetten. Het deeg dun uitrollen en in dunne reepjes (capellini) snijden. De bloemkoolroosjes in zout water beetgaar koken, laten uitlekken en met zout, peper en piment in olijfolie sauteren.

2. De stukken zalmforel op laag vuur met een hele knoflookteen en olijfolie zacht gaar bakken. De vis eruit nemen en een eetlepel visfond in de pan doen met het vruchtvlees van de tomaat en 1 theelepel gehakte truffel. 2 minuten inkoken, in de mixer puren en door een zeef wrijven.

zwarte truffel

3. De capellini in kokend water beetgaar koken, laten uitlekken, voorzichtig met de bloemkool mengen en de parmezaan erbij doen. De olijfolie, hele knoflookteen en de in schijfjes gesneden truffel in een pannetje verwarmen.

4. In het midden van het bord wat capellini met bloemkool leggen, saus eromheen gieten en de stukken zalmforel erop zetten. Met truffel garneren.

Roodbrasem en timbaaltje van

Voorbereidingstijd 15 minuten
Kooktijd 1 uur 30 minuten
Moeilijkheidsgraad ★★

Voor 4 personen

300 g	roodbrasemfilets
100 g	verse morieljes
200 g	oesterzwammen of cantharellen
½	savooiekool
1	knoflookteen
50 g	sjalotten
1	varkenszwoerd
2	eieren
20 g	gemberwortel
1 el	mirepoix van ui, wortel en bleekselderij
1 takje	tijm
200 g	kervel
1	laurierblad
100 ml	crème fraîche
200 ml	olijfolie
	zout en witte peper

Voor de garnering:
blokjes tomaat
peterselie

In dit recept gaan land en water of in ieder geval hun producten, een harmonieuze relatie aan, zonder dat het contrast en de afzonderlijke smaken verloren gaan. Ten eerste zijn er de bospaddestoelen en Gianfranco Vissani zal niet aarzelen Frankrijk het hoogste cijfer te geven voor de beste morieljes, vooral de kegelvormige, waar hij hoog van op geeft vanwege hun zachtheid en aroma. Hij gebruikt ze hier zelfs in combinatie met sjalotten, maar heeft daar een goede reden voor: hij wil de smaakpapillen van de gasten tarten. En als hij het toch over Franse paddestoelen heeft, noemt hij ook de champignons en herinnert ons eraan dat we het principe van het kweken van champignons in lagen te danken hebben aan de bewoners van Toscane.

De timbaal maken we van paddestoelen. Hij dient als bijgerecht bij de roodbrasem, een typische Middelllandse-Zeevis, die veel weg heeft van zeebrasem. Roodbrasem ziet er mooier uit, maar heeft geen uitgesproken smaak en moet daarom met verse gember worden versterkt. Wees voorzichtig met de dosering van deze scherpe specerij, want het aroma is heel sterk. Zorg ervoor dat de gemberwortel goed sappig is. De wat smaak betreft sterkste ingrediënten zijn dus gember en sjalotten en die vereisen een gepaste dosering.

Het vlees van de roodbrasem is kwetsbaar en zacht. Het mag daarom niet te lang gegaard worden, anders wordt het flauw en papperig. Omdat deze vis vrij bescheiden van omvang is, is het aan te bevelen het recept voor een groter aantal gasten te maken van zeebrasem.

1. De ontvelde filets in stukken van 75 g verdelen. De oesterzwammen met tijm en hele knoflookteen in olie fruiten.

2. De oesterzwammen in de mixer pureren met de eieren, gehakte kervel, 50 ml crème fraîche, zout en peper. De timbaalvormpjes invetten met boter en met de massa vullen. In een waterbad 40 minuten in een oven van 160°C zetten.

oesterzwammen en morieljes

3. De gehakte sjalotten, in blokjes gesneden varkenszwoerd, een lepel mirepoix, laurier en tijm in olijfolie fruiten. Een kwart van de morieljes, klein gesneden gemberwortel en in dunne reepjes gesneden, geblancheerde kool erbij doen. Met visfond begieten en de rest van de crème fraîche toevoegen. Laten inkoken, pureren en door een zeef wrijven.

4. De rest van de morieljes en de rest van de grof gesneden geblancheerde koolbladeren in boter zacht aanbakken. De visfilets in een pan bakken. De saus op de borden gieten en de timbaaltjes erop zetten. De vis, morieljes en koolbladeren afwisselend eromheen schikken. Met blokjes tomaat en peterselie garneren.

Zeeduivelmedaillons

Voorbereidingstijd 15 minuten
Kooktijd 15 minuten
Moeilijkheidsgraad ★

Voor 4 personen

400 g zeeduivelfilet
 zout en peper

Voor de basilicumvinaigrette:
200 ml olijfolie extra vierge
50 ml olijfolie 'olio nova'
 sap van ½ citroen
 basilicumblaadjes
 zout en peper

Voor de groentegarnering:
50 g wortelen
50 g prei
50 g bleekselderij
 zout

Voor de garnering:
 takjes kervel
 blaadjes basilicum

Dit originele, eenvoudige en kleurrijke gerecht zal liefhebbers van de frisse lichte keuken, bij de eerste blik verheugen. Door de combinatie van hete zeeduivelmedaillons en koude vinaigrette ontstaat een lauwwarm gerecht dat wordt geserveerd met een lawine van kleine stukjes groente, met basilicum als onovertroffen smaakmaker.

Zet bij deze bereiding alle vooroordelen opzij. Zijn afzichtelijke uiterlijk mag geen reden zijn om al te snel te oordelen over de kwaliteit van het vlees van de zeeduivel. Zorg er voor dat de filets goed schoongemaakt worden en verwijder ongerechtigheden, vliezen en vezels nauwkeurig, zodat er een sappige, elegante witte substantie overblijft. Snijd het visvlees in medaillons en zet ze in de salamander: ze moeten à point gegaard op het bord komen, waar ze met de bijgerechten hun volle smaak ontvouwen.

De vinaigrette speelt voor de harmonie van het gerecht een grote rol. Door haar basilicumaroma zorgt ze voor de juiste verbinding tussen zeeduivel en groente. Voor een goed resultaat, moet men kleine basilicumblaadjes nemen, met een wat minder sterke citroenachtige smaak als de grotere bladeren. De groente wordt zonder verdere buitensporigheden als klassieke julienne bereid. Als extra kan men nog een of andere groente erbij geven die men vanwege haar versheid op de markt speciaal heeft uitgekozen. In ieder geval moet men de afzonderlijke kooktijden in acht nemen en ze eventueel apart garen.

Dit zomergerecht kan ook met andere soorten vis worden bereid, zoals tarbot of zalm.

1. De zeeduivel fileren, in 16 medaillons van gelijke grootte snijden en op smaak brengen met peper en zout.

2. De medaillons voorbereiden voor de oven: leg ze op regelmatige afstanden van elkaar in een met boter ingevette roestvrijstalen schaal.

met groenten in vinaigrette

3. Voor de basilicumvinaigrette: de beide soorten olijfolie met citroensap, zout en peper vermengen. Het gehakte basilicum toevoegen en met de garde erdoor roeren.

4. De groente schoonmaken, in reepjes snijden, apart in water met zout blancheren en laten uitlekken. Afdrogen en de nog hete groente met de basilicumvinaigrette mengen. De medaillons in de salamander à point garen en op smaak brengen met peper en zout. Op de borden schikken, met de gemarineerde groente garneren en de rest van de vinaigrette erover verdelen. Garneren met kervel en basilicum.

Duitsland 303

Zalm in spinazie

Voorbereidingstijd	*20 minuten*
Kooktijd	*20 minuten*
Moeilijkheidsgraad	✱✱

Voor 4 personen

1		hele zalm (of 400 g filet)
100 g		snoekfilet
20 g		kaviaar
32	grote	spinaziebladeren
1		sjalot
1		ei
200 g		boter
100 ml		volle room (48%)
100 ml		slagroom
500 ml		witte wijn
500 ml		visfond
50 ml		Noilly-Prat
		nootmuskaat
		zout en peper

Eigenlijk moeten we eens ophouden om zalm overal en bij iedere gelegenheid te serveren. Deze vis gaat de consument vervelen en dat is tegenover deze uitstekende vis, die slechts de meest exquise bereidingen verdient, niet terecht. In Schotland en Noorwegen wordt zalm in bepaalde hoeveelheden gekweekt en de kwaliteit wordt streng bewaakt. Er is natuurlijk ook nog wilde zalm met heerlijk fijn vlees, zolang men hem maar goed bereidt.

Schotse zalm heeft overigens het Franse kwaliteitskenmerk 'Label rouge' verworven en dat is uiterst gedenkwaardig. Men kan hem in dit gerecht rustig de hoofdrol geven. Zolang de vis goed vers is, zal hij deze rol briljant vertolken. We kunnen het natuurlijk nog hebben over zijn voordelen wat betreft voedingswaarde: het hoge gehalte aan vitamine A en B12, het geringe aantal calorieën enz. - maar deze feiten mogen bekend verondersteld worden. Snijd de zalm zorgvuldig in stukken van 100 g. Grotere porties zouden volgens onze chef-kok het gerecht in vergelijking met de rest van de ingrediënten uit zijn evenwicht brengen.

Men dient ervoor te zorgen dat de gekozen gaarmethode de zachte kleur van de zalm instandhoudt, aangezien dat wenselijk is voor het contrast met het prachtige groene spinaziekleed. Hier moeten we ook aan de Franse schrijver Stendhal denken, wiens bekendste roman dan wel *Le Rouge et le Noir* heet, maar die ook een boek heeft geschreven met de titel *Le Rose et le Vert*, dat vrijwel niemand kent.

De laag spinazie moet gevoerd worden en daarom moeten we eerst de stelen verwijderen, de bladeren blancheren en op een schone doek drogen. Maak er kleine pakketjes van en zorg ervoor dat ze goed stevig worden, zodat de snoekfarce er niet uit kan lopen.

1. De snoekfilet klein snijden, zouten en in de keukenmachine fijnmalen. Het ei en de room beetje bij beetje erbij doen. Op smaak brengen met peper en nootmuskaat, door een zeef wrijven en ten slotte de slagroom voorzichtig erdoor roeren.

2. De zalm fileren en in ca. 1 cm dikke stukken van 100 g verdelen. De spinaziebladeren blancheren en in 8 rechthoeken op een servet uitspreiden en droog deppen.

met kaviaarroom

3. Op ieder rechthoek een 1 cm dikke laag vismousse leggen, de goed gekruide zalmfilet erop leggen en de spinazie eromheen vouwen. De zalm in spinazie met visfond in een ovenschaal 6 minuten in een voorverwarmde oven van 200°C garen. De zalm eruit halen en op keukenpapier laten uitlekken.

4. Voor de saus: witte wijn, Noilly-Prat en gehakte sjalot opkoken. De visfond toevoegen en tot een derde inkoken. Met boter monteren en 6 minuten laten koken. Pureren en op smaak brengen. De kaviaar erbij doen en niet meer laten koken. De zalm op voorverwarmde borden schikken en met de saus garneren.

Chartreuse van Jacobsmosselen

Voorbereidingstijd	1 uur
Kooktijd	20 minuten
Moeilijkheidsgraad	★★

Voor 4 personen

16	grote Jacobsschelpen
12	boormosselen
12	venusschelpen
40 g	kaviaar
8	koolbladeren
30 g	boter

Voor de mosselen:

20 g	sjalotten, prei en selderij
1	knoflookteen
3	peperkorrels
400 ml	water
125 ml	witte wijn
20 ml	olijfolie
2 draadjes	saffraan
1 snuf	grof zeezout

Voor de bouillon:

125 ml	kookvocht van mosselen en baarden van Jacobsschelpen
60 g	wortelen
60 g	peulen
60 g	prei
1	sjalot
1 bosje	verse koriander
125 ml	droge witte wijn
20 ml	Noilly-Prat
60 g	boter
	cayennepeper

Voor de vulling:

100 g	langoestinevlees
½	eiwit
100 ml	room
1 el	slagroom
zout en versgemalen peper, cayennepeper	

Verse koriander lijkt weliswaar veel op peterselie, maar smaakt heel anders. Gebruik het slechts met mate, want het aroma is zo sterk dat het de gerechten waarin het kruid gebruikt wordt, gemakkelijk gaat overheersen. De voordelen ervan zijn al besproken en dit vitaminerijke kruid is in vele keukens in allerlei culturen te vinden: niet alleen bij het joodse Paasfeest, maar ook in de Indiase curry's. Men kan er een kruidenjenever van maken en in Zuid-Amerika wordt de chili con carne en de guacamole ermee gekruid.

In de hier gebruikte bouillon treden de schelpdieren nog eenmaal op. Voordat het echter een saus wordt, moeten er nog wat fijne smaaknuances aan toegevoegd worden. Hier komen niet alleen de koriander en de baarden van de Jacobsschelpen (die direct na het openen van de schelpen verwijderd zijn) aan de beurt, maar ook de uitgesproken smaak van de boormosselen, met hun prachtige oranje vlees dat de kwaliteit garandeert.

Boormosselen zetten zich vast op een vlechtwerk en produceren een kleverige substantie waarmee ze op de ondergrond vast blijven zitten. In Frankrijk spreekt men dan ook van 'moules de bouchot' (bouchot = vlechtwerk) en in het westen van dat land noemt men een mosselkweker dan ook 'boucholeur' of 'bouchoteur', in plaats van mytiliculteur zoals elders.

Onze chef-kok beveelt ons Jacobsschelpen uit Schotland of Ierland aan, maar ook de Bretonse - vooral die uit de baai van Saint-Brieuc - kunnen moeiteloos de vergelijking doorstaan.

1. De in blokjes gesneden groenten fruiten en op smaak brengen met peper en zout. De boormosselen en venusschelpen erbij doen, even fruiten en dan witte wijn en water erbij doen. De schelpdieren koken tot ze opengaan, uit de schelp nemen en wegzetten. De Jacobsschelpen schoonmaken, de baarden bewaren en de Jacobsmosselen op keukenpapier drogen. De baarden in het kookvocht 15 tot 20 minuten koken en het kookvocht door een zeef gooien.

2. Het gekookte, koude langoestinevlees op smaak brengen met peper en zout, pureren en beetje bij beetje eiwit en room toevoegen. Door een zeef wrijven en met slagroom mengen. Op smaak brengen. De koolbladeren blancheren, onder koud water afspoelen en op keukenpapier laten drogen. 4 vormpjes met boter invetten, met koolblad bekleden en wegzetten.

met groentebouillon

3. De vulling met een spuitzak in de vormpjes doen. De Jacobsmosselen in vieren delen, met zout en peper bestrooien en op de vulling leggen. Afdekken met koolblad en 6 minuten bij 200 °C stomen. Dan de groente in reepjes snijden, afzonderlijk blancheren en in ijswater afkoelen.

4. Het mosselkookvocht inkoken, wijn en Noilly-Prat en de koude boter in kleine blokjes erbij doen. De groenten en de mosselen erbij doen en opwarmen, De kool-schelpdierpakketjes in het midden van het bord leggen, de groenten en mosselen eromheen schikken en met bouillon overgieten. De kaviaar op het pakketje leggen en met korianderblad garneren.

Zalmforel met mierikswortel

Voorbereidingstijd	45 minuten
Kooktijd	8 minuten
Afkoelen	3 uur
Moeilijkheidsgraad	★

Voor 4 personen

4	zalmforellen van 350-400 g per stuk
1 el	olie
	zeezout
	peper

Voor de mierikswortelkorst:

50 g	mierikswortel
60 g	boter
3	eidooiers
60 g	witbrood
	zout, peper en cayennepeper

Voor de saus:

20 g	sjalotten, gehakt
250 ml	visfond, 250 ml droge riesling
40 ml	Noilly-Prat
120 g	boter
2 el	slagroom
	citroensap
1 bosje	bieslook
	zout en peper

Voor de garnering:

50 g	aardappelen
50 g	rode bieten
1 bosje	waterkers

In Baden-Würtemberg zijn talloze meertjes, rivieren en beken en men heeft er dan ook geen gebrek aan zoetwatervis. Onze chef-kok heeft een zwak voor zalmforel, die vanwege de zacht zoete smaak een bijzondere plaats onder de zalmachtigen inneemt. Het is natuurlijk ook zo dat Harald Wohlfahrt dankzij de geografische ligging van zijn zaak de bestelde vis binnen een uur geleverd krijgt door een visser die precies weet waar hij de met uitsterven bedreigde zalmforel kan vinden.

Het is verder van belang de vis een temperatuur shock te besparen, wat inhoudt dat de keuken ook gelijkmatig van temperatuur moet zijn. Verder heeft deze vis lichte ogen, een fraai gekleurd vel, maar ook veel graten, waardoor het vrij veel tijd kost om alle graten te verwijderen. In het algemeen duiken ook na deze tijdrovende procedure nog her en der graten op.

Gemiddeld heeft men ca. 350-400 g zalmforel per portie nodig. De grote exemplaren geven veel afval, terwijl de kleinere in verhouding meer vlees opleveren. De smaak van de zalmforel past uitstekend bij de scherpe mierikswortel, vooral als men die kort voor het gebruik raspt.

De geraffineerde smaak van het knapperige visvel zal de gasten in verrukking brengen. Het dient niet alleen ter versiering, maar ook als contrasterend element en nodigt ertoe uit het geheel uit weke zachtheid bestaande gerecht te verorberen.

Als er geen zalmforel te krijgen is, kunt u ook een mooie beekforel nemen.

1. Voor de mierikswortelkorst: de boter in een schaal zolang kloppen tot een mooie emulsie ontstaat. Vervolgens beetje bij beetje de eidooiers toevoegen, mierikswortel en het fijngewreven witbrood erdoor roeren, op smaak brengen met peper en zout en het geheel 2 tot 3 uur koud zetten.

2. De vissen ontschubben, schoonmaken, ontgraten en fileren. Snel op de velkant in wat olijfolie bakken. Het vel eraf trekken en in een hete pan knapperig bakken.

en sjalottenboter

3. De visfilets op een met boter ingesmeerde schaal leggen en met een dunne laag mierikswortelboter bedekken. In de salamander of onder de grill bakken tot ze goudgeel zijn. Riesling met Noilly-Prat en sjalotten tot op een derde inkoken. De visfond en de room erbij doen, tot de helft inkoken, koude boterblokjes toevoegen. Op smaak brengen met peper en zout en citroensap.

4. De blokjes aardappel en rode biet blancheren, apart in hete boter bakken. De gegratineerde visfilets op voorverwarmde borden leggen en de sjalottenboter erover doen. Garneren met knapperig gebakken vel en waterkers. De groente eromheen schikken.

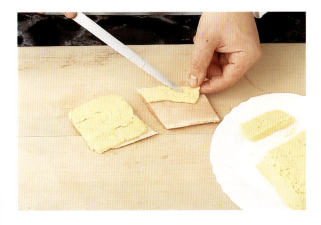

Zaagbaars met

Voorbereidingstijd 30 minuten
Kooktijd 15 minuten
Moeilijkheidsgraad ∗

Voor 4 personen

1	kleine zaagbaars of 4 filets van 150 g
500 g	ratatouillemengsel (courgette, aubergine, ui en rode paprika) in kleine blokjes
2	knoflooktenen
400 ml	olijfolie
	tijm
	bieslook
	zout en peper

In Italië is de bruine zaagbaars zeer gewild. Deze grote zeevis is dan wel niet zo groot als de reuzenbaars uit de Middellandse Zee die een gewicht van wel 300 kg kan bereiken, het vlees is echter mooi wit en stevig. Het valt bij het koken niet uit elkaar en is wat structuur betreft te vergelijken met tonijn.

De ratatouille in mini-uitvoering is de trots van onze chef-kok Armando Zanetti en krijgt daarom hier een verhoudingsgewijs tot de grootte een omgekeerd evenredige betekenis. De fijne smaak, versheid en aangepaste garing van de groenten zijn belangrijke factoren die niet genegeerd mogen worden. Dat geldt met name voor de paprika's die ontveld moeten worden, omdat het vel moeilijk te verteren is. De paprika's worden even in het water gedompeld, net als men met tomaten doet.

Dat is voldoende om het vel eraf te kunnen trekken. Men kan de stukken paprika ook in de oven doen en daarna in krantenpapier of folie wikkelen. Het vocht kan dan niet weg, condenseert en het vel laat los.

De mini-ratatouille moet net beetgaar zijn, ook als men andere groenten gebruikt. Wortelen, erwten en kleingesneden artisjokken geven onverwachte smaaknuances, zolang men het geheel met goede olijfolie bindt. Misschien moeten we nog vermelden dat het eten van aubergine vroeger als ongezond werd beschouwd, ondanks de prachtige kleur van de schil. Tegenwoordig wordt de groente veel verbouwd in Calabrië en op Sicilië.

1. Courgettes, aubergines, uien en paprika schoonmaken en in kleine blokjes snijden.

2. De fijngesneden groenten in de volgende volgorde in olijfolie met knoflook sauteren: uien, aubergines, courgettes en rode paprika. Op smaak brengen met peper en zout en tijm erbij doen.

Mini-Ratatouille

3. De zaagbaars fileren en het vel laten zitten. De filets in een anti-aanbakpan op de velkant bakken en dan omkeren.

4. Met een vormpje een rond bedje van mini-ratatouille op het bord leggen, de zaagbaars erop leggen en met olijfolie bedruipen. Garneren met bieslook.

Zalmforel 'en carpione'

Voorbereidingstijd   *20 minuten*
Kooktijd   *35 minuten*
Moeilijkheidsgraad   ★★

Voor 4 personen

2		zalmforellen
1	krop	andijvie
2	krop	radicchio
1	bosje	rucola
500	ml	bouillon (niet geklaard)
400	ml	arachide-olie
100	ml	olijfolie extra vierge
50	ml	balsamicoazijn
200	ml	witte-wijnazijn
200	ml	Moscato (Italiaanse muskaatwijn)
		suiker
1		tomaat
40	g	bloem
50	g	boter
4	blaadjes	gelatine
10	g	bieslook
10	g	zout en peper

Voor de carpione:
(van tevoren maken)

2		knoflooktenen
200	g	uien
2		laurierbladen
50	g	salieblad
30	g	rozijnen
200	g	pijnboompitten

Zalmforel, of de Italiaanse *salmarino* of beekforel, is uiteraard een zalmachtige. Hij leeft in koud zuurstofrijk water en heeft kleurig, stevig en toch zacht vlees. Als enig nadeel kan men aanvoeren, dat de vis zeldzaam is. Hij is inheems in de meren van Europa en kan niet goed tegen transport. Dat hij zo zeldzaam wordt is waarschijnlijk zijn wraak voor de gestegen belangstelling die we hem geven.

Piemonte is een geografisch gunstig gelegen streek, met veel meren en dus ook veel zalmforel. Armando Zanetti is op bewonderenswaardige wijze in staat de zalmforel enigszins beter houdbaar te maken. Hij bereidt de vis hier 'en carpione', in een oorspronkelijk voor karper bedoelde marinade van goede wijn, zoals de Italiaanse Moscato, een druivensoort die in de hele wereld bekend is. In de Middeleeuwen was dit de gebruikelijke manier om voedsel (vlees, vis, groenten) te conserveren. Meestal deed men dat met azijn of witte wijn in grote stenen vaten.

Begin bij voorkeur ook een dag tevoren met het bereiden van de carpione en vergeet niet dat het eerste gebod is om gelei te maken. Dat gaat ofwel langs de natuurlijke weg (maar dat duurt een week) of met behulp van gelatine, die neutraal van smaak en veel sneller klaar is.

De vis is snel gaar, want in de hete marinade gaart hij nog een tweede keer. Het vlees moet dan overigens poreus genoeg zijn om de smaaknuances van de marinade op te nemen. Maar eerst zal men toch de vis moeten ontgraten en ontvellen.

1. Voor de carpione: de boter smelten en salie, knoflooktenen, laurier en gehakte ui toevoegen. Het geheel zolang fruiten tot het een mooie kleur heeft. De pijnboompitten en de rozijnen erbij doen.

2. De carpione met azijn en muskaatwijn afblussen en opkoken. De bouillon en de suiker toevoegen en 30 minuten koken.

met muskaatwijn

3. De zalmforel fileren, graten verwijderen en door de bloem wentelen. In een pan in hete olie frituren. Laten uitlekken op keukenpapier. De gelatineblaadjes weken, het kookvocht van de carpione zeven en de gelatine erbij doen. De visfilets met de gelei bedekken en 24 uur laten rusten.

4. De slasoorten wassen en in dunne repen snijden. Op smaak brengen met peper, zout en wat olijfolie. De zalmforel op de borden doen en met hoopjes sla, blokjes tomaat, pijnboompitten, ui, rozijnen en gehakte bieslook garneren.

Stokvis à la

Voorbereidingstijd 1 uur
Kooktijd 20 minuten
Moeilijkheidsgraad ★★

Voor 4 personen

4	stukken stokvis van 250 g (48 uur ontzouten)
800 g	rode uien
6	knoflooktenen
6	gedroogde rode paprika's
1	hambeen
	olie
	zout en peper

Niet alleen in Portugal wordt stokvis graag gegeten, maar vrijwel in alle landen langs de Atlantische Oceaan, het Kanaal en tot aan de Noordzee toe, waar met name de Noren er dol op zijn. Het is dan ook niet verwonderlijk dat dit stokvisrecept uit het Spaanse Baskenland aan de Golf van Biscaye, waar het wemelt van vis, schaal- en schelpdieren zeer algemeen bekend is. In Spanje wordt beweerd dat het proces van inzouten en conserveren op deze manier vanuit dat land naar Noorwegen is terechtgekomen.

Het seizoen voor en de visserij op deze vis zijn evenredig met de vraag toegenomen. Vermeldenswaard is ook de uit de lever van jonge kabeljauw vervaardigde gezonde levertraan, waar een hele generatie min of meer slechte jeugdherinneringen aan heeft. We gaan ons nu echter aan de stokvis wijden in de overtuiging dat er heerlijke gerechten uit ontstaan.

De saus à la Biscaya is natuurlijk een Baskisch recept en wordt samengesteld met de in alle Middellandse Zeegebieden graag gegeten rode of roze uien. Deze uiensoort bevat weinig suiker en geeft de saus zijn volle smaak. Als men de saus dikker en smeuïger wil maken, kan men een dikke varkenszwoerd of een in knoflook en uien gestoofd hambeen erbij doen.

Zo'n saus heeft het voordeel dat hij het hele jaar door en naar keuze met de meest verschillende groenten, vooral aardappelen kan worden bereid.

1. De stokvis 48 uur ontzouten. De fijngesneden uien, hambeen en de helft van de knoflook in een braadpan even fruiten en langzaam gaar laten worden. Het bot verwijderen.

2. De paprika's driemaal blancheren en ontvellen. De paprika's bij de uien doen en 3 tot 4 minuten aanbakken. Het geheel pureren en de rest van de knoflook toevoegen. Op smaak brengen. Als de stokvis nog te zout is: het water tweemaal achtereen opkoken en pocheren.

Alberto Zuluaga

Vizcaïna

3. De olijfolie in een anti-aanbakpan verhitten en de vis op hoog vuur 7 minuten aan een kant bakken, omkeren en nog 5 minuten bakken.

4. De bodem van een ovenschotel met saus bedekken en de vis erin leggen. Een paar minuten in een niet te warme oven bruinen en heet opdienen.

Koolvisfilet met

Voorbereidingstijd 20 minuten
Kooktijd 10 minuten
Moeilijkheidsgraad ∗

Voor 4 personen

1	grote koolvis
20	grote kokotxas (koolviswangetjes)
2	knoflooktenen
250 ml	olijfolie
	peterselie
	zout en peper

In heel Spanje kent men de kokotxa die werd ontdekt door een kokkin in San Sebastian. Het gaat hier niet om een fabeldier of een bijzonder kruid uit exotische oorden, maar om een V-vormige spier, waarmee de vis zijn onderkaak beweegt. Dit zachte, geleiachtige ingrediënt is in Baskenland inmiddels het bijgerecht bij uitstek geworden en staat in de meeste restaurants op de spijskaart. Nu we het toch over de prachtig klinkende Baskische namen hebben, moeten ook de 'aoxa', lamsragout uit Itxassou, de regionale wijn Txacoli en de beroemde gestreepte broek, de axtuli, genoemd worden. Interessant en om de bestelling in het restaurant te vergemakkelijken, is wellicht ook te weten dat men de 'x' uitspreekt als 'sj'.

We nemen een mooie koolvis van 3 tot 4 kilo, die mooie witte filets oplevert met een goede consistentie. Wat de kokotxas betreft, hebben we weinig aan goede bedoelingen, want iedere vis heeft slecht één paar wangetjes, dus kijk goed uit als er import uit Argentinië of Afrika wordt aangeboden. Alberto Zuluaga adviseert bovendien de hele kop te gebruiken en deze heel voorzichtig te garen zodat de gelatine niet verbrandt.

Van de gelatine komt ook de naam 'pil-pil', dat is namelijk de bindende stof die als een laagje om de vis zit. Andere bronnen beweren dat het woord een illustrerende betekenis is van het geluid van de aardewerkschaal die op tafel gezet wordt.

In plaats van koolvis kan men iedere soortgelijke vis met een gelatinerijke kop of bijvoorbeeld kabeljauw gebruiken.

1. De vis fileren en de filets ontvellen, in stukken snijden en op smaak brengen met peper en zout. De olie in een aardewerkschaal verhitten en de fijngehakte knoflook fruiten.

2. De gefrituurde knoflook eruit halen, het vuur lager draaien en de visfilets 2 minuten aan elke kant bakken.

'Kokotxas al pil-pil'

3. De wangetjes erbij doen met gehakte peterselie, nog een minuut koken en dan van het vuur nemen.

4. De schaal voorzichtig rond zwenken, zodat het bakvet en het visvocht goed vermengd worden. Direct opdienen.

Spanje 317

Basisrecepten

Sauce Américaine

Recept: Langoest met olijven, blz. 68

Ingrediënten:
2 langoesten van 500 g, 1 wortel, 1 ui, 100 ml droge witte wijn, 2 el cognac, 50 ml olie, 500 ml kalfs- of visfond, 4 tomaten, 1 el tomatenpuree, 1 bouquet garni (peterselie, tijm, laurier, kervel, dragon), zout, cayennepeper, 150 g boter.

Bereiding:
De langoestkoppen verwijderen. De koppen in de lengte doormidden snijden, de steenzakjes verwijderen. Het corail in een kom met 50 g boter mengen. Ui en wortel in kleine stukjes snijden. De olie in een braadpan heet laten worden, de langoestenkoppen erin leggen en zolang sauteren tot het pantser donkerrood is. De cognac, witte wijn, ontvelde en ontpitte tomaten, bouquet garni, tomatenpuree en 500 ml kalfs- of visfond erbij doen. Met de deksel op de pan ca. 20 minuten koken. De langoesten eruit nemen en de saus met corailboter binden, eenmaal opkoken en op smaak brengen met cayennepeper en zout. Door een zeef halen en tot slot 100 g boter erdoor roeren.

Bierdeeg

Recept: Filet van jonge baars met tomatenconfit, blz. 206

Ingrediënten:
150 g bloem, 2 eieren, 3 eiwitten, 20 g suiker, snufje zout, 50 ml bier

Bereiding:
Bloem, eieren, zout en suiker in een kom vermengen. Het bier beetje bij beetje toevoegen en een glad, soepel deeg maken. Koel wegzetten. Vlak voor het gebruik 3 eiwitten stijf slaan en voorzichtig door het deeg scheppen.

Briochedeeg

Recept: Russische zalm-kulibijaka, blz. 28

Ingrediënten:
1,2 kg bloem, 40 g suiker, 24 g zout, 10 eieren, 40 g gist, 100 ml melk, 600 g boter (kamertemperatuur).

Bereiding:
De gist oplossen in koude melk. Bloem, zout, suiker en melk met gist en eieren in een kom doen. Met de mixer 10 minuten op matige snelheid kneden. Zodra het deeg soepel en glad is, snel de weke boter in klonten erdoor werken en goed mengen. Het deeg in een kom doen, afdekken met een theedoek en bij kamertemperatuur 1½ uur laten rijzen. Het deeg met de zijkanten van de handen kneden en een nacht koud wegzetten.

Flensjesdeeg

Recept: Russische zalm-kulibijaka, blz. 28

Ingrediënten:
100 g bloem, 2 eieren, ½ l melk, snufje zout, 50 g boter, 1 bosje bieslook

Bereiding:
De bloem zeven en met zout in een kom doen. Eieren erbij doen en met een garde kloppen, intussen de melk beetje bij beetje toevoegen, tot een glad deeg is ontstaan. De boter in een pan smelten en van het vuur nemen zodra hij lichtbruin gekleurd is. De boter onder voortdurend roeren met de garde door het deeg kloppen. Door een zeef halen. Het deeg 20 minuten laten rusten alvorens er flensjes van te bakken.

Beignetdeeg

Recept: Fritto van zeetong, blz. 98

Ingrediënten:
80 g bloem, 60 g water, 5 g zout, 4 g bakpoeder.

Bereiding:
Bloem, bakpoeder, zout en water in een kom met een garde kloppen. Een half uur laten rusten alvorens het deeg te gebruiken.

De meewerkende koks

Fernando Adría
* 14 mei 1962

Restaurant **El Bulli**
Apartado de Correos Cala Montjoi 30
E-17480 Rosas
Tel. (9)72-150457; Fax (9)72-150717

Sinds hij in 1983 op zijn 27ste als jong talent begon, heeft Fernando Adría 2 Michelin-sterren behaald met zijn restaurant aan de Costa Brava. De Gault-Millau heeft Adría 19 punten en 4 rode koksmutsen toegekend. Ook de Spaanse restaurantgidsen konden zijn talent waarderen: hij kreeg 4 sterren in de Campsa, en 9,5 van de maximaal 10 te vergeven punten in de Gourmetour. Fernando Adría won in Spanje de "Nationale Prijs voor Gastronomie" en in 1994 bovendien de "Europese Grand Prix voor de Kookkunst". In zijn vrije tijd is hij enthousiast supporter van het voetbalelftal van Barcelona.

Hilario Arbelaitz
* 27 mei 1951

Restaurant **Zuberoa**
Barrio Iturrioz 8
E-20180 Oyarzun
Tel. (9)43-491228; Fax (9)43-492679

Hilario Arbelaitz, geboren midden in Baskenland, waarvan hij de culinaire traditie in hoge ere houdt, begon zijn carrière in 1970 in restaurant Zuberoa, waar hij in 1982 de chef-kok werd. Sindsdien heeft hij ettelijke Franse en Spaanse onderscheidingen gekregen: 2 Michelin-sterren, 3 rode koksmutsen en 17 punten in de Gault-Millau en daarnaast 4 sterren in de Campsa. In 1993 verwierf hij de titel "Beste Kok van Euzkadi" (Baskenland) en in 1991 was hij de "Beste Kok van Spanje". Hij is liefhebber van 'Pelote', een Baskisch spel en brengt veel tijd door met zijn gezin.

Firmin Arrambide
* 16 september 1946

Restaurant **Les Pyrénées**
Place du Général de Gaulle 19
F-64220 Saint-Jean-Pied-de-Port
Tel. (0)5-59370101; Fax (0)5-59371897

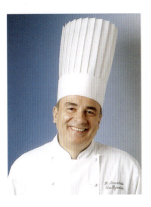

Sinds 1966 waakt Firmin Arrambide over het wel en wee van restaurant Les Pyrénées: 2 Michelin-sterren, 3 rode koksmutsen en 18 punten in de Gault-Millau. Arrambide heeft een regionaal geïnspireerde keuken die hem in 1978 bij de verlening van de "Taittinger"-prijs de tweede plaats opleverde. Ook zat hij in 1982 in de finale van de competitie om de "Beste Vakman van Frankrijk". Zoals het een rasechte Bask betaamt, houdt Arrambide zich ieder najaar bezig met de jacht op ringduiven en houtsnippen. Ook doet hij aan bergbeklimmen en hij mag ook graag in de zon liggen.

Jean Bardet
* 27 september 1941

Restaurant **Jean Bardet**
Rue Groison 57
F-37000 Tours
Tel. (0)3-47414111; Fax (0)3-47516872

Voordat Jean Bardet in 1987 een restaurant onder zijn eigen naam opende, was hij eerst dwars door Europa gereisd en had hij voornamelijk als kok gewerkt in het Londense Savoy, waar hij de sausen deed. Hij is lid van "Relais et Châteaux", "Relais Gourmands" en van de stichting "Auguste Escoffier". Hij staat met 4 rode koksmutsen vermeld in de Gault-Millau (19½) en heeft 2 Michelin-sterren. In 1982 heeft hij zelfs de spijzen bereid voor de staatshoofden die toen voor de topontmoeting in Versailles bijeen waren. Jean Bardet is een echte genieter van sigaren en in het najaar gaat hij steevast met enkele vrienden uit jagen.

Giuseppina Beglia
* 16 mei 1938

Restaurant **Balzi Rossi**
Via Balzi Rossi 2
I-18039 Ventimiglia
Tel. (0)184-38132; Fax (0)184-38532

Giuseppina Beglia heeft sinds 1983 een restaurant dat uitsteekt boven het fameuze uitkijkpunt en de grotten van de "Balzi Rossi" (de rode rotsen). Als lid van de restaurantketen "Le Soste" kreeg ze 2 Michelin-sterren, 3 rode koksmutsen in de Gault-Millau (18 punten) en 82 van de maximaal 100 te behalen punten in de Gambero Rosso, de Italiaanse restaurantgids. In 1992 was ze de eerste kok die de "Gouden Sleutel van de Gastronomie" bemachtigde, een onderscheiding die de Gault-Millau verleent aan koks buiten Frankrijk. Giuseppina Beglia mag zich ook graag persoonlijk bezighouden met de bloemenarrangementen..

Michel Blanchet
* 16 juni 1949

Restaurant **Le Tastevin**
Avenue Eglé 9
F-78600 Maisons-Laffitte
Tel. (0)1-39621167; Fax (0)1-39627309

Nadat hij in Maxim's, Lutétia en Ledoyen een uitstekende leerschool had doorlopen, nam Michel Blanchet in 1972 de leiding op zich van Tastevin, dat tegenwoordig kan bogen op 2 Michelin-sterren. Zijn talent heeft hem al verschillende onderscheidingen opgeleverd; zo zat hij in 1970 en 1972 in de finale van de "Prosper Montagné", in 1974 in die van de "Taittinger" en in 1979 was hij een van de finalisten van de competitie om de "Beste Vakman van Frankrijk". Michel Blanchet is "Maître Cuisinier de France" en lid van de "Franse Culinaire Academie".

Michel Bourdin
* 6 juni 1942

Restaurant The Connaught
Carlos Place, Mayfair
GB-W1Y 6AL Londen
Tel. (0)171-4910668; Fax (0)171-4953262

Michel Bourdin, die thuishoort in de eregalerij van Franse chef-koks die in Groot-Brittannië hebben gewerkt, verwent sinds 1975 Londenaren die bij The Connaught komen eten. Na zijn opleiding in Ledoyen en Maxim's, onder de hoede van Alex Humbert, heeft hij talrijke prijzen gewonnen, zoals de "Prosper Montagné" en de "Taittinger". Sedert 1980 is hij voorzitter van de Britse tak van de "Franse Culinaire Academie" Ook is hij lid van de "Club van 100" en erelid van de vereniging "Chefs der Chefs".

Michel Bruneau
* 11 februari 1949

Restaurant La Bourride
Rue du Vaugueux 15-17
F-14000 Caen
Tel. (0)2-31935076; Fax (0)2-31932963

"Normandië is trots op zichzelf" - dat is het devies van Michel Bruneau, die het niet moe wordt op zijn uitvoerige en aanlokkelijke menukaart de rijke producten uit de Calvadosstreek te zetten. Eerst werkte hij midden in de plantages in Ecrécy, aan de oever van de Guigne (van 1972 tot 1982), en toen van 1982 af in La Bourride te Caen. Hier bereidt hij de liefhebbers van een goede keuken tal van originele gerechten, uitgaande van de regionale tradities. 2 Michelin-sterren, 3 rode koksmutsen in de Gault-Millau (18). Privé kookt hij graag voor zijn vrienden.

Christian Bouvarel
* 26 april 1954

Restaurant Paul Bocuse
F-69660 Collonges-au-Mont-d'Or
Tel. (0)4-72429090; Fax (0)4-72278587

De jongste keukenchef van restaurant Paul Bocuse heeft beroemde leermeesters gehad: in 1971 Raymond Thuillier in de Oustau de Baumanière in Baux-de-Provence en in 1972 Paul Haeberlin in de Auberge de l'Ill te Illhaeusern, voor hij in 1975 toetrad tot het beroemde restaurant in Collonges. En dat met succes: 3 Michelin-sterren, 4 rode koksmutsen in de Gault-Millau (19), 4 sterren in de Bottin Gourmand heeft het restaurant sindsdien bemachtigd, waar Christian Bouvarel uiteraard ook de hand in heeft gehad. Bovendien werd hij in 1993 benoemd tot "Beste Vakman van Frankrijk". Bouvarel, geboren en getogen in Lyon, is een echte natuurliefhebber.

Alain Burnel
* 26 januari 1949

Restaurant Oustau de Baumanière
Val d'Enfer
F-13520 Les Baux-de-Provence
Tel. (0)4-90543307; Fax (0)4-90544046

Alain Burnel heeft wat hij heeft geleerd in de praktijk gebracht in La réserve de Beaulieu (1969 tot 1973), in het Sofitel in Marseille en in het Château du Besset te Saint-Romain de Lerps. In dat laatste restaurant was hij van 1978 tot 1982 de chef-kok, voordat hij in Baux de opvolger werd van de beroemde Raymond Thuillier, wiens restaurant tegenwoordig eigendom is van de familie Charial. Alain Burnel heeft 2 Michelin-sterren gekregen en 3 witte koksmutsen in de Gault-Millau (18). Daarnaast is hij lid van "Traditions et Qualité", "Relais et Châteaux" en de "Relais Gourmands".

Carlo Brovelli
* 23 mei 1938

Restaurant Il Sole di Ranco
Piazza Venezia 5
I-21020 Ranco
Tel. (0)331-976507; Fax (0)331-976620

Een zon - dat is de onderscheiding die de restaurantgids, Veronelli, dit restaurant dat onder het teken van dit hemellichaam staat, eenvoudig wel moest toekennen. Het restaurant kan terugkijken op een 120-jarige familietraditie. Carlo Brovelli: opgeleid aan de hotelvakschool van La Stresa. Als lid van de restaurantketen "Le Soste", "Relais et Châteaux" en "Relais Gourmands" heeft hij reeds tal van onderscheidingen in de wacht gesleept: 2 Michelin-sterren, 3 kokmutsen in de Gault-Millau (18), 84 van de 100 haalbare punten in de Italiaanse Gambero Rosso.

Jan Buytaert
* 16 oktober 1946

Restaurant De Bellefleur
Chaussée d'Anvers 253
B-2950 Kapellen
Tel. (0)3-6646719; Fax (0)3-6650201

Hoewel hij als rasechte Belg een groot deel van zijn carrière in België heeft doorlopen (eerst, van 1973 tot 1974, bij Villa Lorraine in Brussel) heeft Jan Buytaert twee jaar (van 1974 tot 1975) onder Michel Guérard in de keuken gestaan van Près et Sources d'Eugénie, in Eugénie-les-Bains. Na dit Franse intermezzo opende hij in 1975 zijn tegenwoordige restaurant, dat hem 2 Michelin-sterren opleverde en dat tot de beste restaurants van de regio behoort. De Belgische "Maître Cuisinier" houdt van sporten van het meer bedaarde type, zoals wandelen en paardrijden; ook tuiniert hij graag.

Jean-Pierre Bruneau
* 18 september 1943

Restaurant Bruneau
Avenue Broustin 73-75
B-1080 Brussel
Tel. (0)2-4276978; Fax (0)2-4259726

In hartje Brussel, leidt Jean-Pierre Bruneau sinds ruim 20 jaar het restaurant dat zijn naam draagt. De geraffineerde creaties van deze Belgische "Maître Cuisinier" hebben hem al de nodige onderscheidingen opgeleverd: 3 Michelin-sterren, 4 rode koksmutsen in de Gault-Millau, 3 sterren in de Bottin Gourmand, plus 94 van de 100 punten in de de Henri Lemaire, de Belgische restaurantgids. Bovendien is hij lid van de "Traditions et Qualité". Als hij niet in de keuken staat, mag hij graag uit jagen gaan. Ook is hij een actief beoefenaar van autosport en verzamelt hij oude auto's.

Jacques Cagna
* 24 augustus 1942

Restaurant Jacques Cagna
Rue des Grands Augustins 14
F-75006 Parijs
Tel. (0)1-43264939; Fax (0)1-43545448

Deze uitmuntende chef-kok heeft gewerkt in de meest beroemde restaurants in de Franse hoofdstad (1960 in Lucas Carton, in 1961 in Maxim's, in 1964 in La Ficelle) en was zelfs een tijdlang als kok verbonden aan het Franse parlement (van 1961 tot 1962). In 1975 begon hij een restaurant onder zijn eigen naam en dat heeft enkele zeer hoge onderscheidingen gekregen: 2 Michelin-sterren, 2 rode koksmutsen in de Gault-Millau (18) en 3 sterren in de Bottin Gourmand. Jacques Cagna is drager van het "Nationale Kruis van Verdienste voor de Kunsten en Letteren". Hij is goed thuis in Azië.

Stewart Cameron
* 16 september 1945

Restaurant **Turnberry Hotel & Golf Courses**
GB-KA26 9LT Turnberry
Tel. (0)165-5331000; Fax (0)165-5331706

De keuken van Hotel *Turnberry*, een van de twee restaurants in Schotland met 5 rode sterren, heeft sinds 1981 een echte Schot als chef-kok: Stewart Cameron, die daarvoor gewerkt heeft in *Malmaison*, het restaurant van het *Central Hotel* in Glasgow. Stewart Cameron is daarnaast lid van de "Taste of England" en van de Britse tak van de "Franse Culinaire Academie". In 1986 en 1994 mocht hij de deelnemers van de Britse Golf-Open in zijn restaurant verwelkomen. Als de gelegenheid zich voordoet gaat Stewart Cameron jagen of vissen. Uiteraard is hij een rugby-fan en is hij een van de trouwste supporters van XV.

Marco Cavallucci
* 20 mei 1959

Restaurant **La Frasca**
Via Matteoti 38
I-47011 Castrocaro Terme
Tel. (0)543-767471; Fax (0)543-766625

2 Michelin-sterren, 4 koksmutsen in de Gault-Millau (19), 1 Zon in de Veronelli, 89 van de 100 te vergeven punten in de Gambero Rosso: wat wil Marco Cavallucci nog meer? In eendrachtige samenwerking met eigenaar en keldermeester Gianfranco Bolognesi heeft deze jonge, onvermoeibare chef-kok reeds veel onderscheidingen in de wacht gesleept. Hij is lid van de restaurantketen "Le Soste" en zet zich sinds 1978 met vol elan in voor de grote culinaire traditie van Italië. Ondanks al deze activiteiten ziet hij nog kans tijd vrij te houden om te vissen en te lezen, af en toe naar de bioscoop te gaan en te kaarten, te voetballen en te biljarten.

Francis Chauveau
* 15 september 1947

restaurant **La Belle Otéro**
Hôtel Carlton (7de etage)
Boulevard de la Croisette 58
F-06400 Cannes
Tel. (0)4-93693939; Fax (0)4-93390906

De aanraking met de Provençaalse keuken is voor Francis Chauveau niet zonder (zeer gelukkige) gevolgen gebleven. De man uit de grensstreek van de Berry deed zijn eerste ervaringen als chef-kok op in *Hôtel d'Espagne* in Valencay, waarna hij in 1965 naar de *Auberge de Noves* toog. Vervolgens heeft hij gewerkt in diverse exquisite restaurants, zoals de *Auberge du Père Bise*, de *Réserve de Beaulieu*, *Terrasse* in hotel *Juana* in Juan-les-Pins en van 1980 tot 1989 in het beroemde restaurant *L'Amandier* in Mougins.

Jacques Chibois
* 22 juli 1952

Restaurant **La Bastide St-Antoine**
Avenue Henri Dunant 45
F-06130 Grasse
Tel. (0)4-92420442 ; Fax (0)4-92420342

Jacques Chibois is in de loop van zijn carrière al menigmaal van standplaats gewisseld, waardoor hij veel beroemde namen van de Franse gastronomie persoonlijk heeft leren kennen: Jean Delaveyne in Bougival, Louis Outhier in La Napoule, Roger Vergé in Mougins en op het gebied van de pâtisserie bij Gaston Lenôtre. Vanaf 1980 werkte hij onder Michel Guérard en kreeg in zijn periode bij de *Gray d'Albion* (Cannes, van 1981 tot 1995) 2 Michelin-sterren. In 1995 opende hij in Grasse restaurant *La Bastide Saint-Antoine*. In zijn vrije tijd vertoeft hij graag in de vrije natuur; daarnaast jaagt en vist hij graag.

Serge Courville
* 9 december 1935

Restaurant **La Cote 108**
Rue Colonel Vergezac
F-02190 Berry-au-Bac
Tel. (0)3-23799504; Fax (0)3-23798350

Serge Courville denkt met warmte terug aan zijn drie leermeesters Roger Petit, Robert Morizot en Jean-Louis Lelaurain. Ofschoon onderscheidingen hem niet veel zeggen, is hij toch bij culinaire competities vaak als finalist doorgedrongen (zoals bij de toekenning van de "Prosper Montagné" in 1971, en de "Trophée nationale de l'Académie Culinaire" in 1972, en de "Taittinger" van 1973). Serge Courville zwaait sinds 1972 samen met zijn echtgenote de scepter over *La Cote 108*, dat in 1982 1 Michelin-ster kreeg. Privé zet hij graag nieuwe gerechten voor aan zijn vrienden, is hij een verwoed lezer en doet hij aan wielrennen.

Bernard Coussau
* 15 september 1917

Restaurant **Relais de la Poste**
F-40140 Magescq
Tel. (0)5-58477025 ; Fax (0)5-58477617

Bernard Coussau is het levende symbool van de regionale gastronomie van Les Landes. In de *Relais de la Poste*, dat in 1954 opende en sinds 1969 onafgebroken 2 Michelin-sterren heeft, biedt de erevoorzitter van de "Maîtres Cuisiniers de France" zijn gasten een fijne regionale keuken. Op de top van een op zich al uitzonderlijke carrière is deze chef-kok inmiddels benoemd tot officier in de orde van de "Mérite Agricole", ridder van het "Légion d'Honneur" en houder van de "Palmes académiques". Vanouds een fan van rugby, ondersteunt hij tegenwoordig de club van Dax. Bernard Coussau is bovendien een ware autoliefhebber.

Jean Coussau
* 6 mei 1949

Restaurant **Relais de la Poste**
F-40140 Magescq
Tel. (0)5-58477025 ; Fax (0)5-58477617

Als waardige zoon van zijn vader Bernard is Jean Coussau "Maître Cuisinier de France", aangesloten bij de J.R.E. (de "Jonge Restaurateurs van Europa") en van de Franse vereniging van de "Haute Cuisine". Na een voorbeeldige Spaans-Franse carrière die hem van het *Café de Paris* te Biarritz, *Plaza-Athénée* in Parijs en het *Ritz* in Madrid, werkt hij sinds 1970 samen met zijn vader in de keuken van het restaurant *Relais de la Poste* in Magescq. In 1976 bereikte hij de finale om de titel 'Beste keldermeester van Frankrijk'. Hij houdt van de jacht en van golfen.

Richard Coutanceau
* 25 februari 1949

Restaurant **Richard Coutanceau**
Place de la Concurrence
F-17000 La Rochelle
Tel. (0)5-46414819; Fax (0)5-46419945

Richard Coutanceau, wiens restaurant prachtig gelegen is in het "groene Venetië" tussen de Marais Poitevin en de Côte Sauvage, is zijn loopbaan begonnen in Parijs, in de *L'Orée du Bois* (1968), waarna hij in La Rochelle terechtkwam, in het *Hôtel de France et d'Angleterre* (van 1968 tot 1982). De uit de Charente afkomstige Coutanceau lijkt onderscheidingen te verzamelen zoals een ander postzegels: 2 Michelin-sterren, 3 sterren in de Bottin Gourmand en 3 koksmutsen in de Gault-Millau (17 punten). Zijn restaurant behoort tot de kring van de "Relais Gourmands" en daarnaast is hij lid van de "Jonge restaurateurs van Europa".

Jean Crotet
* 26 januari 1943

Restaurant **Hostellerie de Levernois**
Route de Combertault
F-21200 Levernois
Tel. (0) 3-80247368 ; Fax (0)3-80227800

Temidden van een prachtig park met cederbomen uit Louisiana, graasweiden en essen, waar een beekje doorheen stroomt, biedt Jean Crotet kenners een nobele keuken, die onderscheiden is met 2 Michelin-sterren en 3 sterren in de Bottin Gourmand. Hij is "Maître Cuisinier de France" en lid van de "Relais et Châteaux". In 1988 vestigde hij zich in Levernois, in de buurt van Beaune, nadat hij 15 jaar gewerkt had in *La Côte d'Or*, in Nuits-Saint-Georges. In zijn vrije tijd mag Crotet graag een hengel uitwerpen, met helikopters vliegen, tennissen, jagen en tuinieren.

Michel Del Burgo
* 21 juni 1962

Restaurant **La Barbacane**
Place de l'Église
F-11000 Carcassonne-La-Cité
Tel. (0) 4-688250334; Fax (0)4-68715015

In het zuiden van Frankrijk heeft deze jonge man uit de Picardie voor het eerst blijk gegeven over grote talenten te beschikken - bij Alain Ducasse in Courchevel, bij Raymond Thuillier in Baux-de-Provence en bij Michel Guérard in Eugènie-les-Bains. Na een kort intermezzo in het dal van de Rhéne en in Avignon (van 1987 tot 1990) werd Michel Del Burgo in 1991 door Jean-Michel Signoles benoemd tot chef-kok van *La Barbacane,* in het centrum van Carcassonne. In 1995 verwierf Del Burgo zijn tweede Michelin-ster, de "Lelie van de Restauratie" en de "Gouden Sleutel" van de Gault-Millau, waarin hij met 3 rode koksmutsen en 18 punten vermeld staat.

Joseph Delphin
* 4 september 1932

Restaurant **La Châtaigneraie**
Route de Carquefou 156
F-44240 Sucé-sur-Erdre
Tel. (0)2-40779095; Fax (0)2-40779008

Als "Maître Cuisinier de France" en lid van de "Franse Culinaire Academie" verwent Joseph Delphin de fijnproevers uit Nantes en omstreken met zijn talenten. Hij is ridder in de orde van de "Mérite Agricole" en heeft bovendien uit handen van de Franse president de "Vase de Sèvres" mogen ontvangen. Direct aan de oever van de Erdre ligt restaurant *La Châtaigneraie* (1 Michelin-ster), dat over de weg, de rivier of per helikopter te bereiken is... Een mooiere ontvangst dan door de familie Delphin wordt bereid,is nauwelijks denkbaar, want zoon Jean-Louis is zelf lid van de "Jonge Restaurateurs van Europa".

Philippe Dorange
* 27 mei 1963

Restaurant **Fouquet's**
Avenue des Champs-Elysées 99
F-75008 Parijs
Tel. (0)1-47237060; Fax (0)1-47200869

Is het nog nodig *Fouquet's* hier voor te stellen? Eigenlijk niet en hetzelfde geldt voor de restaurants waar Philippe zijn eerdere schreden heeft gezet, zoals *Le Moulin de Mougins* van Roger Vergés (1977 tot 1981), *Negresco* in Nice, waar hij van 1981 tot 1988 onder Jacques Maximin werkte, en het *Ledoyen* in Parijs, waar hij van 1988 tot 1992 de scepter zwaaide. Bepaald een fraai opleidingstraject voor een jonge chef-kok, wiens afkomst uit de kuststreek van de Middellandse Zee zich verraadt in de gerechten die hij bij voorkeur bereidt, tot groot genoegen van de illustere gasten die hem in het restaurant bezoeken.

Claude Dupont
* 7 juni 1938

Restaurant **Claude Dupont**
Avenue Vital Riethuisen 46
B-1080 Brussel
Tel. (0)2-4260000; Fax (0)2-4266540

De restaurantgidsen zijn niet karig geweest met het verlenen van onderscheidingen aan Claude Dupont: 2 Michelin-sterren die hij al sinds 1976 voert, 3 sterren in de Bottin Gourmand, 3 witte koksmutsen in de Gault-Millau (17) en 92 van de 100 te behalen punten in de Henri Lemaire, de Belgische restaurantgids. In 1967 kreeg hij de "Prosper Montagné"-prijs en in 1973 de "Oscar van de Gastronomie". Bovendien had deze chef-kok, voordat hij in Brussel het restaurant dat zijn naam draagt opende, in 1970 de leiding in het Belgisch paviljoen op de Wereld-tentoonstelling in Osaka. In zijn vrije tijd houdt Claude Dupont van tuinieren.

Éric Dupont
* 16 april 1966

Restaurant **Claude Dupont**
Avenue Vital Riethuisen 46
B-1080 Brussel
Tel. (0)2-4260000; Fax (0)2-4266540

Om sterren te zien flonkeren hoeft men alleen maar naar de leerschool te kijken die Éric Dupont heeft doorlopen: dat was namelijk bij achtereenvolgens Freddy van Decasserie, de Brusselse meesterkok, in *Villa Lorraine*, bij Pierre Wynants (*Comme chez soi*) en bij Willy Vermeulen (*De Bijgaarden*). Tegenwoordig werkt hij met zijn vader samen in het familiebedrijf. De appel valt niet ver van de boom, en er is dan ook veel hoop op de jonge chef-kok gericht.
Eric Dupont reist heel graag en doet daarnaast aan sporten als zwemmen, tennis en paardrijden.

Lothar Eiermann
* 2 maart 1945

Restaurant
Wald- & Schloßhotel Friedrichsruhe
D-74639 Friedrichsruhe
Tel. (0)7941-60870; Fax (0)7941-61468

Lothar Eiermann is sinds ruim 20 jaar actief in *Friedrichsruhe*, de zomerresidentie van de prins van Hohenlohe-Öhringen, die tot de "Relais et Châteaux" behoort. Daarvoor heeft hij heel Europa doorkruist: zo was hij als chef-kok werkzaam in Zwitserland, van 1964 tot 1972, en wel in de *Grappe d'Or* in Lausanne en in hotel *Victoria* te Glion. Vervolgens trok hij naar hotel *Gleneagles* in Schotland, om vervolgens naar Engeland en toen weer terug naar Schotland te gaan, waar hij van 1972 tot 1973 hotelmanager was. Deze oprechte liefhebber van een goed glas Bordeaux is bovendien in Heidelberg afgestudeerd als bedrijfskundige.

Jean Fleury
* 22 april 1948

Restaurant **Paul Bocuse**
F-69660 Collonges-au-Mont-d'Or
Tel. (0)4-72429090; Fax (0)4-72278587

Na een veelbelovend debuut in zijn geboortestad Bourg-en-Bresse is Jean Fleury beroemd geworden door zijn activiteiten in *Hotel Royal* in Évian (1968 tot 1969) en het *Hilton* in Brussel (1971 tot 1978). Als winnaar van de "Prosper Montagné" prijs werd hij in 1976 nog datzelfde jaar benoemd tot "Beste kok van België", om vervolgens in 1979 te gaan strijken met de titel "Beste Vakman van Frankrijk". In 1985 sloot hij zijn werkzaamheden in het *Arc-en-ciel* te Lyon af, waarna hij in het spoor van Paul Bocuse naar diens beroemde restaurant in Collonges vertrok. Jean Fleury reist graag en verzamelt oude kookboeken, waar hij zich graag door mag laten inspireren.

Constant Fonk
* 1 september 1947

Restaurant De Oude Rosmolen
Duinsteeg 1
NL-1621 ER Hoorn
Tel. (0)229-014752; Fax (0)229-014938

Sinds 1990 zijn de 2 Michelin-sterren niet meer uit het Noord-Hollandse Hoorn weggeweest. Na zijn eerste, veelbelovende schreden te hebben gezet in het Amsterdamse *Hilton* (1965 tot 1966), gevolgd door het *Amstel Hotel* (1966 tot 1967), is Constant Fonk teruggekeerd naar zijn geboortestad. Daar is hij sinds 1967 werkzaam in restaurant *De Oude Rosmolen*, waar hij in 1976 de leiding over de keuken kreeg. Als liefhebber van de goede keuken en dito wijnen, mag hij daar zelf ook graag van genieten in het gezelschap van gelijkgestemden. Wat sport aangaat - men moet nu eenmaal wat afleiding hebben zo af en toe - legt hij zich vooral toe op golfen.

Louis Grondard
* 20 september 1948

Restaurant Drouant
Rue Gaillon 16-18
F-75002 Parijs
Tel. (0)1-42651516; Fax (0)1-49240215

Het is elk jaar geen gemakkelijke opgave, sinds 1990 de jury van de "Prix Goncourt" een goed maal voor te zetten – dat kan slechts iemand van het kaliber van deze chef-kok die in 1979 benoemd werd tot "Beste Vakman van Frankrijk". Het vak leerde Grondard in *Taillevent* en in *Maxim's*, eerst in Orly, daarna in Roissy. Zijn eerste successen behaalde hij in het restaurant in de Eiffeltoren en in het befaamde *Jules Vernes*, dat in 1983 opende. Zoals Michel Tournier zei "komen voor hem de sterren (2 van Michelin) regelrecht uit de hemel vallen". Daarnaast kreeg hij 2 witte koksmutsen in de Gault-Millau en 17 punten.

Philippe Groult
* 17 november 1953

Restaurant Amphyclès
Avenue des Ternes 78
F-75017 Parijs
Tel. (0)1-40680101; Fax (0)1-40689188

Als trouwe medewerker en leerling van Joël Robuchon, voor wie hij van 1974 tot 1985 werkte in *Jamin*, heeft de uit Normandië afkomstige Philippe Groult nu een restaurant in eigen beheer. Hij werd in 1982 benoemd tot "Beste Vakman van Frankrijk", bezit tegenwoordig 2 Michelin-sterren en 3 rode koksmutsen in de Gault-Millau (18). In 1988 nam hij deel aan de "Culinaire Olympiade" in Tokio en een jaar later nam hij de leiding in de keuken van het *Amphyclès* over. Sinds 1978 is hij lid van de "Devoirs Unis". Philippe Groult houdt van reizen, is een kenner van het Verre Oosten en doet aan vechtsporten.

Marc Haeberlin
* 28 november 1954

Restaurant Auberge de L'Ill
Rue de Collonges-au-Mont-d'Or 2
F-68970 Illhaeusern
Tel. (0)3-89718900; Fax (0)3-89718283

Deze waardige erfgenaam van de Haeberlin-dynastie zal de fijnproevers die door de successen van zijn vader Paul worden aangelokt, zeker niet teleurstellen wanneer zij naar deze tempel van de keuken van de Elzas terugkeren. 3 Michelin-sterren, 4 koksmutsen in de Gault-Millau (19,5 punten) en 4 sterren in de Bottin Gourmand zijn onderscheidingen waar hij als vroegere leerling aan de hotelvakschool van Illkirch mee voor de dag kan komen. Zijn opleiding zette hij vervolgens voort bij Bocuse in de keuken van de Troisgros, en zelfs in *Lasserre* in Parijs mocht hij in 1976 zijn kunnen bewijzen.

Michel Haquin
* 27 september 1940

Restaurant Le Trèfle à 4
Avenue du Lac 87
B-1332 Genval
Tel. (0)2-6540798; Fax (0)2-6533131

Niet ver van Brussel, aan de oever van het idyllische meer van Genval, werkt Michel Haquin met succes aan zijn carrière die in 1961 in de Belgische hoofdstad begon. Daar leidde hij van 1977 tot 1985 een restaurant dat zijn naam droeg. Als Belgische "Maître Cuisinier" en lid van de "Franse Culinaire Academie" is de chef-kok opgenomen in de "Orde der 33 Meesterkoks" en kreeg hij de "Oscar voor Gastronomie". De restaurantgidsen hebben hem zo ongeveer bedolven onder de eerbewijzen: 2 Michelin-sterren, 3 rode koksmutsen in de Bottin Gourmand en 91 van de 100 haalbare punten in de Henri Lemaire.

Paul Heathcote
* 3 oktober 1960

Restaurant Paul Heathcote's
Higher Road 104-106
GB-PR3 3SY Longridge
Tel. (0)1772-784969; Fax (0)1772-785713

Deze jonge chef-kok, die zeer open staat voor de Franse keuken, werkt vlak aan de overkant van het Kanaal. Nadat hij werkzaam was onder Michel Bourdin in het *Connaught*, bracht hij twee jaar door bij Raymond Blanc, in *Manoir au Quatr' Saisons* in Oxford, waarna hij van 1987 tot 1990 werkte in *Parkhotel Broughton*, in Preston, alvorens in 1990 zijn eigen restaurant te openen (2 Michelin-sterren). De Egon Ronay, een Britse restaurantgids, verleende hem in 1994 de begerenswaardige titel van "Chef-kok van het Jaar". Paul Heathcote houdt van voetbal, maar ook van squash en skiën.

Eyvind Hellstrøm
* 2 december 1948

Restaurant Bagatelle
Bygdøy Allé 3
N-0257 Oslo
Tel. 22446397; Fax 22436420

Eyvind Hellstrøm heeft van alle chef-koks van heel Scandinavië de meeste onderscheidingen gekregen. Hij is sterk beïnvloed door de Franse gastronomie, waar hij tijdens zijn opleiding bij beroemde collega's als Guy Savoy, Alain Senderens, Bernard Loiseau en Fredy Girardet uitgebreid kennis mee heeft gemaakt. Als lid van "Eurotoques" en "Traditions et Qualité" kreeg Eyvind Hellstrøm in 1982 2 Michelin-sterren voor zijn restaurant. Deze chef-kok heeft een passie voor wijnen, vooral die uit de Bourgogne, en bezoekt de wijnkelders rond Beaune dan ook regelmatig. Hij reist graag en doet aan skiën.

Alfonso Iaccarino
* 9 januari 1947

Restaurant Don Alfonso 1890
Piazza Sant'Agata
I-80064 Sant'Agata sui due Golfi
Tel. (0) 818780026; Fax (0)815330226

Alfonso Iaccarino heeft zijn restaurant, met een prachtig uitzicht over de baai van Napels en Salerno, in 1973 naar zijn grootvader vernoemd. Als lid van de "Le Soste", de "Relais Gourmands" en "Traditions et Qualité" heeft deze chef-kok inmiddels talrijke onderscheidingen gekregen: 2 Michelin-sterren, 4 koksmutsen in de Espresso/Gault-Millau, 1 zon in de Veronelli en 92 van de 100 te vergeven punten in de Gambero Rosso. In 1989 werd hij voor zijn collectie nobele Italiaanse en Franse wijnen vereerd met de titel "Beste Wijnkelder van Italië". Privé is Iaccarino een echte sportman.

André Jaeger
* 12 februari 1947

Restaurant **Rheinhotel Fischerzunft**
Rheinquai 8
CH-8200 Schaffhausen
Tel. (0)52-6253281; Fax (0)52-6243285

André Jaeger kan met trots zeggen dat hij de Zwitserse, ja zelfs de Europese gastronomie met succes een vleugje Azië heeft weten mee te geven. Zijn restaurant, dat hij in 1975 opende, beschikt over 2 Michelin-sterren en 4 rode koksmutsen in de Gault-Millau (19). Van Gault-Millau kreeg hij in 1995 de titel "Kok van het Jaar", terwijl hij in 1988 al de "Gouden Sleutel der Gastronomie" had verworven. In Zwitserland werd hij benoemd tot voorzitter van de "Grandes Tables". Bovendien is hij lid van de "Relais et Châteaux" en de "Relais Gourmands". André Jaeger interesseert zich zeer voor moderne kunst en verzamelt auto's.

Dieter Kaufmann
* 28 juni 1937

Restaurant **Zur Traube**
Bahnstraße 47
D-41515 Grevenbroich
Tel. (0)2181-68767; Fax (0)2181-61122

Dieter Kaufmann heeft een grote voorliefde voor Frankrijk. Dat land toont zich erkentelijk: met 2 Michelin-sterren en 4 rode koksmutsen in de Gault-Millau (19,5) is hij een van de meest gewaardeerde koks buiten Frankrijk, hetgeen nog eens bevestigd werd door zijn benoeming tot "Kok van het Jaar" door Gault-Millau in 1994. Hij is lid van de gerenommeerde kring "Traditions et Qualité", "Relais et Châteaux" en "Relais Gourmands". Het restaurant dat hij sinds 1962 leidt, heeft meer dan 30.000 flessen wijn, waaronder wijnen van uitmuntende jaren. Het is de belangrijkste wijnkelder van Duitsland.

Roger Jaloux
* 20 mei 1942

Restaurant **Paul Bocuse**
F-69660 Collonges-au-Mont-d'Or
Tel. (0)4-72429090; Fax (0)4-72278587

Van al degenen die bij Paul Bocuse in de leer zijn geweest is Roger Jaloux deze nog het langst trouw gebleven, door hem in 1965 op te volgen in diens restaurant, dat overigens nog datzelfde jaar een 3de Michelin-ster erbij kreeg. Over het beroemde etablissement en de onderscheidingen die dat reeds ten deel zijn gevallen is alles al gezegd: hier heeft Roger Jaloux zich voorbereid op de concurrentieslag in 1976 om de felbegeerde titel van "Beste Vakman van Frankrijk", die hij toen prompt won. In zijn vrije tijd is Roger Jaloux vooral met schilder- en zangkunst bezig, en daarnaast doet hij aan diverse sporten, waaronder tennis, wielrennen en skiën.

Örjan Klein
* 15 mei 1945

Restaurant **K.B.**
Smalandsgatan 7
S-11146 Stockholm
Tel. 86796032; Fax 86118283

Örjan Kleins gastronomische carrière heeft zich in hoofdzaak in de Zweedse hoofdstad ontrold: na restaurant *Berns* (1966 tot 1967) kwam *Maxim's* (1971 tot 1979), waarna de opening plaatsvond van restaurant *K.B.* dat hij samen met Ake Hakansson beheert en dat vooralsnog het hoogtepunt op zijn loopbaan markeert. Het restaurant heeft 1 Michelin-ster. In 1993 was Örjan Klein "Kok van het Jaar", nadat hij in 1976 reeds de gouden medaille had gewonnen van "Nordfishing" in Trondheim en in 1983 speciaal was onderscheiden door de "Zweedse Academie voor Gastronomie". Als natuurliefhebber mag hij graag tuinieren en wandelen.

Patrick Jeffroy
* 25 januari 1952

Restaurant **Patrick Jeffroy**
Rue du Bon Voyage 11
F-22780 Plounérin
Tel. (0) 2-96386180; Fax (0)2-96386629

Als man uit de Breton-streek met de neiging tot eenzaamheid, heeft Patrick Jeffroy zich gevestigd in een dorp in het departement Côte-d'Armor. Daar houdt hij in zijn in 1988 opgerichte restaurant dat inmiddels 1 Michelin-ster draagt en 3 rode koksmutsen in de Gault-Millau (17) heeft, een originele, smaakvolle keuken. Belangrijke fasen in zijn loopbaan waren een verblijf in Abidjan, aan de Ivoorkust (1972) en het *Hôtel de l'Europe* in Morlaix, waar hij van 1977 tot 1987 werkzaam was. De onderscheiding van Michelin heeft deze chef-kok al sinds 1984, en bovendien is hij "Maître Cuisinier de France".

Robert Kranenborg
* 12 oktober 1950

Restaurant **La Rive/Hotel Amstel Inter-Continental**
Prof. Tulpplein 1
NL-1018 GX Amsterdam
Tel. (0)20-6226060; Fax (0)20-5203277

Chef-kok in *La Rive* - het restaurant in het *Inter-Continental,* het meest luxueuze hotel in Amsterdam (1 Michelin-ster) - word je niet van de een op de andere dag. Inderdaad kon Robert Kranenborg toen hij daar in 1987 aantrad een reeks schitterende referenties laten zien: *Oustau de Baumanière* in Baux-de-Provence (1972 tot 1974), *Le Grand Véfour* in Parijs (1975 tot 1977) en *La Cravache d'Or* in Brussel (1979 tot 1986). In 1994 was hij "Kok van het Jaar". Als zijn werkzaamheden hem dat toelaten wil hij nog wel eens een nummertje drummen of doet hij aan sport, het liefst golf.

Émile Jung
* 2 april 1941

Restaurant **Le Crocodile**
Rue de l'Outre 10
F-67000 Straatsburg
Tel. (0)3-88321302; Fax (0)3-88757201

Achter de "krokodil" – ter symbolisering van de tocht van Napoleon naar Egypte – gaat het door fijnproevers hooggewaardeerde restaurant schuil van Émile Jung, die de keuken van de Elzas tot grote hoogte heeft gevoerd, en dan ook goed is voor 3 Michelin-sterren, 3 witte koksmutsen in de Gault-Millau (18) en 3 sterren in de Bottin Gourmand. Dit hoeft ook nauwelijks te verwonderen, als men weet welke leergang de chef-kok doorlopen heeft: van *La Mère* Guy in Lyon via *Fouquet's* (1965) naar *Ledoyen* in Parijs (1966). Émile Jung is "Maître Cuisinier de France" en lid van de "Relais Gourmands" en van "Traditions et Qualité".

Étienne Krebs
* 15 augustus 1956

Restaurant **L'Ermitage**
Rue du Lac 75
CH-1815 Clarens-Montreux
Tel. (0)21-9644411; Fax (0)21-9647002

Als eigenaar en chef-kok in een prachtig pand aan de oever van het meer van Génève heeft Étienne Krebs de goede kanten van het leven leren kennen, culminerend in 1 Michelin-ster en 3 rode koksmutsen in de Gault-Millau (18), in 1995 met de titel van "Kok van het Jaar" in franstalig Zwitserland, en verwierf hij het lidmaatschap van de "Jonge Restaurateurs van Europa" en de "Grandes Tables Suisses". Nadat hij het vak had afgekeken van zeer gerenommeerde Zwitserse chef-koks als Fredy Girardet en Hans Stucki, had hij van 1984 tot 1990 de leiding over de *Auberge de la Couronne* in Cossonay.

Jacques Lameloise
* 6 april 1947

Restaurant **Lameloise**
Place d'Armes 36
F-71150 Chagny
Tel. (0)3-85870885; Fax (0)3-85870357

Jacques Lameloise is nu al de derde in de familie die de keuken van het familierestaurant leidt, in zijn geval sinds 1971. Zijn eerste schreden zette hij bij *Ogier* in Pontchartrain, waarna van 1965 tot 1969 een periode volgde bij *Lucas Carton, Fouquet's, Ledoyen* en *Lasserre*, stuk voor stuk ware tempels voor de Parijse fijnproever. En dan werkte hij ook nog in het *Savoy* in Londen. Lameloise kan bogen op 3 Michelin-sterren en eenzelfde aantal in de Bottin Gourmand, heeft 3 rode koksmutsen in de Gault-Millau (18) en vermeldingen in de "Relais et Châteaux", de "Relais Gourmands" en de "Traditions et Qualité".

Léa Linster
* 27 april 1955

Restaurant **Léa Linster**
Route de Luxembourg 17
L-5752 Frisange
Tel. 668411; Fax 676447

Léa Linster is de eerste en tot nog toe enige vrouw die zich kan tooien met de hoogste onderscheiding op gastronomisch gebied, de gouden "Bocuse", die haar door de grote meester zelf in 1989 in Lyon werd uitgereikt. Dat was de welverdiende erkenning voor haar dagelijkse inspanningen om de gastvrije Luxemburgse gastronomie grotere bekendheid te geven. Daartoe heeft deze chef-kokkin, die in 1987 haar meesterbrevet haalde, de herberg van haar ouders getransformeerd tot een restaurant van de "Haute Cuisine". Naast haar passie voor de gastronomie heeft Léa Linster ook plezier in het wandelen door de vrije natuur.

Erwin Lauterbach
* 21 maart 1949

Restaurant **Saison**
Strandvejen 203
DK-2900 Hellerup
Tel. 39624842; Fax 39625657

Van 1972 tot 1973 serveerde Erwin Lauterbach in *Maison du Danemark* in Parijs de keuken van zijn vaderland. Van 1977 tot 1981 kookte hij in *Primeur*, in het Zweedse Malmö, om daarna naar zijn geboorteland terug te keren. Zijn in 1981 geopende *Saison* kan zich inmiddels tooien met 1 Michelin-ster. Deze chef-kok is daarnaast ook lid van de "Deense Academie voor Gastronomie" en weet de Deense kooktradities op virtuoze wijze hoog te houden. Erwin Lauterbach gaat vaak naar musea en tentoonstellingen. De sport die hem het meest trekt is voetbal.

Régis Marcon
* 14 juni 1956

Restaurant **Auberge et Clos des Cimes**
F-43290 Saint-Bonnet-le-Froid
Tel. (0)4-71599372; Fax (0)4-71599340

In 1995 verkreeg Régis Marcon op slechts 39-jarige leeftijd reeds de gouden "Bocuse", mede doordat Michel Troigros, praktisch zijn buurman, hem als zijn "peetvader" terzijde heeft gestaan. En dan was deze onderscheiding nog maar een van de vele prijzen waar zijn schitterende loopbaan mee bezaaid lijkt te liggen: in 1989 de "Taittinger"-prijs, in 1992 de "Brillat-Savarin" en diverse finaleplaatsingen bij de competitie om de titel van "Beste Vakman van Frankrijk" (in 1985, 1991 en 1993). In 1979 opende hij in zijn woonplaats een restaurant dat meteen al 3 rode koksmutsen in de Gault-Millau (17) kreeg. Ook het pand zelf is heel bijzonder, met een zuilengang van licht.

Dominique Le Stanc
* 7 december 1958

Restaurant **Chanteclerc - Hôtel Negresco**
Promenade des Anglais 37
F-06000 Nice
Tel. (0)4-93166400; Fax (0)4-93883568

Dominique Le Stanc is op zijn pad begeleid door de groten der gastronomie: na zijn leerjaren bij Paul Haeberlin, is hij achtereenvolgens onder de hoede geweest van Gaston Lenôtre, Alain Senderens en Alain Chapel, onder wiens toeziend oog hij ten slotte uitgroeide tot chef-kok. Uiteindelijk koos hij voor een zelfstandig bestaan, aanvankelijk met een restaurant in Niederbronn-les-Bains, *Bristol* (van 1982 tot 1984), en later in Monaco en Èze. Hij is lid van "Le Soste" en is sinds 1989 chef-kok in hotel *Negresco*, dat hij sindsdien 2 Michelin-sterren en 3 rode koksmutsen in de Gault-Millau (18) bezorgde.

Guy Martin
* 3 februari 1957

Restaurant **Le Grand Véfour**
Rue de Beaujolais 17
F-75001 Parijs
Tel. (0)1-42965627; Fax (0)1-42868071

Guy Martins carrière is niet in een paar woorden te vatten. De feiten zijn: 2 Michelin-sterren, 3 witte koksmutsen in de Gault-Millau (18), 3 sterren in de Bottin Gourmand en 18,5/20 in de Champérard. Het wonderkind van de gastronomie leerde het vak eerst bij Troisgros en daarna ging hij school in zijn geboortestreek, vooral in Divonne. In 1991 nam hij toen het *Grand Véfour* over, het juweel onder de Parijse restaurants, waar de literaire grootheden al meer dan 200 jaar over de vloer komen en dat befaamd is geworden dankzij de inspanningen van Raymond Oliver. Guy Martin houdt van muziek, schilderkunst en van skiën.

Michel Libotte
* 1 mei 1949

Restaurant **Au Gastronome**
Rue de Bouillon 2
B-6850 Paliseul
Tel. (0)61-533064; Fax (0)61-533891

Sinds 1978 waakt Michel Libotte over het reilen en zeilen van de keuken van *Au Gastronome*, dat de Henri Lemaire, de Belgische restaurantgids, waardeert met 94 punten. Ook de Franse keukenrecensenten zijn niet zuinig geweest met hun waardering, getuige de 2 Michelin-sterren en de 3 sterren in de Bottin Gourmand. Michel Libotte is uitgeroepen tot "Beste Kok van België" en is lid van zowel "Eurotoques" als de "Franse Culinaire Academie". In zijn dichtbij de grens gelegen restaurant serveert hij zijn klanten een eigenzinnige, fantasierijke keuken die altijd wel met iets nieuws komt.

Maria Ligia Medeiros
* 9 augustus 1946

Restaurant **Casa de Comida**
Travessa das Amoreiras 1
P-1200 Lissabon
Tel. (0)1-3885376; Fax (0)1-3875132

Sinds 1978 leidt Maria Ligia Medeiros de keuken van een gezellig restaurant dat in het bezit is van Jorge Vales, vroeger als toneelspeler verbonden aan de *Casa de Comedia*. Vandaar ook de woordspeling in de naam van het restaurant: "comida" betekent in het Portugees "voedsel". In het hart van het oude centrum van Lissabon laat Maria Medeiros zien wat de traditionele Portugese keuken op hoog niveau te bieden heeft, en dat heeft haar enkele jaren geleden dan ook 1 Michelin-ster opgeleverd. Naast haar passie voor de "Haute Cuisine" leest ze veel.

De meewerkende koks

Dieter Müller
* 28 juli 1948

Restaurant **Dieter Müller**
Lerbacher Weg
D-51469 Bergisch Gladbach
Tel. (0)2202-2040; Fax (0)2202-204940

Toen Dieter Müller in 1992 weer in zijn geboorteland neerstreek, had zijn beroep hem door een hele reeks landen en continenten gevoerd: vanaf 1973 was hij in Zwitserland, in Australië (Sydney), in Japan en op Hawaii werkzaam als chef-kok. Onderweg kreeg hij de titel "Kok van het Jaar" van Krug in 1982 en dezelfde onderscheiding maar dan van Gault-Millau in 1988. Tegenwoordig mag hij 2 Michelin-sterren voeren en 4 rode koksmutsen (19,5). Ook is hij winnaar van de nationale prijs voor Duitse gastronomie. Müller is lid van de "Relais et Châteaux" en de "Relais Gourmands".

Paul Pauvert
* 25 juli 1950

Restaurant **Les Jardins de la Forge**
Place des Pilliers 1
F-49270 Champtoceaux
Tel. (0)2-40835623; Fax (0)2-40835980

Paul Pauvert zette zijn eerste schreden in *Café de la Paix* in Parijs, werkte van 1972 tot 1974 op de beroemde oceaanstomer *Grasse* van de transatlantische scheepvaartmaatschappij, waarna hij op uitnodiging van Roger Jaloux toetrad tot hotel *Frantel* in Nantes. In 1980 opende hij ten slotte een restaurant in zijn eigen woonplaats precies op de plek waar zijn voorouders ooit een smidse hadden. Pauvert mag 1 Michelin-ster voeren en is lid van de "Franse Culinaire Academie" en de "Jonge Restaurateurs van Europa". De omgeving waar deze chef-kok woont biedt gelegenheid om te jagen, te vissen en paard te rijden.

Jean-Louis Neichel
* 17 februari 1948

Restaurant **Neichel**
Beltran i Rózpide 16
E-08034 Barcelona
Tel. (9)3-2038408; Fax (9)3-2056369

Jean-Louis Neichel is dankzij zijn opleiding bij beroemdheden als Gaston Lenôtre, Alain Chapel en Georges Blanc een Europese kok par excellence. Met deze schat aan ervaringen leidde hij 10 jaar lang het *El Bulli* in Rosas, waar thans Fernando Adría keukenmeester is, alvorens in 1981 in Barcelona een eigen restaurant te openen. Vooral zijn collectie armagnacs en cognacs is befaamd. Jean-Louis Neichel is onderscheiden met 2 Michelin-sterren en staat met 9/10 vermeld in de Gourmetour. Ook is hij lid van de "Relais Gourmands". Deze chef-kok houdt zich bezig met landschapsschilderen en sport.

Horst Petermann
* 18 mei 1944

Restaurant **Petermann's Kunststuben**
Seestraße 150
CH-8700 Küsnacht
Tel. (0)1-9100715; Fax (0)1-9100495

Na eerste leerjaren in Hamburg zette Horst Petermann zijn carrière voort in Zwitserland, met Sankt Moritz, Luzern en Génève als halteplaatsen. Hij kookte bij Emile Jung in *Le Crocodile* te Straatsburg en in 1985 bij de kook-Olympiade in Tokio, waar hij een van de prijswinnaars was. Tot zijn verdere onderscheidingen kan hij de "Gouden Sleutel der Gastronomie" rekenen, die hij in 1987 bemachtigde, de titel van "Chef-kok van het Jaar" (1991), 4 rode koksmutsen in de Gault-Millau (19) en 2 Michelin-sterren. Dit succes heeft hij overigens mede te danken aan Rico Zandonella, die de banketafdeling verzorgt.

Pierre Orsi
* 12 juli 1939

Restaurant **Pierre Orsi**
Place Kléber 3
F-69006 Lyon
Tel. (0)4-78895768; Fax (0)4-72449334

De leerschool die Pierre Orsi heeft doorlopen is onberispelijk. Deze in 1972 tot "Beste Vakman van Frankrijk" uitgeroepen chef-kok heeft met de groten uit het vak en van zijn generatie samengewerkt: met Bocuse van 1955 tot 1958, in het *Lucas Carton*, met Alex Humbert in *Maxim's* en in *Lapérouse*, alle in Parijs. Van 1967 tot 1971 verbleef hij in de Verenigde Staten, daarna terug naar Lyon, aan de rand van het stadskwartier Tête d'Or. Met 1 Michelin-ster en 3 sterren in de Bottin Gourmand is zijn prachtig ingerichte restaurant tot een trefpunt geworden voor gourmets.

Roland Pierroz
* 26 augustus 1942

Restaurant **Hôtel Rosalp-Restaurant Pierroz**
Route de Médran
CH-1936 Verbier
Tel. (0)27-7716323; Fax (0)27-7711059

In dit geliefde wintersportoord werkt Roland Pierroz sinds 1962 in een al even geliefd restaurant. Dat heeft 1 Michelin-ster, 4 rode koksmutsen in de Gault-Millau (19) en 3 sterren in de Bottin Gourmand. In 1980 kreeg hij de "Gouden Sleutel der Gastronomie" en in 1992 werd hij "Chef-kok van het Jaar". Zijn opleiding rondde hij af in Lausanne en in Londen. Hij is lid van "Relais et Châteaux" en van "Relais Gourmands", en is vice-voorzitter van de vereniging "Grandes Tables Suisses". De uit Wallis afkomstige Roland Pierroz is een verwoed jager en speelt golf.

Georges Paineau
* 16 april 1939

Restaurant **Le Bretagne**
Rue Saint-Michel 13
F-56230 Questembert
Tel. (0)2-97261112; Fax (0)2-97261237

Georges Paineau had het zeldzame geluk dat hij zijn loopbaan kon beginnen bij Fernand Point in *La Pyramide*. Sindsdien is Bretagne hem altijd blijven trekken. Na restaurants in La Baule (1962) en Nantes (1963) volgde in 1965 *Le Bretagne* in Questembert, gelegen nabij de baai van Morbihan. Daar is hij thans doende sterren te verzamelen - 2 in de Michelin en 4 in de Bottin Gourmand - en koksmutsen in de Gault-Millau: 4 rode, met 19 punten. Zijn restaurant staat op de lijst van de "Relais Gourmands" en de "Relais et Châteaux". Georges Paineau is een begaafd kunstschilder.

Jacques & Laurent Pourcel
* 13 september 1964

Restaurant **Le Jardin des Sens**
Avenue Saint Lazare 11
F-34000 Montpellier
Tel. (0)4-67796338; Fax (0)4-67721305

Deze onafscheidelijke tweelingbroers hebben allebei dezelfde opleiding gevolgd, zij het met verschillende specialisaties. Het vak hebben ze geleerd bij Alain Chapel, Marc Meneau, Pierre Gagnaire, Michel Bras, Michel Trama en Marc Veyrat. Met hun partner Olivier Château openden ze in 1988 *Jardin des Sens*, een restaurant dat geheel is opgetrokken uit glas en steen. Sindsdien verzamelen ze overal sterren: 2 Michelin-sterren en 3 rode koksmutsen in de Gault-Millau (17). Beiden mogen zich "Maître Cuisinier de France" noemen en zijn lid van de "Relais Gourmands".

Stéphane Raimbault
* 17 mei 1956

Restaurant **L'Oasis**
Rue Honoré Carle
F-06210 La Napoule
Tel. (0)4-93499552; Fax (0)4-93496413

Nadat Stéphane Raimbault enige jaren had gewerkt in Parijs, onder het waakzaam oog van Émile Tabourdiau en later Gérard Pangaud in *Le Grande Cascade*, vertrok deze chef-kok voor 9 jaar naar Japan. Daar leidde hij in Osaka, in hotel *Plaza d'Osaka*, het restaurant *Rendez-vous*. Toen hij in 1991 in Frankrijk terugkeerde, nam hij samen met zijn broer, een banketspecialist, restaurant *L'Oasis* in La Napoule over. Hij heeft 2 Michelin-sterren en 3 rode koksmutsen in de Gault-Millau (18). Bovendien zat hij in de laatste ronde van de competitie om de titel "Beste Vakman van Frankrijk". Raimboult is "Maître Cuisinier de France".

Paul Rankin
* 1 oktober 1959

Restaurant **Roscoff**
Lesley House, Shaftesbury Square 7
GB-BT2 7DB Belfast
Tel. (0)1232-331532; Fax (0)1232-312093

Paul Rankin kan terugkijken op een internationale loopbaan: in Londen werkte hij onder Albert Roux in *Gavroche*, en daarna toog hij naar Californië en Canada. Zijn Canadese vrouw Jeanne heeft hij echter niet daar leren kennen, maar tijdens een rondreis door Griekenland. Haar kookkunsten bereiden de gasten van *Roscoff* sinds 1989 veel genoegen. Overigens heeft de Guide Courvoisier dit huis van 1994 tot 1995 uitverkoren tot "Beste restaurant van Groot-Brittannië". Paul Rankin verzorgt daarnaast een kookprogramma voor de BBC, getiteld "Gourmet Ireland". Deze chef-kok houdt van reizen, wijn, voetballen en rugby.

Jean-Claude Rigollet
* 27 september 1946

Restaurant **Au Plaisir Gourmand**
Rue Parmentier 2
F-37500 Chinon
Tel. (0)2-47932048; Fax (0)2-47930566

Jean-Claude Rigollet is zijn loopbaan begonnen in *Maxim's*, bij Alex Humbert, waarna hij naar het dal van de Loire vertrok, om in Montbazon te gaan werken (van 1971 tot 1977 in *Domaine de la Tortinière*) en in het beroemde *Auberge des Templiers* van de familie Bézard, in de buurt van Montargis (van 1978 tot 1982). In 1983 werd hij chef-kok in *Au Plaisir Gourmand* in Chinon, in de Touraine-streek. In 1985 kreeg Jean-Claude Rigollet 1 Michelin-ster. Jean-Claude Rigollet is weliswaar afkomstig uit de Solonge-streek, maar hij houdt wel de regionale traditie van de Touraine in ere, en zijn wijnkelder verraadt dan ook dat hij inmiddels een uitstekende kenner is.

Michel Rochedy
* 15 juli 1936

Restaurant **Le Chabichou**
Quartier Les Chenus
F-73120 Courchevel 1850
Tel. (0)-2-47932048; Fax (0)2-47930565

Deze chef-kok werd bij zijn eerste stappen op het gebied van de kookkunst van 1954 tot 1956 begeleid door André Pic, de bekende kok uit Valence. Michel Rochedy heeft in 1963 de lokroep van de Savoye-streek gevolgd en heeft daar met zijn restaurant *Le Chabichou* dan ook de regionale tradities hooggehouden. Dit heeft hem inmiddels 2 Michelin-sterren opgeleverd en 3 rode koksmutsen in de Gault-Millau (17). Hij is "Maître Cuisinier de France" en lid van "Eurotoques". Michel Rochedy is geïnteresseerd in kunst en literatuur. Daarnaast mag hij graag een hengeltje uitwerpen en doet hij aan voetbal en rugby.

Joël Roy
* 28 november 1951

Restaurant **Le Prieuré**
Rue du Prieuré 3
F-54630 Flavigny-sur-Moselle
Tel. (0)3-79267045; Fax (0)3-86267551

Joël Roy heeft de competitie "Beste Vakman van Frankrijk" gewonnen in 1979, toen hij nog met Jacques Maximin in hotel *Negresco* in Nice werkte. Kort daarop werd hij chef-kok in *Frantel*, in Nancy. In 1983 opende hij *Le Prieur*, dat er met zijn door arcades omgeven tuin uitziet als een moderne zuilengang. Zijn huis, dat 1 Michelin-ster bezit, is gelegen in Lotharingen, een streek met tradities en een landschappelijke schoonheid die hij zeer weet te waarderen. Roy zit veel op de fiets en mag als uitgesproken kenner van vissoorten ook graag zelf een hengel uitwerpen.

Santi Santamaria
* 26 juli 1957

Restaurant **El Racó de Can Fabes**
Carrer Sant Joan 6
E-08470 San Celoni
Tel. (9)3-8672851; Fax (9)3-8673861

Sinds 1981 schept Santi Santamaria er als Catalaan genoegen in, fijnproevers specialiteiten van de keuken uit zijn geboortestreek voor te schotelen. Zijn restaurant, dat dicht in de buurt van Barcelona is gelegen, aan de rand van Montseny, een beschermd natuurgebied, heeft 3 Michelin-sterren en staat met 8 van 10 haalbare punten vermeld in de Gourmetour. Santi Santamaria is daarnaast lid van de "Relais Gourmands" en van "Traditions et Qualité". Deze chef-kok organiseert tevens gastronomische seminars, over kruiden (in het voorjaar) en over paddestoelen (in het najaar).

Ezio Santin
* 17 mei 1937

Restaurant **Antica Osteria del Ponte**
Piazza G. Negri 9
I-20080 Cassinetta di Lugagnano
Tel. (0)2-9420034; Fax (0)2-9420610

Dat Ezio Santin talent heeft is sinds 1974, toen hij chef-kok werd van *Antica Osteria del Ponte*, in ruime kring bekend, getuige de 3 Michelin-sterren, de 4 rode koksmutsen in de Gault-Millau (19,5), de zon in de Veronelli en de 92 van de 100 te vergeven punten in de Gambero Rosso die hij sindsdien behaalde. Deze titels en eerbewijzen rechtvaardigen de status die hem door zijn Italiaanse collega's is toegekend, door hem tot voorzitter van "Le Soste" te benoemen, een kring waar alleen de beste restaurants van Italië toe behoren. Ezio Santin is in zijn vrije tijd een verwoed lezer. Daarnaast is hij een enthousiast supporter van Inter Milaan.

Nadia Santini
* 19 juli 1954

Restaurant **Dal Pescatore**
I-46013 Runate Canneto S/O
Tel. (0)376-723001; Fax (0)376-70304

Sinds 1974 leidt Nadia Santini de keuken van restaurant *Dal Pescatore*, dat in 1920 door de grootvader van haar echtgenoot werd geopend. De uitstekende reputatie die dit huis geniet heeft zijn neerslag gevonden in de Italiaanse en Franse restaurantgidsen: 2 Michelin-sterren, 4 rode koksmutsen in de Espresso/Gault-Millau (19), 1 zon in de Veronelli en 94 van de 100 punten in de Gambero Rosso. Nadia Santini is lid van "Le Soste", de "Relais Gourmands" en "Traditions et Qualité". Espresso/Gault-Millau heeft haar in 1993 onderscheiden met de prijs voor de beste "Wijnkelder van het Jaar". Nadia Santini is geïnteresseerd in geschiedenis, met name de geschiedenis van de kookkunst.

Maria Santos Gomes

* 10 augustus 1962

Restaurant **Conventual**
Praça das Flores 45
P-1200 Lissabon
Tel. (0)1-609196; Fax (0)1-3875132

Restaurant *Conventual* ligt in het oude stadsdeel van Lissabon, direct naast het parlement. Daar heeft Dina Marquez de jonge chef-kokkin in 1982 in huis gehaald - zeer tot vreugde van de politici uit heel Lissabon, die meestal daar komen eten. De aankleding van de zaak is voor een groot deel afkomstig uit het vroegere klooster van Igreja (vandaar ook de naam). Maria Santos Gomes heeft door haar originele invallen met haar kookkunst een niveau bereikt dat goed is voor 1 Michelin-ster, en in 1993 won ze daarnaast de eerst prijs in de competitie om de "Portugese Gastronomie", die altijd in Lissabon wordt gehouden.

Nikolaos Sarantos

* 5 december 1945

Restaurant **Hôtel Athenaeum Inter-Continental**
Avenue Syngrou 89-93
GR-117 45 Athene
Tel. (0)1-9023666; Fax (0)1-9243000

Van 1971 tot 1988 heeft Nikolaos Sarantos door het hele Middellandse Zeegebied én het Nabije Oosten gereisd. Daar heeft hij in diverse *Hilton*-hotels zijn gastronomische kunsten vertoond. Zijn reizen voerden hem naar Teheran, Athene, Korfoe, Koeweit en Caïro, tot hij uiteindelijk in Athene neerstreek, in het *Athenaeum Inter-Continental*. Bij internationale kookwedstrijden in San Francisco, Kopenhagen en Bordeaux zit Sarantos steevast in de jury. Hij is voorzitter van de "Griekse vereniging van chef-koks". Bovendien is hij een groot liefhebber van sport, tennist en voetbalt.

Fritz Schilling

* 8 juni 1951

Restaurant **Schweizer Stuben**
Geiselbrunnweg 11
D-97877 Wertheim
Tel. (0)9342-3070; Fax (0)9342-307155

Fritz Schilling is sinds 1972 chef-kok en heeft in 1990 in het dal van de Main, in de buurt van het romantische stadje Wertheim, een eigen restaurant geopend. Voor zijn geraffineerde, veelzijdige kookkunst waarmee hij de beste tradities van de Duitse gastronomie volgt, heeft hij inmiddels 2 Michelin-sterren en 4 rode koksmutsen in de Gault-Millau (19,5) mogen ontvangen. Hij is lid van de "Relais et Châteaux" en van "Relais Gourmands", en zijn restaurant behoort dan ook tot de besten van Duitsland. In zijn vrije tijd luistert Fritz Schilling graag naar popmuziek. Hij rijdt met plezier auto, speelt graag golf en doet ook aan allerlei strandsporten.

Jean Schillinger

* 31 januari 1934
† 27 december 1995

De voorzitter van de "Maîtres Cuisiniers de France" was het symbool van de Elzas op het gebied van gastronomie. Het bekende restaurant *Schillinger* in Colmar (dat van 1957 tot 1995 bestond) had 2 Michelin-sterren, 3 rode sterren van de Gault-Millau (17) en 3 sterren in de Bottin Gourmand. Jean Schillinger, die ridder in de orde van de "Mérite" was, was al de derde generatie van een familie van herbergiers. Gedurende meer dan 20 jaar heeft hij wereldwijd bekendheid verschaft aan de Franse keuken, van Japan en Australië tot in Brazilië aan toe.

Jean-Yves Schillinger

* 22 maart 1963

De opvolging in de dynastie Schillinger is met deze briljante jonge chef-kok verzekerd. Jean-Yves Schillinger werkte van 1988 tot 1995 samen met zijn vader in het familierestaurant. Daarvoor werkte hij in gerenommeerde restaurants in Parijs als *Crillon* en *Jamin*, waar hij assistent was van Joël Robuchon. Hij heeft zelfs nog gewerkt in *La Côte Basque* in New York. De nieuwe loot aan de stam-Schillinger is lid van de vereniging "Prosper Montagné", de Franse vereniging van de "Haute Cuisine" en van de J.R.E. (de "Jonge Restaurateurs van Europa"). Jean-Yves Schillinger is zeer sportief en vooral dol op golfen, skiën en motorrijden.

Rudolf Sodamin

* 6 april 1958

Restaurant **Passagiersschip de Queen Elizabeth II**
Thuishaven: Southampton, Engeland

De Oostenrijker Sodamin is werkzaam bij *Cunard Line*, de bekende scheepvaartmaatschappij die behalve de *Queen Elizabeth II* nog enkele van deze majestueuze schepen in de vaart heeft. Rudolf Sodamin is chef-kok en de chef-gebak, en heeft al in diverse restaurants in Oostenrijk, Frankrijk, Zwitserland en de VS van zich doen spreken. In New York heeft hij in het fameuze *Waldorf-Astoria* gewerkt. Hij is lid van de vereniging "Prosper Montagné" van "Chefs der Chefs". Rudolf Sodamin doet aan joggen, maar zijn lievelingssport blijft toch skiën, bij voorkeur rond Kitzbühel, de stad waar hij vandaan komt.

Roger Souvereyns

* 2 december 1938

Restaurant **Scholteshof**
Kermstraat 130
B-3512 Stevoort-Hasselt
Tel. (0)11-250202; Fax (0)11-254328

Roger Souvereyns bepaalt sinds 1983 het lot van restaurant *Scholteshof*: in deze hofstede uit de 18de eeuw beheert hij een grote moestuin, die in het verleden door de tuinier Clément, een vriend van hem, werd verzorgd. Op die manier kan hij in zijn gerechten steeds heerlijke verse groenten en fruit verwerken. Roger Souvereyns heeft 2 Michelin-sterren, 4 rode koksmutsen in de Gault-Millau (19,5), 3 sterren in de Bottin Gourmand en staat met 95 van de 100 te vergeven punten in de Henri Lemaire, de Belgische restaurantgids. Hij is aangesloten bij de "Relais et Châteaux", de "Relais Gourmands" en "Traditions et Qualité".

Pedro Subijana

* 5 november 1948

Restaurant **Akalaré**
Paseo del Padre Orcolaga 56
E-20008 San Sebstian
Tel. (9)43-212052; Fax (9)43-219268

Pedro Subijana heeft sinds 1981 een eigen restaurant met uitzicht op de Golf van Biscaje. Hij is onderscheiden met 2 Michelin-sterren en 9 van de 10 haalbare punten in de Gourmetour en werd daarnaast in 1982 benoemd tot "Beste Kok van Spanje". Subijana heeft een traditionele opleiding aan de hotelvakschool van Madrid achter de rug en studeerde bovendien af aan de Euromarschool in Zarauz. In 1970 werd hij kookdocent. In 1986 werd hij algemeen commissaris van de Europese Koksvereniging, waarvan het hoofdkwartier in Brussel is gevestigd. Voor de Baskische TV-zender E.T.B. en Tele-Madrid verzorgt hij culinaire programma's.

Émile Tabourdiau
* 25 november 1943

Restaurant **Le Bristol**
Rue du Faubourg Saint-Honoré 112
F-75008 Parijs
Tel. (0)1-53434300; Fax (0)1-53434301

Émile Tabourdiau werkt sinds 1964 alleen in de allerbeste restaurants: in *Ledoyen*, daarna in *La Grande Cascade* en ten slotte vanaf 1980 in *Bristol*, dat in de onmiddellijke nabijheid ligt van het Elysée, het presidentieel paleis, en dat over een prachtige tuin van meer dan 1200 m² beschikt. Tabourdiau, die de school van Auguste Escoffier heeft doorlopen, is lid van de "Franse Culinaire Academie" en heeft in 1970 de "Prosper Montagné"-prijs gewonnen. Ook werd hij in 1976 uitgeroepen tot "Beste Vakman van Frankrijk". Bovendien heeft hij 1 ster in de Guide Michelin. In zijn vrije tijd interesseert hij zich voor schilderkunst en tennist hij graag.

Romano Tamani
* 30 april 1943

Restaurant **Ambasciata**
Via Martiri di Belfiore 33
I-46026 Quistello
Tel. (0)376-619003; Fax (0)376-618255

Romano Tamani is de enige van alle hier vermelde topkoks die de felbegeerde titel draagt van "Commendatore della Repubblica Italiana", een onderscheiding van staatswege die hem in 1992 ten deel viel. Zonder twijfel is deze kok uit Lombardije, die het handwerk leerde in Londen en Zwitserland, een van de kundigste vertegenwoordigers van de Italiaanse gastronomie. Sinds 1978 leidt hij samen met zijn broer Francesco hun restaurant *Ambasciata*. De balans vermeldt 2 Michelin-sterren, 3 koksmutsen in de Espresso/Gault-Millau, 1 zon in de Veronelli en 90 punten van de 100 punten in de Gambero Rosso.

Laurent Tarridec
* 26 mei 1956

Restaurant
Le Restaurant du Bistrot des Lices
Place des Lices
F-83990 Saint-Tropez
Tel. (0)4-94972900; Fax (0)4-94977639

Het getuigt bepaald van een uitzonderlijk aanpassingsvermogen om als man uit de Bretonstreek, die nog met Michel Rochedy heeft gewerkt, uitgerekend aan de Côte d'Azûr een naam te vestigen en dan al na een jaar (1995) 1 Michelin-ster en 3 rode koksmutsen in de Gault-Millau (18) in de wacht te slepen. Daarvoor had Laurent Tarridec al staaltjes van zijn kunnen laten zien in Bretagne, in de *Lion d'Or*, in Parijs en in de Rhônevallei, in *Beau Rivage*. Laurent Tarridec is geïnteresseerd in politiek en in alles wat met de zee te maken heeft. Daarnaast skiet hij graag.

Dominique Toulousy
* 19 augustus 1952

Restaurant **Les Jardins de l'Opéra**
Place du Capitole 1
F-31000 Toulouse
Tel. (0)5-61230776; Fax (0)5-61236300

Ook al doet zijn naam anders vermoeden, Dominique Toulousy zit pas sinds 1984 in Toulouse. Hij sloeg in dat jaar zijn kwartier op aan de Place du Capitole en heeft sindsdien tal van onderscheidingen geoogst: de "Gouden Sleutel der Gastronomie" (1986), 3 rode koksmutsen in de Gault-Millau (18), 2 Michelin-sterren en de titel "Beste Vakman van Frankrijk" (in 1993). Daarvoor had hij in de om zijn royale keuken bekende Gere-streek al de nodige successen behaald. Hij is aangesloten bij de "Jonge Restaurateurs van Europa", de vereniging "Prosper Montagné", bij "Eurotoques" en bij "Traditions et Qualité".

Gilles Tournadre
* 29 juni 1955

Restaurant **Gill**
Quai de la Bourse 8 en 9
F-76000 Rouen
Tel. (0)2-35711614; Fax (0)2-35719691

Ook Normandiërs verlaten hun geboortestreek wel eens, om elders in de leer te gaan. Gilles Tournadre heeft zijn eerste schreden gezet in de keuken van het *Lucas Carton,* waarna hij in de *Auberge des Templiers* van de familie Bézard terechtkwam, gevolgd door een periode bij *Taillevent*, tot hij zich zelfstandig maakte in Bayeux, waarna de lokroep naar zijn geboortestad toch te sterk bleek. Dat hij het juiste pad heeft gekozen blijkt uit de feiten: Tournadre mag zich de trotse eigenaar noemen van 2 Michelin-sterren en 3 rode koksmutsen in de Gault-Millau (17), die de jonge restaurateur behaald heeft met zijn restaurant.

José Tourneur
* 4 januari 1940

Restaurant **Des 3 Couleurs**
Avenue de Tervuren 453
B-1150 Brussel
Tel. (0)2-7703321; Fax (0)2-7708045

De drie kleuren die José Tourneur in 1979 tot embleem en als benaming van zijn restaurant koos, zijn de kleuren van de Belgische nationale vlag. Het restaurant, dat geheel gewijd is aan de nationale keuken, voert 1 Michelin-ster en is met 88 van de maximaal 100 punten vermeld in de Henri Lemaire, de Belgische restaurantgids. Deze autodidact kreeg in 1969 de "Prosper Montagné" en was van 1969 tot 1979 chef-kok in het *Carlton* van Brussel. Tegenwoordig is hij lid van de "Orde der 33 Meesterkoks van België", de "Franse Culinaire Academie" en van de "Vatel Club". José Tourneur heeft verder een voorliefde voor de zee.

Luisa Valazza
* 20 december 1950

Restaurant **Al Sorriso**
Via Roma 18
I-28018 Soriso
Tel. (0)322-983228; Fax (0)322-983328

Over het culinaire talent van Luisa Valazza is iedereen het eens: het restaurant dat zij sinds 1981 samen met haar man in Piemonte, haar geboortestreek, leidt, kan bogen op 2 Michelin-sterren, 4 koksmutsen in de Espresso/Gault-Millau (19,2), 1 zon in de Veronelli en 90 van de 100 punten in de Gambero Rosso. Tegen deze lawine van onderscheidingen houdt de cheffin, die nog aangesloten is bij "Le Soste", zich nuchter staande, onder meer door veelvuldig te variëren op de recepten die zij heeft meegebracht uit het *Europa* in Borgomanero, waar ze vanaf 1971 werkte. Louisa Valazza heeft grote belangstelling voor kunst en gaat dikwijls skiën.

Guy Van Cauteren
* 8 mei 1950

Restaurant **T' Laurierblad**
Dorp 4
B-9290 Berlare
Tel. (0)52-424801; Fax (0)52-425997

Voordat Guy Van Cauteren in 1979 zijn restaurant *T' Laurierblad* opende, had hij eerst zijn licht opgestoken bij een aantal uitmuntende koks: bij Alain Senderens in *Archestate* in Parijs en bij de familie Allégriers in *Lucas Carton* (van 1972 tot 1974). Daarna heeft hij een aantal jaren gewerkt bij de Franse ambassade in Brussel (van 1974 tot 1979). Sindsdien heeft hij 2 Michelin-sterren verworven, 3 rode koksmutsen in de Gault-Millau en 89 van de 100 punten in de Henri Lemaire. Bovendien was hij in 1993 winnaar van het brons bij de uitreiking van de "Bocuse"-prijs en draagt hij de titel "Maitre Cuisinier de Belgique".

Freddy Van Decasserie
* 10 oktober 1943

Restaurant La Villa Lorraine
Avenue du Vivier d'Oie 75
B-1180 Brussel
Tel. (0)2-3743163; Fax (0)2-3720195

Freddy Van Decasserie trad in 1963 als koksmaatje toe tot de staf van *Villa Lorraine* en heeft sindsdien de hele gang gemaakt door de interne hiërarchie, tot hij uiteindelijk zelf als chef-kok talrijke onderscheidingen in ontvangst kon nemen. Daartoe behoren 2 Michelin-sterren, 3 rode koksmutsen in de Gault-Millau (18), 3 sterren in de Bottin Gourmand en 92 van de 100 punten in de Henri Lemaire. Van Decasserie is "Maître Cuisinier de Belgique", lid van de "Franse Culinaire Academie" en is aangesloten bij "Traditions et Qualité". In zijn vrije tijd houdt hij zich fit door als trainingspartner mee te fietsen met Eddy Merckx.

Geert Van Hecke
* 20 juli 1956

Restaurant De Karmeliet
Langestraat 19
B-8000 Brugge
Tel. (0)50-338259; Fax (0)50-331011

Geert Van Hecke werd in 1977 door Freddy Van Decasserie in *Villa Lorraine* ingewijd in het vak, waarna hij naar Alain Chapel in het beroemde *Cravache d'Or* in Brussel ging. Uiteindelijk opende hij zijn eigen restaurant op een gerenommeerd adres dat bol stond van de traditie, in hartje Brugge, het "Venetië van het Noorden". In zijn loopbaan heeft hij inmiddels 2 Michelin-sterren verworven, plus 3 sterren in de Bottin Gourmand, 3 rode koksmutsen in de Gault-Millau (18) en 92 van de 100 punten in de Henri Lemaire. Hij is uitgeroepen tot "Beste Kok van België" en aangesloten bij "Traditions et Qualité".

Gérard Vié
* 11 april 1943

Restaurant Les Trois Marches
(Trianon Palace)
Boulevard de la Reine 1
F-78000 Versailles
Tel. (0)1-39501321; Fax (0)1-30210125

De chef-kok van *Les Trois Marches* (wat Gérard Vié sinds 1970 is) begon zijn unieke loopbaan reeds als 13-jarige in de keuken van *Lapérouse*. Daarna kwam hij terecht in *Lucas Carton*, het *Plaza-Athénée* en *Crillon Tower's* in Londen, om vervolgens 3 jaar (van 1967 tot 1970) te gaan werken bij de *Compagnie des Wagons-Lits*. Tegenwoordig kan Gérard Vié 2 Michelin-sterren voeren en 3 rode koksmutsen in de Gault-Millau (18). In 1984 werd hij door Gault-Millau onderscheiden met de "Zilveren Tafel" en in 1993 met de "Gouden Sleutel der Gastronomie". Vié is liefhebber van theater en de opera.

Jean-Pierre Vigato
* 20 maart 1952

Restaurant Apicius
Avenue de Villier 122
F-75017 Parijs
Tel. (0)1- 43801966; Fax (0)1-44400957

Jean-Pierre Vigato vierde zijn eerste grote successen van 1980 tot 1983 in *Grandgousier* te Parijs. In 1984 werd hij zelfstandig en opende hij in zijn woonplaats Parijs *Apicius*. De eerste Michelin-ster kreeg het restaurant in 1985, twee jaar daarna gevolgd door een tweede. Intussen staat *Apicius* ook met 3 rode koksmutsen in de Gault-Millau (18). Deze chef-kok is aangesloten bij de "Relais Gourmands", werd in 1988 door de Gault-Millau uitgeroepen tot "Chef-kok van het Jaar" en was in 1992 kok in het Franse paviljoen op de Wereldtentoonstelling van Sevilla. Zijn vrije tijd brengt hij vooral door met lezen.

Gianfranco Vissani
* 22 november 1951

Restaurant Vissani
I-05020 Civitella del Lago
Tel. (0)744-950396; Fax (0)744-950396

Gianfranco Vissani heeft van Espresso/Gault-Millau met 19,6 punten en 4 koksmutsen ware droomresultaten behaald, de beste van heel Italië. 2 Michelin-sterren, 1 zon van Veronelli en 87 van de 100 punten in de Gambero Rosso vervolmaken de roem van het restaurant dat deze gastronoom sinds 1980 leidt als familiebedrijf waar ook zijn vrouw, zijn moeder en zijn zuster in werkzaam zijn. Een van de bijzonderheden van dit restaurant is de in eigen beheer gemaakte olijfolie, een onmisbaar ingrediënt in de mediterrane keuken. In zijn vrije tijd verzamelt deze gastronoom klokken, en verder ontspant hij zich graag onder de tonen van klassieke muziek of met een goed boek.

Jonathan F. Wicks
* 14 juni 1962

Restaurant Passagiersschip de Queen Elizabeth II
Thuishaven: Southampton, Engeland

Jonathan Wicks heeft van 1980 tot 1987 gewerkt in diverse exclusieve restaurants in Londen, waaronder het *Mayfair Intercontinental, Grosvenor House* aan de Park Lane en *Méridien* op Picadilly. In 1987 werd hij benoemd tot chef-kok van de *Queen Elizabeth II*. Dit schip heeft Southampton als thuishaven, maar het voortdurend voor anker gaan op andere locaties is iets wat Wicks als verwoed reiziger zeer kan waarderen. Hoewel in zijn woonplaats Bath vooral veel rugby wordt gespeeld, doet Jonathan Wicks in zijn vrije tijd meer aan American football. Verder verzamelt hij kostbare borden van porselein en houdt hij van ontbijt op bed.

Heinz Winkler
* 17 juli 1949

Restaurant Residenz Heinz Winkler
Kirchplatz 1
D-83229 Aschau im Chiemgau
Tel. (0)8052-17990; Fax (0)8052-179966

Als 31-jarige had Heinz Winkler al 3 Michelin-sterren: hoe speelt iemand zoiets klaar? Misschien door, zoals Winkler heeft gedaan voordat hij in 1991 zijn eigen *Residenz Heinz Winkler* opende, na een uitstekende leerschool in *Victoria* in Interlaken bij Paul Bocuse te gaan werken en daarna in een restaurant als *Tantris* in München. Als gastronoom bemachtigde hij 2 witte koksmutsen (en 18 punten), werd in 1979 "Kok van het Jaar" werd en in 1993 door Gault-Millau uitgeroepen tot "Restaurateur van het Jaar". Hij is aangesloten bij "Relais et Châteaux", "Relais Gourmands", "Traditions et Qualité" en de kring van "Le Soste".

Harald Wohlfahrt
* 7 november 1955

Restaurant Schwarzwaldstube
Tonbachstrasse 237
D-72270 Baiersbronn
Tel. (0)7442-492665; Fax (0)7442-492692

Harald Wohlfahrt trad in 1976 toe tot de staf van *Schwarzwaldstube*, het restaurant van het hotel *Traube-Tonbach*, midden in het Zwarte Woud, waar hij sinds 1980 de chef-kok is. Het vak heeft hij geleerd in *Stahlbad* in Baden-Baden en in *Tantris* in München. In 1991 werd hij door de Gault-Millau uitverkoren als "Chef-kok van het Jaar", en hij kan inmiddels bogen op 3 Michelin-sterren en 4 rode koksmutsen in de Gault-Millau (19,5). Hij is aangesloten bij "Relais Gourmands" en bij "Traditions et Qualité". Harald Wohlfahrt loopt vooral warm voor eet- en kooktradities, maar is ook een uitstekend sportman, met voorliefde voor zwemmen, voetballen en fietsen.

Armando Zanetti

* 11 december 1926

Restaurant **Vecchia Lanterna**
Corso Re Umberto 21
I-10128 Turijn
Tel. (0)11-537047; Fax (0)11-530391

Reeds van 1955 tot 1969 leidde de in Venetië geboren Zanetti een restaurant in Turijn, de *Rosa d'Oro*. In 1970 opende hij vervolgens in dezelfde stad het restaurant met de aansprekende naam *Vecchia Lanterna* ("De oude lantaarn"). Inmiddels heeft de chef-kok, die hoofdzakelijk werkt vanuit de culinaire tradities van zijn vaderland, 2 Michelin-sterren en maar liefst 4 koksmutsen in de Espresso/-Gault-Millau (19,2/20). Armando Zanetti is onvermoeibaar op zoek naar wetenswaardigheden omtrent de Europese keuken in vroeger eeuwen. Hij beleeft vooral veel genoegen aan het voorproeven van nieuwe gerechten.

Alberto Zuluaga

* 31 maart 1960

Restaurant **Lopez de Haro y Club Nautico**
Obispo Orueta 2
E-48009 Bilbao
Tel. (9)4-4235500; Fax (9)4-4234500

Als Bask uit Vizcaya, de provincie aan de Golf van Biscaye, is Alberto Zuluaga er bijzonder trots op dat hij zijn vak kan uitoefenen in de eigenlijke hoofdstad van zijn geboortestreek. Sinds 1991 is hij chef-kok in het luxueuze vijfsterren-restaurant *Club Nautico*, in een wijk van Bilbao waar de meeste banken zijn gevestigd. Eerder werkte hij van 1987 tot 1991 in *Bermeo*, een ander restaurant in Bilbao, waar hij volop uiting kon geven aan zijn voorliefde voor de Baskische eetcultuur met alle bijbehorende tradities. In 1988 leverde hem dat de titel "Beste Kok van Euzkadi" op. In zijn vrije tijd speelt hij de Baskische variant op het jeu de boules.

Begrippenlijst

AANZETTEN: Vlees of andere ingrediënten in weinig vet laten kleuren.

AFBLUSSEN: Door het toevoegen van een vloeistof zoals wijn of bouillon het braadproces temperen. Vaak wordt tegelijkertijd het bezinksel van de bodem van de pan losgeroerd tot een jus (ook: deglaceren).

AÏOLI: Provençaalse knoflook-mayonaise die wordt geserveerd bij gestoomde vis, hardgekookte eieren of groenten.

AL DENTE: Italiaans voor 'beetgaar. Als pasta en groenten kort worden gekookt behouden ze nog 'beet', ze zijn dan net gaar en nog stevig wanneer men de tanden erin zet.

AMERIKAANSE SAUS (SAUCE AMÉRICAINE): Saus van geplette kreeftenpantsers, sjalot, knoflook, tomaten en kruiden, geflambeerd met brandewijn, geblust met witte wijn en gemonteerd met boter. Wordt bij vis en schaaldieren gegeven.

ARROSEREN: Gebraad, zoals rosbief, eend en speenvarken besprenkelen tijdens het braden of roosteren, bijvoorbeeld met het eigen hete braadvocht, zodat het vlees niet uitdroogt en een mooi korstje krijgt.

AU BAIN-MARIE: Verhitten en garen van een gerecht in een pan boven een tweede pan met kokend water, of in een speciale dubbelwandige pan, waardoor aanbranden wordt voorkomen.

BARDEREN: Het bedekken van vlees en gevogelte met dunne lappen vet spek om te voorkomen dat het vlees e.d. uitdroogt en om de smaak te versterken.

BECHAMELSAUS: Romige saus van bloem, boter en melk die heet wordt geserveerd. Genoemd naar de Markies van Béchamel, hofmeester van Lodewijk XIV.

BLANCHEREN: Ingrediënten, in het bijzonder groenten, even laten garen in kokend water, om te sterke smaken of geuren, kiemen of enzymen te verwijderen. Ook het overgieten van vruchten of noten met heet water om schil of vel los te maken.

BLINI: Kleine Russische pannenkoek van boekweitmeel, meestal opgediend met zure room en kaviaar of gerookte zalm.

BOUQUET GARNI: Samengebonden bosje kruiden waarmee soepen, eenpansgerechten en stoofgerechten worden gekruid. Bestaat meestal uit tijm, laurier en peterselie, maar er kan ook rozemarijn, majoraan, lavas, venkel, prei of selderij aan worden toegevoegd, afhankelijk van de streek en het seizoen.

BRUINEREN: Bruin braden of poêleren (van Frans poêle = pan). Zacht vlees op een stuk spek in een braadpan met wat boter of vloeistof op middelhoog vuur garen tot het mooi bruin is.

CARPACCIO: Gerecht van flinterdun gesneden rauw vlees, meest rundvlees, - maar ook vis of groenten - bedruppeld met olijfolie en citroensap of een vinaigrette, soms met vlokken Parmezaanse kaas bedekt. Meestal opgediend als voorgerecht.

CISELEREN: Insnijden van vlees of vis aan beide zijden ter decoratie, opdat het stuk vlees of vis tijdens het garen niet stuk springt, maar gelijkmatig kan zwellen.

CHANTILLY: (Voornamelijk) zoete gerechten (à la) Chantilly worden opgediend met slagroom of gemengd met slagroom.

CHARLOTTE: Nagerecht van gepureerde vruchten of roomijs, waarmee een vorm wordt gevuld die is bekleed met lange vingers, wafels of beboterde stukken brood.

CHARTREUZE (KARTUIZER-): Gerecht van kleingesneden vlees, groenten en spek dat in een vorm au bain-marie wordt gegaard en warm opgediend.

CONSOMMÉ: Krachtbouillon van vlees of gevogelte die zeer lang wordt ingekookt en dan geklaard. Wordt warm of koud opgediend.

CORAIL: Kuit van schaaldieren, zoals kreeft of krab, die onder kenners als een bijzondere delicatesse geldt.

CRÈME ANGLAISE: Saus voor zoete gerechten, gemaakt van poedersuiker, eidooiers, melk, wat zout en room.

CROUTONS: Gebakken of geroosterde plakjes of blokjes brood die bij soepen, stoofgerechten of salades worden geserveerd.

CRUDITÉS: Rauwkost van groenten, meestal in repen gesneden, als voorgerecht opgediend met een dipsaus of vinaigrette.

DECOREREN: Het versieren van een gerecht, bijvoorbeeld met takjes kruiden of in fraaie vormen gesneden stukjes groente of fruit.

DEGLACEREN: zie Afblussen.

DIJONNAISE: Frans begrip voor gerechten die zijn bereid met Dijonmosterd. Dit is een speciale romige soort mosterd van mosterdkorrels die in het zure, gegiste sap van onrijpe druiven worden geweekt. Dijonnaise is ook een mayonaise met mosterdsmaak die bij koud vlees wordt gegeven.

FARCE (FRANS VOOR VULLING): Mengsel van fijngehakt vlees of vis met kruiden, om pasteitjes of gevogelte mee te vullen. Ook paddestoelen, groenten, rijst, paneermeel of ei worden vermengd met vlees, orgaanvlees of vis als vulling gebruikt.

FILODEEG: Deeg van glutenrijk meel (tarwemeel) water en olie, dat flinterdun wordt uitgerold, in plakken gesneden, en bestreken met olie of vet in lagen op elkaar gelegd. Wordt veel gebruikt in de keukens van het Midden-Oosten, Turkije, Griekenland, Oostenrijk en Hongarije. Lijkt op bladerdeeg en kan in de meeste recepten hierdoor worden vervangen.

FLAMBEREN: Het overgieten van gerechten in de pan met een drank met een hoog alcoholpercentage, die daarna wordt aangestoken. Zo wordt het aroma ervan aan het gerecht overgedragen.

FOND: (Ingekookt) kookvocht van vlees of vis dat wordt gebruikt als basis voor sauzen. Ook kant-en-klaar verkrijgbaar.

FRITUREN: Het laten garen of bruin worden van voedingsmiddelen in een ruime hoeveelheid zeer heet vet of olie. Hierdoor ontstaat een korstje waardoor smaak en sappigheid bewaard blijven.

GALANTINE: Pikant pasteitje van vlees, wild of vis opgerold in een doek of dunne repen vlees, of gegaard in een passende vorm.

GARNAAL: Klein schaaldier zonder scharen, met lange voelsprieten, dunne pootjes en een lang, plomp lijf. De kleur wisselt, maar de meeste soorten worden bij het koken oranjerood. Ze leven in koude en warme wateren, in zoet en in zout water. Hun stevige, sappige vlees is in veel landen de basis voor uiteenlopende gerechten.

GARNEREN: Bijgerechten om het hoofdgerecht leggen, of het gerecht ermee versieren.

GARNITUUR: Decoratieve schikking van bijgerechten; ook toevoegingen aan soepen en sauzen.

GAZPACHO: Koude groentesoep van Spaanse oorsprong, gemaakt van rijpe tomaten, rode paprika, komkommer en olijfolie, en geserveerd met (knoflook-)croutons.

GELEI: Heldere of halfheldere elastische massa, bereid met pectine of gelatine; ook het gekookte, gestolde sap van vlees.

GLACEREN: Overdekken van gerechten met een glanzende laag eigen sap, gelei of suiker.

GRATINEREN: Gare of nog net niet gare gerechten bestrooien met een panade van broodkruim, kaas en vlokjes boter, en in een zeer hete oven laten bakken tot zich een mooi bruin korstje vormt.

Grillen: (Van het Engels 'to grill'.) Voedingsmiddelen snel garen boven hete houtskool, op een grilplaat of onder een hete grill.

Hartschelpen: Geslacht van mosselachtige schelpdieren, met bruingestreepte, geribbelde schelpen. Komen voor in de kustwateren van de Atlantische Oceaan en de Middellandse Zee. Worden rauw met citroensap, gebakken of gestoofd gegeten.

Hoisin-saus: Pikante roodbruine saus gemaakt van een pasta van gefermenteerde sojabonen, bloem, zout, suiker en rode rijst. Wordt ook als natuurlijke kleurstof gebruikt in veel Chinese gerechten.

Jacobsschelpen (Jacobsmosselen): (Frans; Coquilles Sant Jacques). Weekdier met karakteristieke, geblokte schelp. Beweegt zich met geopende schelp voort door middel van een grote spier. Men eet de spier en het oranjekleurig corail (kuit).

Juliënne: In dunne reepjes gesneden groenten voor in de soep of als bijgerecht.

Klaren: Verwijderen van troebele deeltjes uit soepen en sauzen door te mengen met licht opgeklopt eiwit, voorzichtig verhitten en door een zeef halen. Boter wordt ook geklaard door langzaam verhitten om de melkresten te verwijderen.

Larderen: Vlees, vis, wild of gevogelte doorrijgen met repen vet spek, of besteken met schijfjes truffel (ook: clouteren) of met tenen knoflook (ook: pikeren), om te voorkomen dat het vlees e.d. uitdroogt en om de smaak te versterken.

Legeren: Het binden en licht verdikken van net niet kokende sauzen door eidooiers en room, melk of boter erdoor te roeren.

Marineren: Vlees, vis of gevogelte in een mengsel van olie, azijn of citroen met kruiden en specerijen (marinade)leggen. Hierdoor wordt vlees malser, de kooktijd korter en de smaak van de marinade dringt in het gerecht.

Mousse: Rijk, licht zoet of hartig gerecht, dat zijn zachte, schuimige structuur krijgt door stijfgeslagen eiwit, geklopte slagroom of beide.

Ontvetten: Door afscheppen of afgieten het aan de bovenkant van sauzen of soepen drijvende vet verwijderen.

Op smaak brengen: Aan het eind van de bereiding nagaan of het gerecht voldoende gekruid is. Zo nodig peper en/of zout of andere specerijen toevoegen.

Paneren: Vlees, gevogelte of vis door een mengsel van bloem, ei en paneermeel halen om daarna te braden of te frituren, zodat een korstje ontstaat.

Parfait: Koud gerecht, gemaakt door een fijne farce, gebonden met gelatine of eiwit, in een vorm te laten afkoelen. Na het koelen wordt de parfait gestort. Een zoete parfait is een koud nagerecht van eicrème, gelei, roomijs en room in een hoog glas.

Passeren: Een soep, saus of andere vloeistof door een zeef halen of door een doek drukken.

Persillade: Mengsel van fijngehakte peterselie en knoflook. Of gesneden koud rundvlees met olie, azijn en veel peterselie.

Pocheren: Garen van ingrediënten in een vloeistof die tegen de kook aan blijft.

Pureren: Zachte ingrediënten tot een gladde massa verwerken in een keukenmachine, met de mixer of met een pureestamper.

Reduceren: Saus of kookvocht inkoken zodat het water verdampt en de saus dikker wordt en meer smaak krijgt.

Rémoulade: Kruidenmayonaise met fijngehakte dragon, kervel, peterselie, augurkjes en kappertjes. Ook kant-en-klaar verkrijgbaar. Wordt gegeven bij koude vleesgerechten, vis en schaaldieren.

Roosteren: Gerechten bruin en knapperig laten worden, met behulp van droge hitte. Noten en zaadjes en sommige specerijen krijgen er een sterkere smaak door.

Sabayon: Lichte, luchtige saus van eidooiers, suiker en witte wijn of champagne. Wordt warm of koud bij nagerechten gegeven. Een variatie zonder suiker wordt soms bij hartige gerechten geserveerd.

Saffraan: Specerij van de gedroogde stuifmeeldraden van de saffraancrocus. Omdat de kleine stuifmeeldraden met de hand moeten worden geplukt, is saffraan de duurste specerij die er bestaat. Men heeft echter maar een minieme hoeveelheid ervan nodig om uiteenlopende gerechten als rijst, kerrie- en visgerechten, stoofpotten en zoete spijzen te kleuren en te kruiden.

Sauce Américaine: zie Amerikaanse saus.

Sauteren: Voedingsmiddelen snel bakken in hete boter.

Schrikken (Laten schrikken): Een warm gerecht in koud water onderdompelen, of afgieten en onder stromend koud water houden om de temperatuur snel te laten dalen zodat het niet verder gaart.

Smoren: Ingrediënten eerst even aanzetten, dan vloeistof toevoegen (water, bouillon, fond, wijn), en vervolgens goed afgedekt langzaam laten garen. Het smoorgerecht gaart dus in vet, vloeistof en stoom.

Soufflé: Licht luchtig eigerecht, zoet of hartig, warm of koud geserveerd. De luchtige structuur van de warme soufflé ontstaat doordat stijfgeslagen eiwitten door een warme saus of puree worden geroerd.

Stomen: Het garen van gerechten boven kokend water of bouillon in een stoompan met zeefinzet, of in een speciale bamboemand.

Stoven: Gerechten in hun eigen nat of met zeer weinig toegevoegde vloeistof, en meestal olie of boter, laten garen.

Tartaar: Rauw gemalen rundvlees, dat met fijngehakte uien, augurkjes, kappertjes of peterselie en peper en zout wordt aangemaakt.

Tegen de kook aan houden: Sommige gerechten, zoals sauzen, mogen niet meer koken, maar moeten verder garen terwijl de vloeistof net niet kookt, maar er wel belletjes naar het oppervlak stijgen. Pocheren gebeurt ook in water dat tegen de kook aan is.

Terrine: Mengsel van fijngehakt vlees, of vis, wild, gevogelte of groente, dat in een diepe vorm met rechte wanden wordt gegaard en gekoeld wordt opgediend.

Trancheren: Vlees, gevogelte of vis in plakken snijden, of aansnijden om te verdelen. Hiervoor wordt een groot, zeer scherp mes gebruikt en een (houten) snijplank.

Truffel: Grote, wilde paddestoel die onder de grond groeit bij eiken en kastanjebomen, en alleen in het seizoen met behulp van truffelvarkens of -honden te vinden is.

Velouté: Witte, smeuïge basissaus van boter, bloem, kalfs- of gevogeltefond, met peper,

Vinaigrette: Saus voor rauwkost of salades op basis van azijn of citroensap en olie, vaak met mosterd en kruiden.

Zweten (Laten zweten): Groente, bijvoorbeeld uien, bij laag vuur in boter of olie laten garen, maar geen kleur laten krijgen.

Receptenregister

	Pagina		Pagina
'Acquapazza' van zeebaars	138	Gepaneerde tarbotfilet	38
Ananaskoekjes met rivierkreeftjes en dennenlikeur	258	Gepaneerde zeebaars	108
'Angulas'	260	Geroosterde zeebaars met basilicumsaus	84
Bouillabaisse uit Baux-de-Provence	48	Gesauteerde kreeft met paprika-cassonade	286
Bourride met zeetong en gekarameliseerde langoestines	226	Gesauteerde snoekfilets met rivierkreeftjes	220
Bourride van Michel Bruneau	42	Gesmoorde zonnevis uit de Middellandse Zee	92
Burrida di pesce misto	236	Gestoofde tarbot met muscadet en voorjaarsgroente	94
Chartreuse van Jacobsmosselen met groentebouillon	306	Gestoofde zeeduivel met peultjes	200
Filets van jonge baars met tomaten-confit	206	Gevulde zwemkrabben met tomaat en basilicum	56
Filets van griet en makreel in mosterdsaus	62	Goudbrasem in jus met aardappelschubben	272
Forelfilet 'En surprise' met twee soorten peterselie	160	Goudbrasem in kruidenjus met cantharellen	278
Fritto van zeetong	98	Goudbrasem met limoenschil en kappertjes	238
Gebakken makreelfilets met gezouten komkommer	166	Goudbrasem met zout en Catalaanse Sanfaina	232
Gebakken roodbaars met gefrituurde selderij en basilicum	180	Goudbrasemfricassée op Griekse wijze	244
Gebakken snoekbaars met merg en Gigondas-saus	196	Griet aan de graat gegaard	110
Gebakken tarbotfilet met gebakken pijlinktvisjes	214	Griet en rivierkreeftjes met bieslook	264
Gebakken zeebaars met parmezaan en ratatouille	66	Grietfilet met laurier en linzen-roomsaus	256
Gebakken zeeduivel met knoflook en spek	124	Grietfilets gestoomd in Champigny	198
Gefrituurde koolvis met sesam en gembervinaigrette	218	Grietrozet op gesmoorde witlof	106
Gegratineerde heilbot met courgette-schubben	288	Heek met venusschelpen en peterseliesaus	16
Gegrilde goudbrasem met Grieks groentensap	170	Heilbot met asperges en kruiden	168
Gegrilde gravad-lachs	134	Inktvistaartjes	14
Gegrilde wilde zalm met sauce béarnaise	80	Jacobsmosselen op een bedje van witlof en appel	290
Gegrilde zeebaars met port-wijnazijnsaus	72	Kabeljauw in ratatouille-korst	216
Gegrilde zeebaars met gemarineerde groenten	60	Kabeljauw 'Lagareiro'	184
Gemarineerde paling in courgettesaus	266	Kabeljauw met specerijen en zoetzure mango's	146
Gemarineerde rolletjes van meerforel	34	Kabeljauw met sauce vierge	74
Gepaneerde tarbot in champagne	76	Kabeljauw met peterselie	284

	Pagina
Kabeljauwbrandade met knoflookolie	268
Kabeljauwfilet met mosselen	130
Kabeljauwrug in donker bier met hopscheuten	50
Kleine calamares en pijlinktvisjes met ganxetbonen	192
Kleine scampi-mosselsoep	212
Koekjes van Jacobsmosselen met sesam	88
Kokkel- en mosselpannetje met kervel	210
Komkommer gevuld met zeetong en kleurrijk versierd	280
Koolvisfilet met 'Kokotxas al pil-pil'	316
Kreeftfricassée met peper en gember	114
Kroon van Jacobsmosselen en verse truffels	46
Kulibijaka van zalm	28
Langoest met olijven	68
Langoestines met kerrie en knoflookjus	224
Lichtgezouten kabeljauw met scherpe brandade	294
Limandefilet met selderij op saffraantomatenfumet	186
Luchtige snoekquenelles	32
Meerval met garnalenboter	136
Mosselen in witte wijn en boter-roomsaus	86
Navarin van Noordzeekrab met Vin Jaune	112
Palangre met rozemarijn	70
Paling met verse knoflook en azijn	22
Poon met kummel en artisjokken	234
Poon met in Serrano gesauteerde groenten	190
Portugese bouillabaisse	182
Ragout van schorpioenvis met pasta uit Grangnano	140
Rogcrépinette met boter en jeneverbes	58
Rogvleugel, in sesamolie gefrituurd, met sojasaus	154
Roodbaars en inktvis op zwarte saus	18
Roodbaars met aardappelenschubben	144
Roodbaarsfilet met mergkorst	252
Roodbrasem en timbaaltje van oesterzwammen en morieljes	300
Scampi met cantharellen en saffraansaus	78
Schol uit Skagen	164

	Pagina
Schotse zalm in varkensblaas	296
Schuimige crèmesoep met Jacobsmosselen	118
Snoek met rivierkreeftjes	20
Snoekbaars met karperhom en preiwit	148
Snoekbaars met mayonaise en knapperige ratatouille	250
Snoekbaars met witlofrepen in Champigny	204
Snoekbaars met zwarte truffel	298
Snoekbaarsfiletrolletjes met rieslingsaus	188
Snoekbaarspakketjes met kikkerbilletjes en geitenkaas	230
Snoekbaarsreepjes op rösti met sesam-crèmesaus	142
Snoekrug gepikeerd met paling	222
Steur met zuurkool en witte wijn-kaviaarsaus	122
Stokvis à la Vizcaïna	314
Stokvis met koriander en 'a murro' aardappelen	240
Tarbot in een kleikorst met truffels en peterselie	116
Tarbot met anijsaardappelen op twee sauzen	208
Tarbot op de graat gegaard met bonen-spekragout	292
Tarbotkibbeling met kervel	52
Tjap tjoy met venusschelpen	8
Tongscharfilet met pot-au-feu van mosselen en groenten	104
Tonijnbiefstuk met vinaigrette	12
Tonijnfilets met balsamicoazijn	132
Versgerookte zalm met prei-vinaigrette	176
Wijting met aardappelen in waterkersboter	276
Wijting met gekarameliseerde worteltjes	120
Wijtingfilet met schubben van Jacobsmosselen in Pomerol	102
Zaagbaars met Naoussa-wijn in aubergineschuitjes	246
Zaagbaars met mini-ratatouille	310
Zaagbaars met spinazie en eekhoorntjesbrood	262
Zalm in spinazie met kaviaarroom	304
Zalmfilet met kruiden en jus uit de Périgord	174
Zalmforel 'en carpione' met muskaatwijn	312
Zalmforel met blauwe schimmelkaas en roerei	178
Zalmforel met ingemaakte wortelen	162

	Pagina
Zalmforel met mierikswortel en sjalottenboter	308
Zalmforel met rucola	150
Zalmforelrolletjes met tonijn	282
Zalmmignon met bieslookroom en spek	126
Zalmpudding van het Vasa-museum	152
Zeebaars van de grill met mozzarella en basilicumgroente	100
Zeebaars met snijbiet en fleur de sel	172
Zeebaars van de steengrill	40
Zeebaars-couscous met olijfolie	26
Zeebrasem met kekererwtenflensjes	90
Zeeduivel in mosselvleeskorst met wortelsaus	248
Zeeduivelmedaillon met Bonnezeaux en ganzenlever	202
Zeeduivelmedaillons met groenten in vinaigrette	302
Zeeduiveltournedos met ansjovis en verjus	274
Zee-egels met groenteroom	158
Zeekomkommers met lamshersenen en cantharellen	10
Zeetong 'Jubileum van de koningin van Engeland'	30
Zeetong met eekhoorntjesbrood	82
Zeetong met kaviaar en witlof	54
Zeetong op z'n Frans	44
Zeetongfilet met kreeftsalpicon	36
Zeetongfilet met schaaldierensaus	242
Zeetongfilets met rozemarijn op krokante spinazie	64
Zeetongklaverblad met knapperige groente	254
Zeetongschnitzel met zure aardappelen	156
Zoetzure zonnevis met oesterzwammen	96
Zonnevis met galanga-olie	270
Zonnevis met gefrituurde prei en dragontomaten	194
Zonnevis met tomaten, basilicum en zwarte pasta	128
Zonnevisfilet met peper	228
Zwaardvisragout op gegrilde aubergines	24